JN430814

2판

인간관계와 현대 대중사회

이위환

창지사

머리말

동서양 고금을 막론하고 많은 교육기관이 있다. 그 많은 교육기관의 주요 교육내용의 공통점은 거의 3RS(읽고, 쓰고, 셈하고), 즉 주요과목인 국어, 영어, 수학으로 이루어졌다는 점이다. 그러나 3RS만 잘한다고 해서 성숙된 인간, 인격을 갖추고 성공적인 사회생활을 잘한다고 할 수는 없다. 그리하여 요즘에는 3RS에서 한 가지를 더 추가하여 4RS가 되어야 비로소 성공적인 삶을 누릴 수 있다고 말한다. 한 가지 더 추가된 것은 인간관계(human relation)이다.

주지하다시피 인간관계라는 것은 처음에는 학문에서 출발한 것이 아니며, 사회적 요구에 의하여 대두되어 90년대에 들어 사회적인 요구와 관심이 있어 대학에서 교양과목으로 개설되기 시작하였다.

인간은 사회적 존재로서 일생을 살아가면서 우리의 의지와 상관없이 크고 작은 어려운 문제에 부딪히게 되고, 인간관계에서도 갈등이 있게 마련이다. 이것이 '삶을 살아간다'는 것일 수도 있다. 그러나 지혜로운 사람은 문제를 미연에 방지하여 최소한으로 줄이고, 또한 그러한 상황에 봉착했을 때는 합리적이고 효과적으로 해결해 나갈 것이다.

인간관계는 인간의 행복하고 성공적인 삶을 결정짓는 요인으로서 중요하지 않을 수 없다. 사람과 사람 사이의 관계는 인간생활에서 필연적이다. 우리는 살아가면서 부부관계, 부모-자녀관계, 형제관계, 사제관계, 친구관계, 이웃관계, 고객관계, 직장 내에서의 관계 등으로 나와 타인과의 복잡하고 다양한 관계를 맺고 있다. 이런 사회적 관계망에서 대인관계형성 능력은 매우 중요한 기술이다.

건전한 대인관계는 상대의 자율성과 인격 존중을 바탕으로 협동적이고 상호의존적 관계, 생산적이고 도덕적 관계로서 삶을 풍요롭고 의미 있게 한다. 하지만, 반대로 그 관계가 원만치 못한 불건전한 관계는 계속 스트레스를 야기하여 불안, 우울, 좌절, 소외, 갈등, 대인기피, 무력감 등을 경험한다. 고독과 사회적 격리는 정서적으로뿐만 아니라 신체적 질병을 초래할 수 있으며, 극단적인 경우에는 정신적 질환을 얻어 삶을 불행하게 만들 수도 있다.

일반적으로 대인관계에서 사람들이 좋아하는 성격 유형은 '다른 사람의 마음을 생각해 주고 그 사람에게 도움을 주려는 마음을 가진 사람'이다. 즉, 공감성이 높은 사람으로 타인의 기분을 이해하고, 배려심이 깊은 사람을 말한다. 또한, 인기 있는 리더의 성격 소유자는 우선 카리스마가 있어야 하고, 상황 판단을 잘해야 하고, 언변이 좋아 설득력이 있으며, 사람을 끄는 능력과 기술이 있고, 리더가 되려는 욕구와 동기가 있는 사람이다.

그리고 지도자의 자질(Leadership)은 자신이 자신감이 있으며, 상황의 변화에 유연하게 적응하고, 지배성이 강하지만 보수적이지 않고 사람의 감정에 대한 감수성이 강하다는 연구결과가 많다. 또한, 무엇보다도 지도자와 직원 간에는 상호 신뢰와 존경을 바탕으로 하는 긍정적 인간관계가 필요하다. 기타 윤리적 도덕성, 신뢰성, 자신에 대한 통솔력, 의사결정의 적시성, 광범위한 지식, 전문직으로서의 동료관계와 상호 의존, 진솔한 협력관계 및 낙관성 등이 있다.

본서는 크게 제1부와 제2부로 나누었다. 제1부에는 현대사회 부분, 제2부에서는 인간관계 부분으로 집필하였다. 인간관계는 반드시 현대사회에서 이루어지기 때문에 현대사회와의 관계를 제외하고는 설명할 수 없는 부분이다. 제1부에서는 사회를 보는 관점, 사회변동, 사회화, 문화 등을 다루었으며, 제2부에서는 인간관계를 발전시키는 요인, 사회인지, 가족, 직장, 친구, 이성의 인간관계, 부적응의 인간관계에 대하여 서술하였다. 이에 본서는 초판에 이어 친구와의 인간관계 부분을 좀 더 보충하여 2판으로 새롭게 제작하였다.

그리고 본서는 사람들이 사회 속에서 다른 사람들과 긍정적이고 원만한 관계를 형성하도록 도움으로써, 상호 간의 인격을 존중하고 개인의 유능성과 효율성을 최대로 키워 나가며 궁극적으로 행복하고 성공적인 삶을 이끌어 나갈 수 있도록 집필하였다.

본서를 펴내기까지 도움을 주신 여러분과 창지사 출판사 관계자님들에게 깊은 감사를 드리며, 특히 본서를 발간하기까지 매주 연구실을 방문해 주시고 노력해 주신 양승수 상무님께도 감사드린다.

어느 뜨거운 계절인 2021년 8월 연구실에서

저자 씀

차례

PART 2 인간관계론

PART 1

현대 대중사회

CHAPTER 01

사회를 보는 관점

교육의 사회적 현상을 설명하는 시각에 대하여 생각해 보자. 교육의 사회적 현상을 보는 시각은 한 마디로 다양하다. 지구상에 크고 작은 산이 많이 솟아 있는 것처럼 사회를 보는 시각에도 크고 작은 시각이 많이 산재해 있다. 크고 작은 여러 산이 한데 모여서 큰 산맥을 이루듯이 사회적 현상을 보는 시각도 보는 각도와 방향에 따라 묶어 보면 어떠한 맥을 발견할 수가 있는데 좀 무리하긴 하겠지만 크게 양대 산맥으로 대별해 볼 수 있다. 하나는 구조기능이론이요, 다른 하나는 갈등이론이다. 주로 사회학 분야에서 질서유지이론, 사회체제정비론, 사회질서동의론, 합의이론, 평형이론이라 불리는 이론들이 전자에 속하고, 이상주의 교육론, 집단이해교육론, 재생산이론, 저항이론들이 후자에 속한다. 사회적 현상을 보는 양대 시각에 대하여 그 이론적인 성격을 이해하기 위해 보다 상세하게 언급하면 다음과 같다.

01 기능이론

[그림 1-1] 뒤르켐

"기능이론(functionalism)은 사회학의 기원과 함께 한다"라고 말하듯이 콩트(Comte)나 스펜서(Spencer)까지 거슬러 올라갈 정도로 그 역사가 깊다. 기능이론은 구조기능주의 이론(strucual-functional theory)에서 도출된 것으로, 학자의 강조점에 따라 합의이론(consensus theory), 질서이론(order theory), 균형이론(equilibrium model) 등으로 불리고 있으나, 이들을 포괄하여 기능론 또는 기능이론으로 부르는 것이 보편화 되어 있다.

기능이론의 이론적 기원은 콩트에서 연유하나, 이론적 근거를 밝힌 사람은 사회학자 뒤르켐(Durkheim)이다. 미국의 사회학과 인류학의 기틀을 잡은 브라운(Brown)과 말리노프스키(Malinowski) 등을 통하여 발전하였으며, 파슨스(Parsons)와 머튼(Merton)에 의해 현대 기능주의 사회학 이론으로 자리를 굳히게 되었다.

[그림 1-2] 기능주의의 대표적인 예인 기능주의 이론

기능론자들은 공통적으로 사회체제 안에서의 모든 구성요소는 다른 요소들과 관련을 갖는다고 본다. 즉, 사회를 생물학적 육체에 비유하여, 상호 의존적인 기관이나 지체들이 전체의 성장과 존립에 기여하고 있는 관계로 보고 있다. 이를 인체에 비유해서 말하자면 전체 사회는 몸이고, 사회 내의 개인이나 학교, 병원, 정당 등과 같은 구성요소는 세포, 손, 발, 폐, 위 등에 해당하는데, 이들은 각기 맡고 있는 기능을 순조롭게 수행함으로써 인체의 생존과 활동에 기여한다는 것이다. 따라서 구성요소 간의 관계는 조화와 협동과 합의(consensus)의 관계를 의미하며, 이를 통해서 전체는 질서, 안정, 균형, 통합을 유지하게 된다.

기능이론의 관점에서 교육은 사회통합과 질서유지의 기능을 발휘하고, 기존 사회의 규범과 가치를 유지·전달하는 사회화에 공헌한다. 또한, 학교사회의 구성원으로 하여금 사회적 역할을 원활하게 담당할 수 있도록 선발하여 배치하는 기능을 수행한다. 학교를 순기능적 측면에서 보는 기능론적 관점이 어느 정도 타당성으로 인정받고 있는 것도 사실이다. 그러나 기능론은 통합성과 합의성을 지나치게 강조한 나머지 학교교육의 피동성과 규격화를 심화시켰고, 집단 간 갈등을 간과함으로써 사회화와 사회적 선발의 실제적인 모습을 밝혀 주지 못한다. 특히, 능력주의 사회에서는 교육선발과 보상이 능력 본위로 이루어진다는 기본 전제 때문에 신분제도가 타파된 현대 산업사회에서도 사회 경제적 지배집단에 의한 귀속적인 선발 과정이 여전히 존재하고 있음을 간과하고 있다. 또한, 사회체제의 변화와 개혁보다는 현상유지를 지지하는 보수성에서도 비판을 받는다.

1) 유기체설에 의한 설명

이 설명은 전통사회의 연구에 보다 적합한 설명일지 모르나 사회가 가지고 있는 기본 특성은 예나 지금이나 크게 변하지 않으므로 현대사회의 설명에도 적용이 가능하다. 유기체설에 의하면 모든 사회는 자신의 생존과 목적달성을 위하여 구조와 기능을 가지게 된다. 즉, 하나의 유기체는 상호 의존하는 여러 부분으로 구성되어 있고 각 부분은 유기체의 생존을 위하여 공헌하듯이 사회도 구조와 기능을 가지고 있다. 이러한 설명은 유기체인 인간의 신체구조에 비유하여 설명이 가능하다. 우리 인체는 머리, 몸체, 손발로 구성되어 있으며, 머리에는 눈, 코, 입, 귀, 대뇌 등이 있다. 코로 숨을 쉬고, 입으로 먹고, 눈으로 보고, 대뇌로 지적인 활동을 한다. 유기체인 인간은 손과 발을 움직여서 생존하고 삶을 영위할 수 있다. 즉, 인체의 모든 기관이 상호 의존하여 협응을 하듯이 사회도 사회의 특정한 양식과 구조, 기관을 통하여 사회체제가 유지된다.

02 갈등이론

갈등이론은 사회를 부와 권력, 명예와 같은 희소한 자원을 둘러싼 사회를 구성하고 있는 집단 간의 갈등과 경쟁 상태로 보는 입장이다. 그리하여 희소한 자원을 소유한 집단은 자기의 소유를 가능하게 한 현 사회제도적 장치를 고수하려는 반면에 비소유집단은 이에 도전하여 자신의 위치를 향상시키려는 경향이 있다.

사회체제로서의 학교기능을 낙관적으로 보는 기능주의적 관점에 맞서 1960년대를 전후로 하여 보다 비판적으로 보는 급진론적 관점이 나타나기 시작하였다. 사회관계의 질서가 조직적이고 영속적인 합의에 있다는 사회체제에 대한 기능주의적 전제에 반기를 들고, 사회질서의 바탕을 이해관계를 달리하는 집단 사이에서 야기되는 갈등에서 찾으려는 이데올로기가 두각을 나타낸 것이다.

갈등이론(conflict theory)이 보는 사회의 본질은 경쟁과 갈등의 관계이다. 가치를 둘러싼 개인과 개인, 집단과 집단 사이의 경쟁에서 비롯되는 부조화야말로 사회의 본질이라는 것이다. 부조화가 사회체제 내에 그대로 남아 있는 사회 심리적 긴장 상태를 갈등이라고 하는데, 이러한 갈등이 밖으로 표출될 때는 폭력을 통한 사회변동을 야기한다고 본다.

갈등론자들은 기능이론이 사회체제를 지나치게 순응적으로 인식한 나머지 사회변화를 제대로 설명하지 못하고 있으며, 사회관계의 속성인 권력투쟁, 계층갈등, 일탈행위 등이 소홀히 다루어지고 있다고 비판한다. 또한, 지배집단이 그들의 기득권 유지를 위해 설득, 억압, 교화, 선전 등의 방법으로 피지배집단에 그들의 입장을 정당화한다고 본다. 갈등이론이 제기하는 문제는 대체로 이러하다. 사회에는 항상 안정, 통합, 상호 의존만이 존재하는가? 사회에서 변화, 갈등, 비판, 분쟁, 모순, 긴장은 병리적인 현상인가? 이러한 요소들을 잘 조정하여 사회발전에 이바지할 수는 없는가?

갈등이론을 이해하기 위해서는 사회와 갈등 그리고 이들 간의 관계에 대하여 보다 본질적인 접근과 설명이 필요하다. 갈등이론에서는 사회 실체의 본질을 경쟁과 갈등의 관계로 본다. 사회에서는 개인과 개인 사이에서 집단과 집단 사이에서 이익이나 권력 등의 가치를 둘러싸고 경쟁과 갈등이라고 하는 불협화음이 여기저기에서 야기되고 있다. 사회 실체의 본질을 파악함에 있어서 이렇게 경쟁과 갈등의 연속이라고 볼 때, 사회의 속성은 세력다툼과 이해 대립, 지배와 피지배, 억압과 저항, 변화와 변동이라고 볼 수 있다. 이러한 사회 본질을 논함에 있어서 현대적 갈등이론과 고전적 마르크스주의는 때때로 동일하게 취급되기 쉬운데 그 차이를 구분하여야 한다.

[그림 1-3] 현대사회에서의 갈등

물론, 고전적 마르크스주의나 신마르크스주의는 갈등이론이라는 큰 산맥과 연결되어 있는 것이 사실이지만 고전적 마르크스주의적 갈등이론과 현대적 갈등이론은 대체로 다음과 같이 구별된다.

1) 고전적 마르크스주의적 갈등이론

[그림 1-4] 마르크스

마르크스(Marx)는 인류 역사의 발전을 생산수단을 소유한 유산계급과 생산수단을 소유하지 못한 무산계급, 즉 부르주아와 프롤레타리아 간의 투쟁 결과로 보고 이러한 계급 간의 갈등은 생산수단의 사유화가 존속하는 한 계속될 것으로 보았다. 따라서 대립과 갈등을 해결할 수 있는 방법은 사유재산제도를 철폐하는 것이다. 그렇게 함으로써 산업사회에서의 노동자는 노동으로부터 소외된 인간성을 회복할 수 있다고 보았다.

2) 현대적 갈등이론

현대적 갈등이론에서 사회의 본질을 갈등과 대립으로 보는 것은 고전적 마르크스주의의 갈등이론과 같지만, 갈등의 해소방법과 해소 가능 여부에 대하여 전자와는 다른 입장을 취하고 있다. 고전적 마르크스주의에서는 사유재산제를 폐지하고 공산주의를 실시하여 갈등을 해소하려 했지만, 현대적 갈등이론은 그렇게 해서는 갈등이 해소될 수 없다고 주장하고 있으며, 갈등은 어떤 의미에서 영원한 것이라는 주장을 희소가치론(scare value)을 들면서 고전적 마르크스주의와는 매우 다른 입장을 취하고 있다. 희소가치론은 어떤 사회에서 돈, 권력, 명예, 자유 등의 제반 사회적 가치는 희소성이 있으므로 이들 사회적 가치를 둘러싼 경쟁과 갈등은 영원히 해소될 수 없다고 설명한다. 이렇게 사회적 갈등의 원인과 해소방법에 대해 고전적 마르크스주의적 갈등이론은 생산주의에 대한 계급 간의 관계 속에서 이해하고 찾으려 하는 데 반해 현대적 갈등이론은 사회적 가치의 희소성에서 찾고 있다는 차이를 볼 수 있다. 다시 말해서, 현대적 갈등이론이 진보적이고 낙관적이며, 미래지향적인 데 반해, 고전적 마르크스주의적 갈등이론은 혁명적이고 회의적인 성격을 띤다.

3) 역사발전 단계설

마르크스는 인류의 발달은 물질을 기반으로 한다고 보고 이를 근거로 역사발전 5단계설을 주장하였다. 즉, 인류의 초기는 원시사회에서 고대 노예사회, 중세 봉건주의 사회, 근대 자본주의 사회, 마지막에는 사회주의 사회로 바뀐다고 하면서 물질이 사회가 바뀌게 되는 중요한 요인이라고 하였다.

03 재생산이론

1) 경제적 재생산

보울즈(Bowles)와 긴티스(Gintis)의 대응이론을 학생 개개인의 미시적 차원에서 적용시켜 보기로 하자. 교사는 학생들의 초기 사회 경제적 지위에 따라 그들의 부모가 주로 갖는 직업문화와 상통하는 일정 수준의 정형화된 기대를 학생에게 하고 있다. 즉, 하층이면 하층 학생이 어떠한 식으로 사고하고 행동하며, 어떠한 문화적 경험을 할 것인가? 이다. 그들은 학생의 초기 사회 경제적 지위가 교사의 기대와 일대일로 대응하고 있다고 생각하기 때문이다. 이렇게 조성된 교사의 기대와 맞추어서 학생의 교육과정이 짜인다. 즉, 어떠한 학습경험을 학생에게 제공할 것인지, 다시 말하면 어떠한 방식으로 어떠한 내용을 가르칠 것인지 결정하게 된다. 교사의 기대와 교육과정이 일대일로 대응한다는 것이다(차경수 외, 1997).

보울즈와 긴티스에 의하면, 학교는 자본주의 지배양식을 대상에 따라 교육내용에 그대로 적용하여 가르치고 있는데, 이를테면 중등학교까지는 주로 질서, 복종, 의존성 등을 강조하고 가르치고 있으나, 대학에서는 어느 정도의 자율성, 창의성, 지도성이 강조된다. 또 취업 준비반이나 노동계층은 노동에 알맞은 순종, 인내심, 의존성, 청결, 질서 등과 같은 규범가치가 형성, 강화되고 있으며, 대학 진학반이나 지배계층은 창의성, 독립성, 자율성, 지도성 등 보상체계나 가정 및 학교에서의 사회화 과정을 통하여 전수되며 강화된다. 보올스와 긴티스는 평등사회를 표방하는 서구 자본주의 사회의 이념도 한갓 허구에 지나지 않는다고 본다. 능력주의(meritocracy)와 기회의 균등을 표방하는 자본주의 사회는 보상, 특히 경제적 보상의 기준이 기회의 균등과 능력에 있기 때문에 사회적 성패의 책임은 개인에게 돌아간다고 주장하고 있으나, 이는 내재하고 있는 구조적 불평등을 은폐하려는 기만에 불과하다고 본다. 그들은 능력의 기준인 IQ가 성년의 소득에 미치는 영향보다, 사회 경제적 배경과 교육기간이 소득에 미치는 영향이 훨씬 크다는 점을 밝혔다(강상철, 1997). 결과적으로 학생들은 자신이 속한 집단의 문화에 의해서 사회화된다는 것이다.

보올스와 긴티스는 학교교육의 이러한 기능은 자본주의 사회가 존속하는 한 끝없이 계속될 것이라고 주장한다. 학교교육을 아무리 개혁해도 마찬가지이다. 학교교육은 사회의 구조를 그대로 반영하며, 학교의 독자적 기능은 불가능하기 때문이다. 즉, 자본주의가 계속되는 한, 학교는 자본주의적 생산양식을 벗어날 수 없다. 그러므로 학교의 개혁은 무의미하고, 사회적 진보를 위해서는 근원적 사회개혁만이 나아가야 할 방향이라는 것이다.

2) 문화적 재생산이론

문화적 재생산론자들은 자본주의 사회가 경제적 모순에도 불구하고 자연스럽게 유지되는 이유는 지배계급이 선호하는 문화를 학교교육에 투입시켜 불평등한 사회관계를 정당화하고 있다는 점에서 찾고 있다. 즉, 학교교육은 지배계급이 선호하는 문화영역을 통해 계급적 불평등을 유지 · 심화시키는 재생산적 기구라는 것이다.

부르디외(Bourdieu)에 의하면, 학교는 지배집단의 '문화자본'을 인정하며, 그것을 교육내용으로 삼는다. 교육평가에서도 지배집단의 문화자본을 기준으로 평가함으로써, 피지배집단의 문화자본을 가진 학생을 탈락시키고 지배집단의 문화자본을 가진 학생을 선호한다. 학생의 입장에서 보면, 지배집단의 학생은 그 문화적 자본을 학교에서 인정받으며, 결과적으로 이들의 학업성취도가 높은 경향이 있다. 반면에

피지배집단의 학생은 자신들의 문화를 학교에서 인정받지 못하기 때문에, 학업성취도가 낮을 뿐 아니라, 자신의 문화에 대한 정당성을 확보하지 못한다. 결과적으로 학교는 지배집단의 문화에 우월성을 부여함으로써, 그들의 지배를 정당화하고 재생산하는 역할을 담당한다.

학교는 지배문화의 생산과 분배를 통하여 현존하는 권력관계를 재생산하며, 학교에서 가르치는 것은 지배문화, 즉 지배-피지배 집단 간의 권력관계의 정통성을 받아들이도록 구성된 상징체계이다.

3) 교육의 재생산

알튀세르(Althusser)에 의하면 인간의 노동력이 재생산되기 위해서는 기술뿐만 아니라 동시에 확립된 질서 속에 있는 규율에의 복종도 재생산되어야 한다. 알튀세르는 교육기관을 현대사회에서 지배이데올로기를 재생산하는 국가적 기구라고 역설하면서 학교에서 각 계층의 아동을 데려다가 지배이데올로기에 몰두하게 하여 일정한 나이(예를 들면, 16세)가 되면 작업장으로 배출한다고 말한다. 그에 의하면 많은 학생이 근로자나 소작농계급으로 배출되며, 좀 더 공부하여 중간 기술자인 화이트칼라가 되고 좀 더 공부하여 자본가와 관리인 혹은 정치가, 행정가, 전문적 이데올로기스트(성직자, 법률가 등)를 배출한다고 한다. 이렇게 하여 고용주나 피고용인의 관계가 재생산되며, 사회구조와 계급이 학교교육에 의해 재생산된다고 설명한다(이영자 · 진규철, 2000).

긴티스(1972)는 대중 공교육이 지식과 기술을 조직적으로 알려 주기 위하여 현대와 같은 관료적 · 위계적 · 권위적 형태를 끌어들인 것이 아니라 교육의 사회적 관련성으로 하여금 관료적, 권위적, 위계적 가치, 태도 감정을 강화하게 되고, 개인들로 하여금 자연스럽게 계급적으로 구분된 사회로 변화하게 하였다고 본다. 즉, 학교교육이 세대 간에 광범위한 사회적 관계를 재생산한다는 것이다.

기대와 가치와 인생에 대한 계급에 따른 차이는 생산의 위계적 사회관계 속에서 다양한 수준의 역할수행을 요구한다. 현대 자본주의의 형태와 함께 대응과 일치를 통하여 학교교육 형태 간의 대응관계는 학교의 사회구조 간에 기능적으로 의존적인 대응관계를 갖게 된다. 이것이 곧 대응이론인데 다음과 같이 설명할 수 있다. 대응의 개념은 교육체제와 경제체제의 관련성을 설명하는 데 사용된다. 젊은이는 교육을 통하여 현대 성인사회에서 경쟁하는 데 필요한 기술을 배우고 태도를 형성하고 인상을 획득한다(이영자 · 진규철, 2000).

대응이론을 마르크스주의자와의 맥락에서 연구 발전시킨 사람이 보울즈와 긴티스(Bowles & Gintis, 1976)이다. 이들은 미국의 교육제도는 자본주의의 작업장에서 알맞도록 중재해 주며, 경제적 불평등을 재생산하는 데 도움을 주고 있다고 주장한다.

대응이론에 의하면 학교에서 아동은 작업장에서 일하는 데 필요한 인성, 태도, 가치관을 배우며, 학교 안에서 구성원들의 관계는 작업장에서의 인간관계와 그 구조가 동일하다. 또한, 학교에서 아동에 대한 교사의 평가기준은 작업장에서 근로자들에 대한 근로감독관들의 평가기준과 일치한다. 따라서 학교교육은 자본주의 사회의 작업장에서 요구하는 인상을 길러 주는 역할을 하고 있다는 것인데, 이는 사회적 관계와 사회적 생산관계를 재생산해 준다는 말이다.

사실, 학교교육은 사회의 분열뿐만 아니라 더 넓은 사회의 계급구조를 반영하고 있다. 학교와 작업장 간의 구조적 관계는 학교교육의 명시적 · 외현적 교육과정보다는 잠재적 교육과정에서 잘 설명된다. 학교교육의 사회적 재생산 현상은 학교교육의 의도적 · 외현적 활동에서는 겉으로 내세우는 경우가 드물며, 내적으로 암시적 · 묵시적으로 이루어지고 있는 경우가 대부분이다.

CHAPTER 02

문화

01 문화의 개념

Cultura는 본래 경작, 재배, 배양의 의미를 갖고 있는 cultivation의 뜻으로 자연에 노동을 가하여 수확한다는 뜻을 내포한다. 즉, 문화의 의미를 어원적으로 찾아보면 인간의 이상을 실현하기 위하여 주어진 자연을 일정한 목적과 표준에 비추어 지배하고 형성하는 과정으로 볼 수 있다. 그러므로 자연상태로부터 가치를 상승시키고 가치를 창조한다는 의미를 갖게 되고 나아가 교양이나 세련의 의미를 갖게 되었다. 자연을 통한 가치적 구성이요, 이상의 표현이 문화라는 것이다. 그래서 인간은 일찍 문화를 소유할 수 있었고 인간은 바로 문화를 가진 동물인 것이다. 또한, 그 사회가 어떠한 문화를 가졌느냐에 의하여 사회의 특성을 찾아볼 수 있다.

① 광의의 문화: 자연에 대한 가공을 더해 인간의 행위나 태도를 가꾼다.
② 협의의 문화: 자연에 대한 가치를 상승시킨다. 가치를 창조한다. 교양이나 세련의 의미가 강하다.

인간은 문화를 창조하고 소유한다는 점에서 타 유기체와 구별되며, 따라서 문화의 개념은 다양하게 정의된다. 영국의 인류학자 타일러(Tylor)는 "문화란 지식, 신앙, 예술, 도덕, 법률, 습관 및 사회 구성원으로서 인간에 의해 획득된 모든 능력과 습성을 포함하는 복합적 총체"라고 설명하고 있다.

엘우드(Ellwood)는 문화의 정의를 "인간이 자연과 자기 자신을 지배, 통제하기 위하여 습득한 모든 힘으로서의 물질적인 문명과 비물질적 또는 정신적인 문명의 모든 것을 포함한다"라고 하여 더욱 구체적이고 포괄적으로 정의내리고 있다.

미국의 문화인류학자인 로위(Lowie)는 "문화란 개인이 사회에서 획득한 전체를 말한다. 즉, 자기의 창조적 활동에 의해 되는 것이 아니라 형식적 · 비형식적인 교육에 의해 전달되는 과거로부터의 유산인 신앙, 관습, 예술적 규범, 음식 습관, 기술과 같은 것이며, 사회적 전통의 전체이다."라고 정의하여 교육에 의해 전달되는 유산이요, 사회적 전통을 문화로 보고 있다.

린턴(Linton)은 "문화란 생활양식이고 사회 구성원이 참여하는 관습, 관념, 태도가 조직된 것의 집합체"라고 규정했고, 보애스(Boas)는 "집단의 구성원인 개개인의 정신적 · 육체적 반응 및 활동의 총체"라고 보았다.

클러혼(Kluckhohn)은 인간에 의하여 창조된 인간환경의 모든 면을 문화라 칭하면서 "문화는 인간집단의 생활양식인 생활설계로 파악한 다음 역사적으로 이루어진 삶의 지혜"라고 정의했다.

소로킨(Sorokin)은 비물질문화를 이념적 문화와 행동적 문화로 구분한 후 문화는 이념적(ideological), 행동적(behavioral), 물질적(material)인 세 입장에서 이해해야 할 문제이며, 물질문화의 외형적(externalized) 형태로 보았다.

시트럼탐(Sitramtam)은 "어떤 지역에 사는 일단의 사람들이 학습된 총체"라고 정의했으며, 레빈(Levine)은 "어떤 모집단 내의 개인들이 서로 의사소통하며, 그들 자신과 환경에 대하여 생각하고 환경 속의 대상에 대해 행동해야 하는 방법들에 대한 규약의 조직체"를 문화라고 말한다.

이처럼 사회학과 문화인류학에 따라 문화의 정의가 다양하게 나타난 것은 문화의 특정 측면이나 양상을 더 강조한 데서 나타난 결과이다.

02 문화의 특성

문화란 특정한 사회의 구성원들이 생활해 가는 데 있어서 제반 문제에 대처할 수 있도록 사회 구성원 간에 공유하고 있는 학습을 통해 사회적으로 승인된 사물과 지식, 언어와 가치관과 규범 등을 말한다. 아래에서는 이러한 정의에 따른 문화의 특징을 살펴보고자 한다(이영자 · 진규철, 2000).

첫째, 문화란 본능의 소산이 아닌 학습의 결과이다. 즉, 문화는 습득된 행동이다. 특히, 사회화 과정을 통하여 이러한 과정이 이루어진다. 인간의 문화는 과거 수천 년에 걸쳐 형성·발달되어 왔다. 인간의 체형이 유인원(Hominoid)에서 유원인(Hominidea)을 거쳐 근대인(Homosapiens)으로 진화됨에 따라 인간의 두뇌 크기도 증대하였고, 그 결과로 인간은 상징적 행위를 할 능력과 지능도 향상되었다. 이와 같은 변화가 시사하는 것은 석기류의 개발과 의사소통수단의 도입 및 인간의 집단과 지역공동체의 조직화이다. 조직적인 행위와 상징적 형태의 의사소통 및 사회 구성원 간에 공유하는 의미는 곧 인류문화의 요체이다.

인류의 진화역사는 곧 인간이 주어진 환경의 요구에 적응하고 발전한 문화의 발달사이다. 선천적으로 타고난 생리적 본성에 의하여 행위가 결정되는 다른 동물들과는 달리 인간은 그들의 문화를 통하여 주어진 환경에 어떻게 적응해야만 하는가를 배운다. 이념, 상징체계, 규범체계로서의 문화를 배우는 것이 매우 중요하다. 문화가 사물 자체라기보다는 사물과 발명품, 도구와 세계 등과 관련된 의미와 가치관이라고 정의할 때 이것들이 사회의 구성원이 되는 과정에서 인간이 배워야 하는 것이다. 문화에서 무엇을 배울 수 있느냐가 인간의 사회행위의 한계를 설정한다. 이와 같은 관점에서 모든 사회 구성원은 광범위한 행위를 똑같이 배울 수도 있으나 무엇을 배워야 하는가는 문화에 달려 있다.

문화는 사회화 과정을 통하여 학습하고 사회의 가치관과 신념과 규범, 규칙과 신념 등이 어린이 인성의 부분이 되고 그 행위를 형성하게 된다. 만약, 사회화가 전적으로 실패한다면 곧 문화는 고사될 것이다.

둘째, 문화는 사회나 집단성원 간에 공유된다. 물론, 가치관과 신념 및 규범과 같은 것에 대한 사회나 집단성원의 완전합의를 기대할 수는 없으나, 어느 특정한 집단이나 사회의 생활양상으로서의 문화는 상기와 같은 제반 사항에 관한 구성원 간의 일반적인 합의에 기초를 두고 있다. 만약, 하나의 동일한 사물을 같은 사물로 볼 수 있는 똑같은 가설 혹은 전체를 공유하지 않는다면, 사회 구성원들은 상반되는 형태의 행위가 적합한 것이라고 주장할 것이다. 상호 이해의 가능성은 세계의 물리적 거리가 좁아짐으로써 상이한 문화적 배경을 갖는 사람들 간의 만남의 기회가 늘어남에 따라 더욱더 늘어날 추세에 있다.

사회 구성원 상호 간에 인지되고 이해된 공통문화가 없다고 가정한다면 우리 사회는 정신착란증적인 악몽에 사로잡혀 정신병원에 입원 중인 환자처럼 환청을 듣고 상이한 현실을 경험하고 그들의 문화가 가르친 대로 행동하지 않고 각자 마음대로 행동하게 될 것이다.

셋째, 문화는 과거로부터 현재로, 그리고 현재에서 미래로 대대손손 전승되며, 이러한 과정을 통해 축적 · 변화 및 발전하는 것이다. 이러한 관점에서 어느 한 특정한 사회에서 학습되고 반복되는 것이 문화라고 정의한 인류학자 린턴(Linton)은 "문화란 곧 사회 구성원들이 소유하고 있는 사회적 유산"이라고 묘사하고 있다. 과거의 전통으로서의 문화란 곧 우리 선조들이 일상생활에서 되풀이되고 있는 특정한 문제들을 극복하기 위한 집합적 경험이라는 것을 시사한다. 이와 같이 문화의 덕택으로 선대가 바뀌었다고 해서 처음부터 다시 시작할 필요가 없게 되었으며, 우리 인류는 새로운 상황에 처할 때마다 전적으로 개개인의 예지에 의존할 필요 없이 슬기롭게 대처해 나갈 수 있게 되었다. 아인슈타인(Einstein)의 상대성원리도 뉴턴(Newton)의 이론을 뒷받침하고 있는가 하면 왓트의 증기기관의 발명이 없었더라면 자동차의 출현도 불가능하였을 것이다. 비행기에서 근무하는 스튜어디스 역시 병원 간호사를 모체로 하고 있다. 이와 같이 문화는 우리 선조들에 의해 창조 · 발명되었지만, 시대의 흐름과 더불어 계속 변화를 거듭하고 있다. 현대에 일어난 일대 변혁은 후세에도 계속되어 더욱더 큰 변화를 초래할 것이다.

넷째, 문화는 통합(integration)되었느냐 하는 것은 문화인류학자들이 장기간에 걸쳐 논의를 거듭해 온 문제이다. "문화는 전 지표에 산재되어 있는 광범위한 아이템 접합"이라고 한 19세기 후반의 영국의 문화인류학자 타일러의 문화의 정의가 한때 문화인류계에 받아들여져 문화란 역사적인 우연성에 의하여 함께 모여진 어떠한 아이템으로 구성되어졌다고 생각하는 것이 보편적인 시기도 있었지만, 문화란 문화 전체의 기능을 촉진할 수 있는 방법으로 문화의 각 구성요소가 상호 보완할 수 있도록 질서정연하게 조직되어져 있다고 하는 영국의 인류학자 말리노프스키(Malinowski)가 제기한 이론을 문화통합이라고 일컫는다.

문화통합(culture integration)이란 문화를 구성하는 요소들이 화합되고 잘 밀착된 전체로 통합된 상태를 지적한다. 잘 통합된 문화에서는 사회 구성원들의 행위 양상이 그들의 신념과 일치하며, 상호 모순점이 적다. 잘 통합된 문화는 안정되고 변화에 느리며, 비교적 그 규모가 작은 단순한 미개사회에서 볼 수 있다. 이와 반대로 현대 산업사회의 문화는 서로 상처가 되는 요소를 많이 포함하고 있다.

다섯째, 문화의 또 다른 특징은 문화는 인간의 행위와 경험의 어느 특정한 국면을 선택하여 관조한다고 하는 사실이다. 문화인류학자 베네딕트(Benedict)는 언어와 제도를 예로 들어, 다음과 같이 설명하고 있다.

우리는 성대와 비강을 통하여 무한한 음성을 낼 수 있으나, 각 언어는 그중 한정된 수의 특정한 음만을 선택하여 언어를 구성하고 사용함으로써 비록 외부인에게는 잘 이해가 되지 않는 고충을 참아야만 한다.

모든 인간사회나 인간집단은 어디에나 문화적 제도에 있어서 그와 같은 선택을 한다. 타 문화적 제도라는 시각에서 보면, 각 문화적 제도는 타 문화를 근본적으로 무시하고 타 문화엔 부적당하다고 생각되는 것을 개발 · 이용하고 있다. 어느 한 특정 문화는 금전적 가치관을 무시하기도 하며, 또 다른 문화는 금전적 가치를 각 분야의 행위의 모태가 되는 것으로 여기기도 한다.

어느 한 문화는 그들의 생존에 필수 불가피하게 보이는 생활영역에 있어서까지도 과학기술이 믿어지지 않을 정도로 무시되는 반면, 사회의 발전 단계적 측면에서 볼 때 아주 단순한 사회에서 기술적 성취는 비교적 복잡하고 놀라울 정도로 그 사회가 처한 상황에 적합한 경우도 있다. 인간은 문화라고 하는 거대한 상부구조를 청소년기, 죽음 및 사후 위에 구축한다.

여섯째, 문화는 여러 가지 부분문화로 구성되어 있다. 그러나 이러한 부분문화도 궁극적으로는 통합된다.

일곱째, 문화는 동일성을 유지한다. 부분문화가 독립적으로 계속 지속되는 것은 아니다.

여덟째, 문화형태가 다르면 문화적 행동도 달라진다. 즉, 갓난아기는 처음 태어났을 때는 본능에 따라 입술에 아무것이나 갖다 댄다. 그러나 자라면서 문화적인 학습

과정을 통하여 먹을 수 있는 것과 먹을 수 없는 것, 먹는 시간, 먹는 장소, 방법을 달리한다.

아홉째, 문화는 이동한다. 동양문화에서 서양문화로, 서양문화에서 동양문화로, 낮은 문화에서 높은 문화 등 다양하게 이동하고 있다.

열째, 국민성(Personality)의 발달은 문화의 영향을 받는다. 이러한 문화는 기후적 조건, 지형적 조건, 정착문화냐 혹은 이동문화권이냐에 따라 문화형성에 영향을 미치고 이것은 이후에 국민성(Personality)에도 영향을 준다.

03 문화의 유형과 기능

문화는 수많은 요소로 이루어져 있으며, 문화를 구성하는 여러 문화요소를 영역별로 묶어 문화내용을 유형화한다. 학자마다 여러 요소로 분류하고 있는 실정이지만, 일반적으로는 물질문화와 비물질문화(정신문화)나 용구, 규범, 가치로 구분하여 왔다. 이러한 구분에 대한 합일점으로 사회학자들은 일반적으로 다음과 같이 구분하고 있다.

첫째, 물질문화와 비물질문화로의 구분이다. 물질문화(material culture)란, 도구, 건물, 기계, 시설 등과 같이 물리적 대상과 이를 사용하는 방법에 관한 문화로서, 모든 구체적이고 가시적인 인간의 창조물(업적)이라고 한다면, 비물질문화(non-material culture)란, 신념, 관습, 관념, 이데올로기, 사회제도 등과 같이 비가시적인 것을 말한다.

이상과 같은 루색(Rouc)과 워렌(Warren)의 구분에 대해 오그번(Ogburn)은 물질문화, 정신문화, 적응문화로 분류했는데, 물질문화에는 가옥, 공장, 생산품, 사료품 등이 해당하며, 정신문화에는 종교, 예술, 과학, 서적, 작품, 성서 속에 구현되어 있는 정신적 문화재를 포함시켰고, 습관과 사회제도는 물질적 조건에 의해 조절되고 적응하는 것이라고 하여 적응문화(adaptive culture)라고 했다.

그러나 경우에 따라서는 비물질문화를 정신문화(spiritual culture)와 행동문화(behavioral culture)로 구분하기도 하고, 소로킨과 같이 이념적 문화와 행동적 문화로 구분하는 예도 있다.

여기서의 정신문화는 학문, 종교, 예술과 같은 정신적 창조물의 총칭이며, 행동문화는 습관, 민속, 제도와 같은 행동방식이고, 소로킨의 이념적 문화는 개인과 집단이 갖는 의미, 가치, 규범의 총합이며, 행동적 문화는 이념적 문화를 객관화하고 사회화하는 인간들의 작용 및 행동의 총체로 파악하고 있다.

둘째, 물질문화와 정신문화는 조화를 이루어 균형적 발전을 해야 한다. 그러하지 않은 경우에는 문화지체현상이 나타날 수도 있다.

셋째, 특히 현대사회에서는 문화의 정신적인 측면이 더욱 강조되어야 한다.

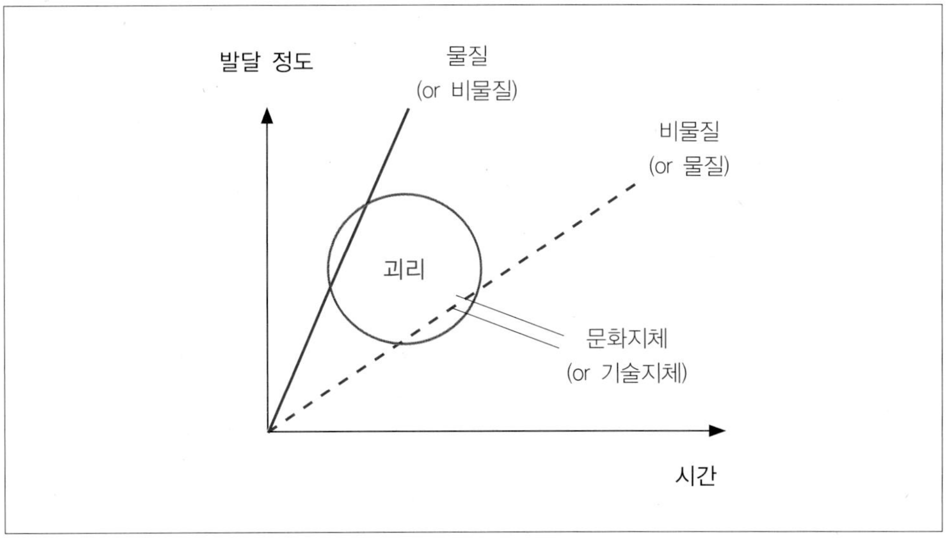

[그림 2-1] 문화지체현상

CHAPTER 03

사회변동

01 사회변동의 개념
02 사회변동의 과정
03 사회변동의 특성
04 현대사회의 특징과 문제점
05 사회문제

01 사회변동의 개념

인간생활이 끊임없이 변화하고 있는 것과 마찬가지로 사회도 강물과 같이 부단한 유동 상태에 있다. 특히, 오늘날 사람이 원하든 원치 않든 사회변동은 피할 수 없는 현상이다. 그러나 사회변화가 현대사회만의 고유한 현상은 아니다. 그 형태와 정도의 차이는 있지만, 어느 사회에든 사회변동은 있었으며, 이러한 의미에서 무어(Moore)는 사회변동을 인간의 보편적인 역사적 경험이라고 하였다.

사회변동이란 말은 보편적으로 사용되고 있지만, 그 개념은 학자마다 차이를 보이며, 이를 소개하면 다음과 같다.

〈표 3-1〉 사회변동의 개념

학자	개념
오그번(Ogburn)	사회변동은 인간이 만든 생활조건의 변화, 인간의 태도 및 신앙의 변화, 인간의 손이 닿지 못한 곳에 있는 생물학적, 생리학적 성질의 변화에 대응하는 과정이다.
맥키버(MacIver)	사회변동은 문화적 또는 문명적 변화와는 다른 사회관계의 변동이다.
로즈와 로즈(Rose & Rose)	사회변동이란 사회구조의 변동이다.
소로킨(Sorokin)	사회변동이란 사회 문화적 변동이다.

이러한 개념규정에서 사회변동, 사회변화, 사회진보, 문화변동 등은 유사한 말로서 때로는 같은 뜻으로, 때로는 다른 뜻으로 쓰이고 있는 실정이다.

사회변화는 사회변동이라고도 하는데, 사회변동은 사회의 구조(social structure)와 사회관계(social relationship)가 변화해 가는 것을 말한다. 따라서 사회변동은 현존하는 사회의 질서, 체제, 관념, 가치의 내용 일부 또는 전체가 변하는 과정이요, 사회의 외모, 체제, 제도 등의 외형적 변모뿐만 아니라 사회 구성원 개개인의 인성체제와 행동체제까지도 변화하는 것을 의미한다. 이러한 사회관계 혹은 사회구조는 사회를 구성하고 있는 다수의 요인이 결합하여 이룩된 계급구조, 권력구조, 경제구조, 가족구조 등이다. 결국, 사회가 변화한다는 것은 사회의 제 구조가 변화한다는 것이며, 이러한 사회변동의 모습으로는 출산율의 변화, 노사관계의 변화, 핵가족 출현에 따른 남편과 아내의 지위와 역할의 변모, 생활양식의 변화를 들 수 있다.

사회변동은 사회관계나 사회구조 등 외형적인 변동 이외에 철학, 종교, 과학, 예술, 가치관 및 규범 등의 문화적 요소가 변하는 것을 지칭하기도 하는데, 새로운 언어의 창조, 도덕개념의 변화, 음악, 미술, 무용 및 성에 대한 태도의 변화 등이 이 범주에 포함된다. 그러므로 사회변화는 궁극적으로 사회생활의 내용으로서 어떠한 종합적 형태를 이루고 있는 사회적 형상 혹은 문화의 변화를 의미하며, 따라서 문화변동이라는 말과 동의어로 간주되어도 무방한 경우가 많다.

02 사회변동의 과정

사회변동의 과정을 발견, 발명, 전파로 보는 견해에 따르면 다음과 같다.

첫째, 발견이란 인류의 확증된 지식의 누적이며, 기존의 사실 또는 관계에 대한 인간의 인지작용이다. 이러한 발견에 의하여 새로운 지식이 새로운 기술을 발전시킬 때 거대한 변동이 따르게 된다. 둘째, 발명이란 문화의 낡은 요소의 새로운 사용을 말한다. 이들 요소는 아무것도 새로운 것이 아니다. 이 요소들의 연결된 사용이 새로운 것뿐이다. 셋째, 전파란 집단에서 집단으로 문화 특성이 전파 또는 보급되어 나가는 현상의 이름이다. 이러한 문화전파는 한 사회 안에서만 진행되어 나가는 것이 아니라 사회 간의 접촉과정을 통해서도 이루어진다. 미국문화와 같이 복잡한 문화내용도 다른 사회로부터 전파된 것이 대부분이다.

문화전파는 몇 가지 특성을 가진다.

- 문화전파현상에서는 주고받는 두 가지의 과정을 겪는 사실을 유럽인에게서 찾아볼 수 있다.
- 문화전파는 어떤 문화는 수용하고 어떤 문화는 거부하는 선택과정을 거친다.
- 전파문화는 일반적으로 차용한 요소에 어떤 수정을 가하는 작용을 내포한다.

메어릴(Merrill)은 사회변동의 순서를 다음 네 단계로 나누어서 설명하였다.

① 기술

기술은 공예 혹은 공예과학을 의미하는데 순수과학을 인간의 실제적 목적에 이용한 것이다. 따라서 넓은 의미로 과학적 혹은 기술적인 뜻을 내포하고 있다. 기술은 우리가 살고 있는 물리적 환경을 변경시킴으로써 사회변동에 큰 영향을 미치게 된다.

② 경제기관

기술적 발명을 가장 직접적으로 응용한 분야가 산업 방면이다. 따라서 기술이 발달함에 따라 그 영향을 제일 먼저 받는 것이 경제기관이다. 경제기관은 상품과 서비스를 생산하고 분배하는 조직된 사회기관이다. 경제기관은 과학기술적 변동에 의존하면서 연쇄 반응적으로 사회기관의 변동을 일으키게 하는 둘째 요인이다.

③ 사회기관

사회기관은 경제변동에 의해서 많은 영향을 받는다. 사회기관이란 가족 · 학교 · 교회 · 정부 등을 가리킨다. 사회기관의 변동은 기술적 변동보다 완만하게 진행된다.

④ 사회적 가치

사회진보의 기준은 가치척도에 달려 있다. 사회적 가치는 사회에 따라 다르며, 고정되어 있지 않다.

과학적 · 기술적 변동과 그에 따른 경제적 · 사회적 기관의 구조 변동이 비교적 빠르게 일어나는 데 반해서 사회적 가치의 변동이 지연되는 이유는 사회를 구성하고 있는 각 사람의 가치관이 서서히 변모하기 때문이다. 이 사실은 교육적으로 중요한 뜻을 가지고 있다.

오늘과 같은 계획된 사회변화를 로저스(Rogers)의 Invention-Diffusion-Consequence의 이론과 교육의 과정의 비교를 도식으로 표현하면 다음과 같다.

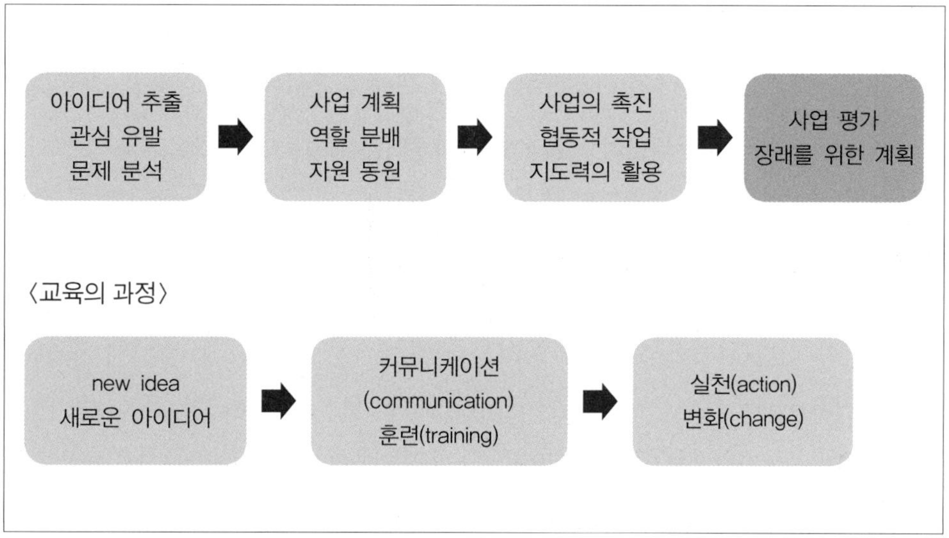

[그림 3-1] 사회변화의 과정

위와 같은 국가 계획적으로서의 사회변화는 그것이 비록 정부나 전문기관이나 학교에 의해서 선도된다 하더라도 그 전체 과정이 민주적이고 효과적이기 위해서는 그들의 새로운 아이디어와 방법이 해당 지역사회와 산업체 속에 용해되어 들어감으로써 변화가 발생하는 지역사회와 산업체가 그 변화의 주체가 되어야 한다.

03 사회변동의 특성

◉ 변동은 자연 발생적이고 필연적이다.

물론, 사회변동에 있어서 인간의 자유의지나 책임을 부인한다는 점에서 포퍼(Popper)와 같은 역사주의의 입장을 반대하는 이론가도 있지만, 헤겔(Hegel)이 "인류의 정신사는 완벽을 지향한 흐름이다"라든가, "인류의 역사는 최후의 심판을 받을 날을 향하여 흐르고 있다"라는 신학자들의 주장과 같이 사회가 일정한 방향으로 변동한다는 것은 역사적 필연성이라는 것이다.

◉ 변동은 연속적이며, 대단히 역동적으로 이루어진다.

변화의 양상·법칙과 관련하여 변동, 즉 사회변동과정은 어느 한 특정한 시 기관에 있어서의 일정한 특징이 다른 시 기관에 있어서의 특징과의 차이를 보이는 단계로서 구성되어 있다는 것이다.

인류학자 몰간(Morgan)이 인류사회의 진화를 '야만(savagery)→미개(barbarian)→문명(civilized)'의 3단계론을, 경제학자 로스토우(Rostow)가 전통사회 단계(traditional society)→도약 전 단계(the per conditioning for the take off stage)→도약단계(take off stage)→성숙단계(the drive to maturity)→고도소비사회단계(the age of mass consumption)→질의 추구단계(the search for quality)의 6단계론으로 말한 바와 같이 일련의 변화단계로 구성된 변화과정을 거침으로써 저급단계에서 고급단계로 진화한다는 것이다.

◉ 현대사회는 대단히 급격하게 변화하고 있다.

어떤 계기를 기점으로 급격하게 변화하고 있다.

◉ 사회의 각 분야는 동일한 상태로 변동하지는 않는다.

◉ 변동은 필요하다.

사회진보와 발전의 방법에 대하여는 종종 논란이 되고 있지만, 스펜서(Spenser)가 사회변동, 곧 "진보는 이득이 있는 필수품"이라고 표현한 것처럼, 사회변동의 진화는 보다 좋은 것, 보다 높은 것으로의 변화라는 가치관을 내포하고 있다. 인류의 역사는 곧 인류사회의 생활여건 개선을 위한 노력의 연속이라는 신념에 입각한 인간발전과 사회진화의 목표에 대하여는 사회학의 창시 이래 사회학계의 하등의 이의가 제기되지 않고 있다. 콘드로체(Condrocet)는 이와 같은 시각에서 인류의 역사를 인간정신 진보의 역사로 봄으로써 과거에 이루어진 진보가 곧 인류역사의 진보를 계속 추진하는 원동력이라고 보았으며, 봉건사회의 구체제에서의 탈피는 진보의 이념 구현을 위한 사회적 필수요건이라는 샘슨(Sampson)의 표현은 이와 같은 입장을 잘 대변하고 있다.

04 현대사회의 특징과 문제점

앞에서도 설명한 바와 같이 산업사회는 사회의 조직 원리를 기술 합리성과 조직 합리성에 두는 사회라고 말할 수 있다. 합리적 조직은 기능의 분화와 통합에 합리성의 원리를 도입한 것으로 사회체계는 고도의 능률과 생산성을 달성할 수 있다. 높은 생산성이 부의 증진을 가져오고 국민의 일반적 생활 수준과 교육 수준의 향상, 평균 수명의 연장 및 건강의 증진, 그밖에도 여러 가지 삶의 질(quality of life)을 개선하는 효과를 가져온다.

그러나 바로 그와 같은 산업사회의 조직 원리로서의 합리성은 다른 측면에서 중요한 사회문제의 원인이 된다. 즉, 합리적 조직은 조직 속의 인간을 차츰 소외시키며, 인간과 인간의 인격적 유대를 단절시키는 비인간화의 결과를 초래한다. 또한, 끊임없는 물질적 부의 증대와 성장의 추구, 그리고 생활편익의 추구 등의 결과, 자원의 소비가 무한히 확대되어 자원의 부족과 위기를 초래하는가 하면, 환경의 생태적 균형을 파괴해 가면서까지 자연자원을 개발하는 결과를 빚기도 한다.

1) 소외 문제

소외(alienation)는 사실상 현대 산업사회에 대한 비판론자들이 오랫동안 일관적으로 지적해 온 사회문제이다. 소외는 인간이 인간을 위해 만들어 낸 피조물(被造物)에 의해 인간이 거꾸로 지배를 받게 되거나, 인간의 활동에 있어서 인간의 본질이 상실되어 가는 과정이라고 말할 수 있다.

현대 산업사회의 인간은 사회조직으로부터 소외되고, 기계와 기술에 의해서 소외되고, 인간관계에서도 다른 인간으로부터 소외되고, 심지어 자기 자신으로부터 소외된다고 지적받아 왔다. 현대인은 거대한 사회조직의 대체 가능한(repalceable) 부분품으로, 기계화되고 자동화되는 생산과정에 있어서 노동으로부터 소외되고 있다고 주장한다. 현대인은 인격적 유대를 갖는 공동체(community)를 상실하였으며, 한 사람 한 사람이 현대화된(automized) 대중(mass)으로서 군중 속에서도 고독하게 소외된 인간이 되었다고도 주장한다. 현대인은 주체적인 인간으로서의 본질을 잃고 자동 인형적 인간이 되고 있으며, 다수라고 하는 익명의 권위에 무조건 순응하는 동조적 인간이 되고 말았다. 이와 같은 인간소외 현상 또는 비인간화 현상은 기본적으로 산업사회의 조직원리가 합리화 · 표준화 · 거대화 · 집중화 등으로 되어 있기 때문에 일어난다.

또한, 산업사회는 거대화(maximization) 경향을 보임으로써 인간을 더욱 소외시킨다. 학교도 대형화하고 교회도 대형화하며, 기업, 사회단체, 정부도 거대화한다. 도시는 계속 거대화하여 거대도시(metropolis)만으로 부족해서 초거대도시(megatropolis)까지 등장하고 있다.

이와 같은 거대화는 규모의 경제(economy of the size)와 능률의 원리에서 비롯된다. 그러므로 대량생산을 원칙으로 하는 산업사회의 모든 사회단위가 거대화의 길을 걷는 것은 당연하다. 이와 같은 거대화는 자연히 관료제화와 공식화를 초래하고 기계화와 자동화를 초래함으로써 인간의 소외를 더욱 촉진하는 결과를 가져오는 것도 사실이다. 그러므로 인간회복 또는 인간화의 관점에서 볼 때 모든 것을 거대화하는 것만이 반드시 좋은 변화의 방향이라고 하는 관념에 제동을 걸지 않을 수 없다. "작은 것이 아름답다(the small beautiful)"라는 구호는 단순히 낭만적이고 복고적인 관념을 나타내는 것이라기보다 인간을 회복하려는 절규라고도 볼 수 있을 것이다.

다행히 오늘날 진행되는 컴퓨터 기술의 발달은 사회조직의 소규모화(minimization)라는 새로운 조직 원리를 가능하게 하는 길을 열어 주고 있다. 공장, 기업, 학교, 대중매체도 보다 다원화되고 특수화되는 시민의 기호를 충족시킬 수 있도록 하고, 그렇게 하기 위해서는 소규모화가 보다 능률적인 체계가 될 수 있는 길을 새로운 과학기술혁명이 열어 가고 있는 것이다.

집중화(concentration) 현상도 마찬가지로 산업사회의 특징적인 원리이며, 동시에 인간소외의 원인이 되고 있다. 산업사회의 에너지원은 석유 · 석탄과 같은 집중적 에너지이다. 즉, 한 곳에서 대량으로 동력을 공급하는 형태의 에너지이기 때문에 공장과 건물 모두 대형화할 수밖에 없었던 것이다.

중심(center)과 주변(periphery)의 관계에 있어서, 권력이 중심에 집중하는 집권화(centralization) 현상도 마찬가지로 대규모 조직 속에서는 불가피한 경향이었다.

그러나 에너지도 대체 가능 에너지인 태양열 · 조력 · 수력 · 풍력 등으로 점차 바뀌고, 컴퓨터산업의 발달에 인해 사회조직의 규모가 소규모화된다면 분산화 · 분권화(자율화) 등으로 사회조직의 원리가 다시 한번 바뀔 가능성이 열릴 것이다.

2) 자원 문제

산업사회에서의 자원 문제는 날로 증가하는 산업사회들이 경쟁적으로 성장을 추구하면서 자원의 소비가 급격하게 증가하기 때문에 발생하는 사회문제이다. 제2차 세계대전이 끝날 무렵만 하더라도 소위 선진국 수준의 공업사회는 그렇게 많지 않았기 때문에 자원의 위기가 우려할 정도는 아니었으며, 몇몇 공업국이 자원을 독점적으로 소비하고 있었다. 그러나 지난 20~30년 동안 많은 국가가 산업화를 서둘렀으며, 그 결과 자원의 부족은 명백한 현실로 대두되었다. 자원보유국들은 자원민족주의를 내세워 자원을 무기화하기에 이르렀고, 자원을 확보하기 위해 또 다른 세계대전이 일어날 가능성까지도 경고되고 있다.

자원의 위기는 궁극적으로 산업사회의 주된 에너지가 재생 불가능 에너지라는 데서 연유한다. 즉, 석유나 석탄과 같은 자원은 수만 년에 걸쳐 지하에 퇴적되는 것으로서, 만일 그와 같은 자원이 다 소비되어질 경우 재생을 위해서는 다시 수만 년의 세월이 필요하다.

3) 환경 문제

[그림 3-2] 심각한 공해 문제

현대 산업사회의 환경 문제는 앞에서 설명한 소외나 자원의 문제보다 더 심각한 사회문제로 인식되고 있다. 산업사회에서는 끊임없이 확대재생산을 계속하여 지속적으로 성장을 추구하고 있으며, 성장을 위해 끊임없이 소비를 증대시키고 새로운 소비양식을 창출하기까지 한다. 그 결과 자연환경은 무제한하게 인간에 의해 착취되고 오염되고 있다.

대기오염과 수질오염을 비롯한 공해가 인간의 생태적 환경을 위협하는 것은 말할 것도 없고, 더욱 심각한 위험은 생태학적 균형이 파괴되는 현상이 일어나고 있다는 것이다. 미묘한 균형(equilibrium)을 이루고 있는 생태계(ecological system)의 균형이 깨졌을 경우 일어날 수 있는 환경 변화는 인류의 생존을 크게 위협하는 재난을 가져올 수 있다. 오늘날 우리가 경험하고 있는 기상이변 현상도 그와 같은 생태적 균형의 파괴에서 연유하는 것인지도 모른다. 핵무기의 실험과 인공위성, 그리고 과도한 농약의 사용, 그 밖의 여러 가지 기술의 개발과 사용이 자연의 생태학적 균형을 인위적으로 파괴하는 결과를 초래하면, 인류를 절멸시킬지도 모를 재난의 원인이 될 수 있다는 것을 깊게 인식해야 한다.

4) 가족해체의 문제

산업사회의 구조적 환경은 우선 대가족제도의 존립을 불가능하게 한다. 대가족제도는 원칙적으로 결혼한 모든 자녀가 부모와 함께 가족단위를 이루는 삼대 이상의 다세대가족을 의미한다. 이러한 대가족제도는 일정한 토지를 중심으로 정착한 가족이 생산의 단위가 되어 자급자족적 생존경제를 영위하는 농경사회에 적합한 가족제도이다. 과거의 농업사회에서는 가족의 구성원이 많을수록 많은 노동력을 확보할 수 있었기 때문이다.

그러나 산업사회에서는 성장해서 결혼한 자녀는 제각기 직업도 다르고 직장도 다르므로 한 지붕 아래 모여서 같은 가족단위를 이루고 사는 것이 어렵다. 그러므로 산업사회에서는 소가족이 선호되고, 그 결과 부부와 미혼자녀로 구성된 핵가족 형태가 증가한다.

이와 같은 가족의 형태가 변화하는 것에 못지않게 가족제도에서 일어나는 중요한 변화는 친자 중심의 가족이 부부 중심의 가족으로 변화한다는 점이다. 전통적인 가족에서는 가족관계의 중심축이 친자 중심이었음은 누구나 잘 알고 있다. 아버지와 아들의 관계가 가장 중심을 이루고 부부관계는 그에 부수적인 성격을 띠고 있었던 것이다. 그러나 현대 산업사회의 가족은 부부관계가 중심이 되며, 부부가 이혼하면 가족이 해체되는 결과를 가져온다.

가족형태가 핵가족화하고 가족이 부부 중심화하면서 산업사회에서는 노인 문제가 중요한 사회문제로 대두되었다. 부부 중심 가족에서 노인의 지위는 주변적인 것이 되기 쉽고, 가정으로부터 소외된 노인은 정신적으로 고독하고 무력해진다. 사회보장제도가 잘 발달한 사회에서도 노인 문제는 매우 심각한 사회문제이다. 이는 노인 부양이 단순히 경제적 부양만으로 충분하지 않다는 것을 말해 준다. 노인은 경제적 부양뿐만 아니라, 정서적 부양과 신체적 부양을 필요로 하며, 이러한 요건이 잘 조화된 부양은 가족 내의 직계자녀들에 의해서만 가능하다.

이렇게 본다면, 우리나라의 전통적 가족제도인 직계가족제도는 매우 훌륭한 가족제도라고 말할 수 있다. 직계가족제도는 결혼한 자녀 중의 한 자녀(대개의 경우 장

[그림 3-3] 심각한 가족해체 문제

남)가 부모를 모시는 형태로서, 나머지의 다른 자녀는 결혼과 함께 분가를 하므로 형태상 핵가족과 거의 다를 바가 없다. 즉, 우리나라는 전통적 가족제도에서도 대부분의 가족이 형태상 핵가족과 비슷한 소가족의 규모를 가질 수 있었으며, 이와 같은 가족제도는 산업사회의 구조적 환경 속에서도 아무런 불편 없이 그대로 유지할 수 있었다. 즉, 직계가족제도는 산업사회에서도 유지할 수 있는 소가족 형태일 뿐만 아니라, 결혼한 자녀 중 한 자녀가 반드시 부모를 모시고, 그 자녀가 부모 재산의 가장 큰 몫을 상속받게 됨으로써 노인 문제를 상당한 정도 해소할 수 있는 가장 이상적인 가족형태라고 볼 수 있다.

5) 가치관의 혼란, 즉 중심가치의 결여

현대 산업사회에서의 가치관 문제는 주로 물질주의와 개인주의의 가치관에서 비롯되는 것이라고 볼 수 있다. 우리나라의 경우는 아직 산업화 과정에 있기 때문에 산업화되는 사회구조와 국민의 전통적인 의식구조 사이의 격차에서 오는 가치관의 혼란 문제, 그리고 전통적 가치관의 연속성이 단절된 상태에서 밀려 들어온 서구의 가치관 수용과정에서 발생하는 가치관의 혼란 문제가 중요한 사회문제로 제기되고 있다.

6) 대중사회

현대사회는 대중사회이다. 대중은 동질화, 획일화, 평균화, 몰개성화적인 성격을 띠고 있다. 대중사회란 대중이 정치, 경제, 사회, 문화, 교육 등 모든 부분에서 대중이 주도하는 사회이다.

7) 소수의 엘리트사회

현대사회는 대중사회이지만, 또한 소수의 엘리트사회이기도 하다. 소수의 엘리트가 대중을 이끌어 가고 있다. 이로써 엘리트의 자격조건으로는 능력이 있어야 하며, 지도층은 일반 대중을 위하여 일해야 하며, 엘리트는 대중의 뜻을 대표하고 대변해 줄 수 있는 엘리트이어야 하며, 건실하고 부정부패가 없는 사람이어야 한다.

반면에 대중은 주인의식을 가지고 능동적으로 사회에 참여하며, 엘리트에게 수동적으로 끌려가는 것이 아니라 경우에 따라서는 적극적인 협력과 비판도 할 수 있는 자세를 가져야 한다.

8) 정치적 무관심 사회

정치적 무관심에는 무정치적 무관심(Apolitical), 탈정치적 무관심(Depolitical), 반정치적 무관심(Unpolitical), 신뢰형 무관심이 존재한다.

9) 집단 간의 갈등

이질적인 집단의 이익을 추구하는 데에서 이익사회가 가진 여러 가지 갈등현상이 있다. 집단원은 자기 집단에 충실한 나머지 타 집단에 대한 경쟁의식을 높인다.

10) 이기주의경향

이기주의와 개인주의는 구분이 되어야 한다. 우리가 경계해야 할 점은 개인주의가 아니고 이기주의이다.

11) 황금만능주의 경향

현대사회는 한건주의, 한탕주의를 경계해야 하며, 황금, 즉 돈이 최고라는 황금만능주의를 경계해야 한다.

12) 청년실업 문제

특히, 최근 한국사회가 겪는 가장 심각한 문제이다. 그러므로 이에 대한 대안이 여러 가지 각도에서 마련되어야 될 것이다.

[그림 3-4] 실업 문제

05 사회문제

오늘날 우리는 수많은 사회문제를 경험하고 있다. 예를 들면, 빈곤 문제, 가족 문제, 도시 문제, 주택 문제, 청소년비행 문제, 교육 문제, 노동 문제, 성차별 문제 등 수많은 사회문제가 존재한다. 이러한 사회문제는 우리 사회의 모든 구성원에게 직간접적으로 영향을 미친다.

이처럼 광범위하게 영향을 미치는 사회문제가 최근에 갑자기 생겨난 것은 아니다. 사회의 변화와 함께 사회문제도 발생하고 심화되어 왔다. 다시 말해서, 오늘날 사회문제는 사회변화(산업화 및 도시화)와 깊은 연관을 맺고 있다. 먼저, 산업화는 사회문제의 발생과 직접적인 관련이 있다. 산업혁명은 산업화를 촉발하는 계기가 되었으며, 이후 전개된 산업화는 사회의 구조적 변화를 가져왔다. 산업혁명 이후 생산성이 급격하게 증가하였기 때문이다.

이러한 사회의 구조적 변화는 자본주의의 발달도 포함할 수 있지만, 한편으로 전통적인 관습과 규범의 통제력 약화나 개인의 부적응을 가져왔다. 아울러 부의 불평등한 재분배도 양산되었다. 빈곤 문제 등을 포함한 여러 가지 사회문제는 이러한 산업화 과정에서 발생하였다. 또한, 산업화에 수반되어 진행된 도시화도 사회문제의 발생과 깊은 연관이 있다. 이러한 도시화는 환경 문제뿐만 아니라 교통 문제, 교육 문제, 청소년비행 문제, 주택 문제 등의 사회문제를 야기하였다.

이와 같이 오늘날 사회문제는 통상적으로 사회의 구조적 변화와 밀접한 관련이 있다. 이러한 점에서 사회문제의 원인이나 사회문제로 인한 피해에 대한 책임을 대응능력이 부족한 개인에게 돌리기는 어려울 것이다. 이는 사회적 차원에서 집단적으로 사회문제에 대한 해결책을 찾고 대응해야 함을 의미한다. 물론, 질병, 노령, 빈곤, 실업과 같은 문제들은 산업화 이전의 시대에도 존재하였다. 산업화 이전의 시대에는 이러한 문제들이 개인적 차원에서 인식되었다. 그러나 산업화와 도시화가 급속도로 진행된 오늘날에는 수많은 사람이 사회문제로 인하여 어려움을 겪고 있다. 그러므로 이러한 문제는 개인 문제가 아니라 집단 혹은 사회적 차원에서의 사회문제로 인식하고 해결하려는 노력이 필요하다.

이러한 사회문제가 광범위하게 영향을 미치긴 하지만, 그 영향의 내용이나 정도가 모든 사람에게 동일한 것은 아니다. 사회문제가 미치는 영향의 정도는 사람마다 다를 수 있고, 심지어는 특정한 사회문제가 존재함으로써 어떤 사람은 이익을 볼 수도 있다. 사회문제의 영향이 서로 다른 만큼 이러한 사회문제에 대한 사회 구성원들의 시각이나 인식 또한 상이할 수 있다. 즉, 사회문제로 인식하고 사회문제의 원인이나 해결방안을 파악하는 것이 사람마다 다를 수 있다는 것이다. 이는 사회문제를 보는 관점이 매우 다양할 수 있음을 의미한다.

사회문제를 보는 관점은 기본적으로 주관적이고 상대적이다. 사람마다 주관이 다른 것처럼 하나의 사회문제를 보는 관점이 사람에 따라 정반대일 수 있다. 사회문제를 보는 관점은 사회문제를 보는 이론적 시각과 밀접한 관련이 있다. 사회문제를 보는 이론적 시각에 해당하는 사회문제이론으로 기능주의 이론과 갈등주의 이론, 상호작용이론을 들 수 있다. 이러한 사회문제이론은 동일한 사회문제에 대해 각기 다른 관점을 지닌다. 예를 들어, 기능주의 이론은 갈등이나 불균형을 사회문제의 원인으로서 부정적으로 파악한다. 하지만 갈등주의 이론에서는 갈등이나 불균형을 사회문제의 원인이 아니라 사회발전을 일으키는 동인(動因)으로서 긍정적으로 파악한다.

이러한 사회문제이론은 사회변화를 보는 시각에서도 차이가 난다. 기능주의 이론은 사회변화를 균형과 기능의 측면에서 파악한다. 그리하여 급속한 사회변화는 균형을 해치고 기능을 저해하는 것으로 설명한다. 단적인 예로 기능주의 이론은 급속한 사회변화가 전통적인 규범을 와해시키고 사회 구성원의 사회화를 저해한다고 주장한다. 그러나 갈등주의 이론은 사회변화를 자원의 배분을 둘러싼 갈등의 차원에서 접근한다. 그리하여 갈등의 폭력성(자본주의 체제의 타파)을 주장하거나, 갈등의 점진적 조정(타협이나 협상 등)을 통하여 사회변화를 기할 수 있다고 주장한다.

1) 사회문제의 정의

무엇이 사회문제인가를 결정하고 규정하는 일은 사회문제를 해결하기 위한 시초이다. 그러나 복잡하고 다양한 사회문제를 정의하는 것은 현실적으로 쉽지 않다. 하지만 통상적으로 어떤 문제가 아래 네 가지의 요소를 충족하는 경우, 그 문제를 사회문제로 정의할 수 있다.

호튼(Horton)에 의한 사회문제의 의미를 살펴보면 다음과 같다.

① 사회문제는 사회의 대다수 구성원에게 영향을 미칠 수 있는 조건을 의미하고, 어느 일부에서 문제가 되었다고 해서 그것이 곧 사회문제가 되지 못한다. 많은 사람의 관심을 끌고 화제에 오르고 또 글로 쓰여 사람들의 문제가 될 때에 비로소 사회문제로 등장하게 된다.

② 사회문제는 인간의 힘으로 해결할 수 있다고 느낄 때 일어날 수 있다. 과학이 발달한 선진국에서는 기후가 사회문제로 되었다. 과거에 기후 문제는 자연의 영향으로 돌렸는데 오늘날에는 필요에 따라 비를 조절할 수 있게 되면서 기후도 사회문제가 되었다.

③ 사회문제는 대다수 사람의 가치관에 의해서 일어날 수 있다. 예를 들면, 사람들이 소년노동이 필요한 것이라고 생각하였을 때에는 그것이 사회문제로 되지 않지만 소년노동자가 인도주의에 어긋나는 일이라고 사람들의 가치판단이 되었을 때에는 소년노동 금지운동이 사회화될 수 있다.

④ 사회문제는 집단적인 사회행동을 통하여 해결할 수 있다고 생각될 때 문제시된다. 예를 들면, 어느 한 교사가 교사의 사회적인 지위나 보수권 위에 대하여 불평을 한다고 해서 그것이 사회문제가 되지 못한다. 그러나 교사들이 모인 교육단체가 집단적으로 교권확립의 문제를 여론화하고 문제해결을 위해서 집단적인 행동을 할 때 교사의 문제는 사회문제가 된다.

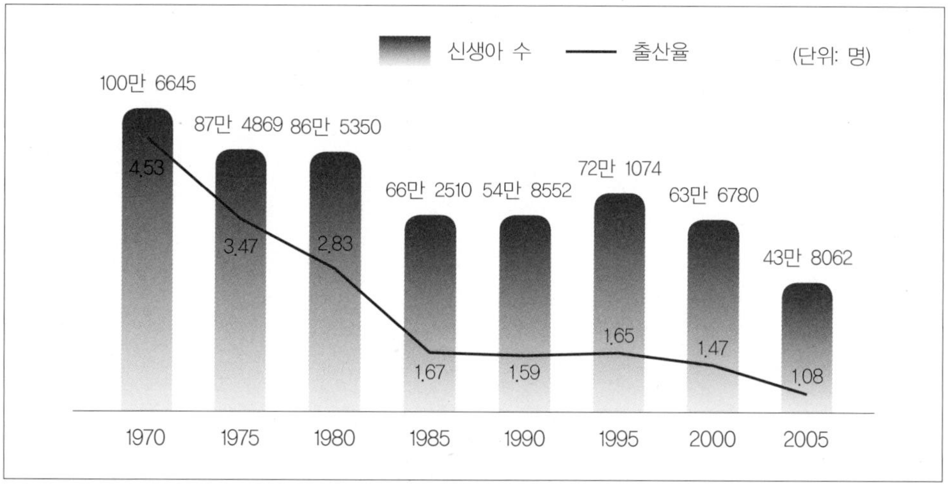

[그림 3-5] 우리나라 출산율

출처 : 통계청(2007).

CHAPTER 04

사회화

01 사회화의 개념

사회화(Socialization)라는 개념은 1890년대부터 사용되었다. 짐멜(Simmel)은 1895년 「사회학의 문제(*The problem of sociology*)」라는 그의 논문에서 사회화란 집단의 형성과정 또는 관계형식(forms of socialization)이 형성되는 과정의 뜻으로 정의하였다. 사회화란 인간의 사회적 성격이 형성되는 과정으로, 로스(Ross)는 사회화란 "인간의 정서나 욕구를 집단적 필요에 적응시키는 과정이다."라고 하였다. 그러나 사회화에 관해 본격적인 연구가 시작된 것은 1920년대부터이다.

이러한 사회화의 개념은 거의 사회학적 측면에서 사용된 것이고, 이것을 교육학적으로 적응시켜 사용한 최초의 사람은 뒤르켐으로서 1920년경 미국의 인류학, 심리학, 사회학에서도 연구되었으며, 1960년 이후부터는 유럽에서 사회과학 영역에서도 사용되어 왔다.

사회화는 그 내용과 경과와 관련하여 다음과 같이 구체적으로 정의내릴 수 있다.

① 사회화란 사회 구성원이 되는 과정으로 독특한 개성을 가진 인생이 사회 문화적 조건 속에서 형성되는 것이다.

② 사회화란 사유하고 기억하며, 언어를 구사하는 것과 같은 지적 능력, 인지적 기능을 계발 · 습득하며, 동시에 감정이나 정서의 계발과 같은 애정적인 발달을 의미한다.

③ 사회화란 사회생활에 있어서 다양한 상황 속에서 구성원으로서의 역할 수행을 가능하게 하는 사회의 제반 규범과 가치관을 내면화하는 가정이다.

④ 사회화는 사회 구성원 각자 하나의 독립된 경제인(homo economics)으로서 생존을 가능하게 하는 제반 작업상의 기능을 학습하는 과정이다.

그래서 사회화는 여러 가지 측면에서 다양하게 의미를 찾을 수 있다.

첫째, 프로이트(Freud)와 같은 정신분석학자들은 인간의 충동에 대한 통제능력을 형성하는 과정을 사회화라고 한다. 즉, 인간의 기본적 욕망을 조절하고 통제할 줄 아는 의지력을 계발해 주는 그것이 곧 사회화라는 것이다. (심리학적 측면)

둘째, 미드(Mead)는 사회화를 문화적 측면에서 파악한다. 사회화란 문화를 동질화하는 과정이다. 즉, 문화화(enculturation)되어 가는 과정을 사회화라고 한다. (인류문화학적 측면)

셋째, 사회적 동조성(social conformity)이 형성되어 가는 과정이라고 말한다. (사회학적 측면)

즉, 사회화란 넓은 의미의 교육을 의미한다. 인간이 점점 사회화되어 간다는 것은 교육되어 간다고 말할 수 있다. 피교육자의 입장에서 보면 점점 학습되어 간다고 할 수 있다. 사회학적 학습과정이 곧 사회화이다. 인간의 개성이 형성되어 가고 발달해 간다는 사실은 교육이요, 학습인 것이다.

02 사회화의 이론

사회화에 대한 관심은 교육학에서뿐만 아니라 심리학, 사회학, 문화인류학 등에서 나타나고 있다. 이러한 관련 이론을 살펴보면 다음과 같다.

1) 정신분석학적 접근

프로이트와 에릭슨은 정신분석학적 측면에서 사회화를 설명한다. 즉, 사회화는 아동의 본능적 욕구를 제한하고 통제하여 개인의 욕구와 사회적 통제 사이에 있다고 보았으며, 본능적인 원초아와 부모를 통해 사회적 규범이 내면화되어 형성된 초자아의 맹목적 대립과 갈등을 조화시킬 수 있는 자아의 발달이 곧 사회화라고 하였다.

[그림 4-1] 프로이트

프로이트의 성본능발달설(the theory of psycho-sexual development)은 그 자체가 곧 사회화 이론이라고 할 수 있다. 인간은 원초아(Id)-자아(Ego)-초자아(Superego)의 발달과정으로 사회화에 접근해 간다. 또한, 프로이트는 사회화 과정을 통한 인성(personality)의 형성발달과정을 신체의 성대(erotogenic zone)와 관련된 4단계로 이루어진다고 주장하며, 각 단계에서의 욕구 충족에 관한 희망이 부모와 초자아가 세운 제한과 충돌하게 된다고 하였다.

에릭슨은 프로이트의 이러한 이론을 더욱 발전시켜 인간이 성장하면서 자기 자신과 자기 주위에 대한 생각이 어떻게 변하는가에 초점을 두고 인간이 특별한 사회 심리적 위기에 직면할 때의 극복 여부에 따라 사회화가 이루어진다고 했다. 에릭슨의 이론은 생리학적이라기보다는 사회학적 측면에서 '자아'를 사회와 개인 간의 관계 중재자로 보고 새로운 능력을 개발할 것이 요구되어 간다.

03 인간의 성장단계와 사회화의 기관

1) 유아기 사회화와 가족

출생에서 8세까지를 유아기(early childhood)로 볼 때 이 시기는 성장 초기에 사회적 관계를 맺는 매우 의미 있는 시기이다. 또한, 인간의 발달과정 중 가장 기초가 되는 단계로서 귀속적 지위라 할 수 있는 아동기(childhood)는 신체 및 심리적 발달에 대한 기대를 받는다. 뿐만 아니라, 이 시기의 아동은 장차 사회생활에 필요한 관습, 행동양식 등을 습득해야 할 요구를 받는다. 즉, 각 사회가 기대하는 아동(children)으로 성장해야 한다는 성취적 지위를 사회로부터 부여받는다.

이때 부모, 형제 등의 가족 구성원은 새로 태어난 어린아이의 주된 사회환경을 구성하게 된다. 가정의 자녀양육방식이나 구성원의 인간관계 구조, 그리고 역할구조는 사회화에 일차적으로 가장 큰 영향을 준다.

가정에서는 언어를 습득하고 행동의 기본적 틀을 익히게 된다. 가정에서의 사회화는 가족 구성원인 아버지, 어머니, 형제자매의 행동모방을 통하여 시작되며, 가정에서의 자녀양육 방식과 자녀의 행동 특성은 밀접한 관계가 있다. 자녀를 지나치게 통제하는 가정에서 성장한 어린이는 복종적이고 의존적이며, 권위주의적이고 반항적인 성격을 갖게 되는 경향이 높다. 반대로 부모가 자녀를 지나치게 방임하면 행동의 통합성과 사회성이 결여되고 책임감이 약화될 우려가 있다. 또한, 아동의 자율성을 장려하고 협동과 집단의 결속력을 강화하는 가정에서 자란 아동은 사회성과 지도성, 그리고 책임감이 높고, 학업 성취의 우수성을 보이는 경향이 높다.

가정의 구조와 형태에 따라서도 사회화의 특성이 달라진다. 대가족에서 자란 아동은 핵가족에서 성장한 아동에 비하여 의존심이 강하고, 반면에 사교성이 발달하며, 기독교 정신을 강하게 믿고 있는 가정의 아동은 독립성과 성취동기가 강한 행동특성을 보인다.

가족 구성원 간의 역할 관계는 그들의 상호작용 관계를 결정함에 큰 영향을 미치며, 부모의 성격, 가치관, 태도, 동기 등의 특성도 그들의 상호작용과정에 크게 작용한다.

2) 아동기의 사회화와 사회화 기관

아동기 사회화의 가장 큰 특징은 가족이 이제 어린이를 둘러싼 전 세계가 아니라는 점이다. 다시 말하면, 어떤 종류의 사회화 경험이 받아들여질 수 있는가, 어떤 TV 프로그램은 봐도 괜찮은가, 어떤 책을 읽어야 하는가 등의 사항은 아직도 부모에 의하여 결정되지만, 아동기에 접어들면서부터 대중매체(mass media)와 또래 친구들이 아동의 사회화에 영향을 미치므로 유아기 사회화에 주도적인 역할을 하던 가족은 점차 그 영향력을 상실하게 된다.

3) 아동기에 있어서 사회화 기관으로서의 학교

사회화가 복잡해지고 직업기능사의 분화가 진척된 근대 산업사회에서 어린이가 자라 어른으로서 합당한 행동을 하는 데 필요한 모든 것을 가정에서 가르칠 수 없으므로 학교가 이 기능을 대행하고 있다. 이 밖에도 학교에서는 협동과 경쟁, 동조와 변혁 등 사회생활에 필요한 가치관과 태도, 단정한 외모와 시간개념, 질서의식 및 권위에 대한 존경 등을 가르치고 있다.

학교는 성적과 기타 교사의 평가 제도를 통하여 아이들의 경쟁의식을 고조시키며, 학교에 다니게 됨으로써 비로소 아이들과 어른들의 관계는 양육과 올바른 행위에 관한 관심 위주의 어린이와 부모와의 가족 구성원 외의 어른과의 관계로 이행된다. 학교는 사회통제의 기능도 하므로 학교에서 자신이 소속된 국가사회의 가치관을 익힌 어린이가 이에 어긋나는 행위를 하지 않도록 할 수 있다. 학교는 반사회적인 성격 형성을 방지함으로써 어린이의 올바른 인격 형성에 관여한다. 이 밖에 학교에서의 특별활동은 어린이의 재능과 특별한 흥미 계발을 촉진시킨다.

사회가 점차 복잡해지고 산업화됨에 따라 학교가 사회화의 대행기관으로 등장하게 되어 가정에서 이루어졌던 사회화의 기능 일부가 학교로 넘어가게 되었다. 학교교육을 통하여 개인은 도덕, 예술, 예법, 학문을 익히게 되며, 질서와 근면, 성실에 관한 것을 학습하고 민주주의, 전제주의 같은 추상적인 개념관과 가치관을 습득한다. 학교 이외 직장, 교회, 군대기관 역시 사회화 대행기관의 역할을 한다. 직장에서 상관이나 부하 직원 간의 대인관계라든가, 조직체 내에서 개인이 취하는 행동은 그 개인이 속해 있는 조직 자체의 이념이나 목적에 의하여 좌우된다.

4) 아동기 사회화와 대중매체(mass media)

현대사회에서 대중매체의 역할과 기능 및 그 영향력은 지대하다. 아동뿐만 아니라 전 국민을 사회화 또는 재사회화시킬 수도 있고, 또 획일적이고 전체적인 사회로 끌어갈 수도 있다. 특히, TV는 어린이의 사회화에 큰 영향을 미친다. 또한, TV 교육프로그램은 어린이의 인지능력을 향상시키며, 도시나, 지방, 문화와 계층을 대표하는 많은 모델의 역할노출 역시 어린이의 인지적 능력을 향상시킨다.

그 밖에 TV를 중심으로 한 대중매체의 놀랄 만한 성장과 발달은 유년문화를 문자문화에서 영상문화로 전환·편성하였으며, TV 영상을 통한 욕구 충족이 유소년에게 미치는 영향은 다음과 같다.

첫째, 영상문화는 유소년 문화에 많은 영향을 주며, 유소년에게 끼치는 영향 또한 크다.

둘째, TV 드라마는 TV에 중독되어 동화 세계에 사는 느낌이 들기 쉬운 유소년 시청자에게 영상 이미지와 실제 이미지 간의 분별력을 마비시킨다. 실생활을 영상의 연장으로 보는 잘못을 초래함으로써 현실을 안일하고 이상적인 것으로 해석하여 인내와 노력을 기피하는 태도를 조장하기 쉬울 뿐 아니라, 비현실적으로 팽창된 이상과 욕구는 현실도피나 범법행위로 유도될 수도 있다.

셋째, 영상 이미지를 통한 욕구 충족은 시청자의 욕구를 실제 대상에 의하여 충족시키는 것이 아니라 현실적 대상을 자칭하는 대상의 교류에 의해 충족시키므로 의사적 충족에 지나지 않는다. 유소년은 TV와의 접촉시간이 증가함에 따라 사실인지와 간접인지의 분별력을 상실하게 된다.

넷째, 광고에 의하여 생산자가 상품에 그 상품의 효용 이상의 가치를 부가하게 되는 결과, 어느 특정한 상품을 갖게 됨으로써 소비자 개인은 그 특정한 물품 소유 자체로 광고에 나오는 모델이 된 것과 같은 현상을 갖게 된다. 이러한 경우, 구매는 특정한 상품의 소유에 목적이 있는 것이 아니라 선전에 나오는 우상인 모델(대개 유명한 인사나 배우, 가수)과의 일체화에 목적이 있다.

이와 같이 상품에 그 효과 이상의 가치를 부과함으로써 생산자는 새로운 수요를 불러일으켜 소비자에게 새로운 욕구를 창출하고 생산자가 제시하는 인간의 이미지에 소비자 자신을 확대·동일화하게 함으로써 특정한 상품의 소유자로 하여금 그렇지 못한 사람과 비교하여 인격상으로 뛰어난 것과 같은 인상을 준다.

특히, 어린이는 대중매체의 이미지와 실제 이미지를 분별할 수 있는 능력이 결핍되어 있으므로 어린 나이에 대중매체의 환상적 세계에의 노출은 환상적 이미지를 실제 이미지로 받아들이게 됨으로써 유소년으로 하여금 현실과 유리된 공간 세계에서의 생활을 시도하도록 유도할 위험성이 있다.

이러한 환상적인 상황에 유소년이 손쉽게 말려들 수 있는 또 하나의 이유는 과거에 비하여 경제 수준은 많이 향상되었으나, 스트레스가 많은 생활환경에 살면서 스트레스를 해소하는 방법으로 큰 욕망이나 필요도 없이 충동구매를 하기 때문이다. 자아개념의 미확립으로 정신적 불안과 혼란 속에서 방황하는 젊은이의 어느 특정 상품에 대한 그 상품 이상의 가치부과는 정신적 불안정을 극기하는 방법으로서 유소년에게 필요하지 않은 물건을 충동구매를 유발하는 경향이 있다. 소비도 곧 유소년에게 자아실현의 한 방편이 될 수 있다.

다섯째, TV의 출현 이후 TV가 폭력, 살인, 강간 등의 흉악한 범죄에 미치는 영향에 대하여 사회 각계에서 지대한 관심을 표현하고 있다. TV 시청과 흉악범죄의 인과관계를 설명하는 통계자료에 의하면 감정을 통하여 자신의 존재를 파악하는 청소년의 취향에 맞춘 대중매체의 선정적이거나 충격적인 작품은 이들의 자극을 유발하고 욕구를 충족시키는 데 초점을 두고 있다. 어려서부터 무분별하게 이와 같은 작품에 오랫동안 노출되고 익숙해지면 청소년은 어지간한 것에는 감정적인 반응을 보이지 않게 된다. 또한, 이들이 성장하면서 공상적이거나 관념적인 영상 또는 작품에서 보는 자극이나 충격을 현실에서 충족하고자 하는 욕구를 유발할 가능성이 있으며, 특히 성에 대하여 비현실적으로 비대해진 기대감은 장차 이들의 결혼생활을 파탄으로 몰고 갈 염려마저 있다.

5) 성인의 사회화

유년기에서 청소년기에 이르는 기간의 사회화 과정은 비교적 쉽게 이해되고 있으나 성년기에 이루어지는 사회화는 대체로 잘 알려지지 않으며, 학문적인 관심에서도 등한시되어 온 감이 있다. 사회화는 일생을 통하여 이루어지고 있다는 사실을 처음으로 착안한 미국의 사회학자 브림(Brim)에 의하면 인간의 일생 중 많은 시점에서 사회화를 필요로 하며, 다음과 같은 점에서 어린 시절에 행해지는 일차적 사회화

(primary socialization)와 구분된다고 한다.

첫째, 어린 시절에 행해지는 사회화가 인간 개인 사회 구성원의 기본적인 가치관을 형성한다고 한다면, 성인이 되어 행해지는 사회화는 표출되는 행위의 변화를 지향하고 있다. 예를 들어, 사람은 성인이 되면서 부모와 가장으로서의 역할을 갖게 되지만, 어려서부터의 가치관을 그대로 갖기 마련이다.

둘째, 어린 시절의 사회화가 형식적인 국면에 치중한다면 성인의 사회화는 사회적 지위의 비형식적인 성격을 강조한다. 어린이는 학교 선생님을 권위의 소유자로 보지만, 성인은 그들의 사회적 지위를 떠나 개인적으로 본다.

셋째, 어린이는 이상적인 기대감을 갖고 있으나 성인은 이상적인 행위와 합리적으로 기대되는 행위와는 차이가 있다는 것을 알게 된다.

넷째, 어린 시절의 사회화가 대체로 일반적이고 포괄적이라면, 성인의 사회화는 특수한 기능을 목표로 하는 경향이 크다.

인간은 일생을 살아가면서 계속해서 그에게 더 학습하고 성장할 것을 요구하는 새로운 아이디어와 상황에 접하게 된다. 이와 같은 사태 발전은 새로운 직장을 갖는 경우나 결혼을 하고 부모가 되며, 정년이 되어 직장에 은퇴하고 최종에는 죽음을 맞이하는 사건 등과 관련이 있다.

6) 노년기의 사회화

사회학자 라이리(Rahe)는 마치 청소년이 되는 과정을 학습하듯이 우리는 노인이 되는 것을 학습해야 한다고 말한다. 사회학자 아이첸(Itzen)은 노년기는 청소년과 같이 다음 단계로의 이행기로, 노년기는 생산적인 성인기에서 인생의 마지막 단계인 죽음으로의 이행기이며 둘째, 노인은 또한 청소년과 같이 자기완성이 아니니 청소년이 부모에게 의존하듯이 타인에게 의존하고 비생산적이며, 더 나이가 들면 어린이와 같이 취급되기도 한다고 보았다.

노년을 위한 사회화 과정은 점진적이어서 정년이 가까워지면 생활의 템포를 늦추고, 정식 직장인으로서 기대되는 생산 활동으로부터 은퇴하여야 한다는 사실을 받아들여야 한다. 직장으로부터의 은퇴는 생산적인 역할을 종식한다는 의미 외에 수입원을 잃는다든지, 멀지 않아 배우자도 잃게 되는 등의 다른 귀중한 것을 자신이 주도해서 가정을 이끌어 오던 독립한 사람의 지위에서 자손이나 기타 공공시설에 의탁하게 된 신세가 되었다는 사실을 인식하해야 하며, 노인은 성생활과는 무관하다든가 하는 노인에 대한 사회적 통념을 받아들여야만 한다.

직장에서 은퇴한 노인은 여가시간이 증가하였으나 대다수의 노인은 여가시간을 어떻게 보낼 것인지 걱정한다. 정년이 되어 은퇴하는 것은 직장인으로서의 활동에 종지부를 찍는 것이지만, 모든 사회활동을 중지한다는 것을 의미하는 것은 아니므로 은퇴한 노인은 직장과 무관한 자기 정체의식을 가지고 직장과 가정 이외의 분야에 흥미와 관심을 갖고 활동해야만 된다. 따라서 은퇴생활에 가장 성공적으로 적응할 수 있는 노인은 일거리를 상실한 직장인으로서 역할을 즐기는 자의 역할로 대치하고, 은퇴 이전부터 참여했던 사회활동에 더 적극적으로 참여하는 자로 생각된다.

〈표 4-1〉 중노년기에 재적응을 요하는 사건들

순위	사건	순위	사건
1	배우자의 사망	14	새로운 가족 구성원의 생김
2	이혼	15	사업의 재조정
3	배우자의 별거	16	재정상의 변화
4	범법으로 인한 형의 선도	17	친구의 죽음
5	가족의 죽음	18	직업의 변경
16	개인의 부상과 신병	19	부부싸움
7	개인의 상해나 질병	20	재정상의 곤란
8	해고(실직)	21	직위 변경
9	결혼생활에 있어서의 부부간의 융화	22	자녀가 부모 곁에서 떠나는 일
10	은퇴	23	취침습관의 변화
11	가족의 병	24	식사습관의 변화
12	임신	25	사회활동상의 변화
13	성행위상의 장애		

출처: 이위환 · 김용주(2009).

CHAPTER 05

인간발달

인간은 특수하고 복잡한 심리적 존재라는 점에서 동물과 구별된다. 인간이 이룩한 고도의 사회 문화적 현상은 이러한 정신적 산물의 결과이다. 동물과 달리 인간의 독특한 심리적 구조와 기능의 발달과정은 인간 특유의 뇌기능뿐만 아니라 그에 못지않게 중요한 언어의 사용 및 오랜 기간에 걸친 양육과정, 그리고 특수한 인간관계의 심리적 경험들의 결과에 기인한다. 그런 측면에서 인간 특유의 발달과정에 대한 탐색과 이해가 요구된다.

01 삶의 주기

인간의 삶은 출생부터 죽음에 이르기까지 시기마다 독특한 심리적 특성을 보이기 마련이며, 이러한 삶의 주기(life cycle)는 인간 정신을 이해하는 데 매우 중요하다. 인간은 모든 생명체 가운데 성장과정이 가장 오래 걸린다는 점에서 특이한 존재이다. 동시에 인간 특유의 정신발달은 인간이 이룩한 문명생활을 유지하고 발전시키는 원동력이 된다. 인간은 삶의 주기에 따라 생물학적 · 심리적 · 사회적 요인의 영향을 받으며, 성장과 발달을 이룩해 나간다는 점에서 이러한 발달을 촉진시키거나 저해하는 요인이 무엇인지 탐색하는 작업은 인간의 정신현상을 이해하는 데 반드시 필요한 과정이다. 인간 특유의 삶의 주기는 다양한 입장에서 구분할 수 있겠으나 가장 보편적으로 태아기, 영아기, 걸음마기, 초기 아동기 학령기, 사춘기, 청년기, 중년기, 노년기로 구분할 수 있다(대한신경정신의학회, 2005).

1) 태아기(fetal period)

인간의 태아는 하나의 생명체로서 나름대로의 감각기능을 보유한다는 사실이 증명되고 있다. 뿐만 아니라, 기본적인 반사능력의 보유로 어느 정도의 학습능력도 가능함이 밝혀졌다. 전통적으로 우리 사회에서는 태교를 강조해 왔는데 이는 상당히 과학적인 근거가 있는 것으로 판명되고 있다. 즉, 태아와 어머니 사이에는 미묘한 신체적 · 정신적 교류가 존재하며, 따라서 어머니의 신체 및 심리 상태가 태아에게 상당한 영향을 끼친다.

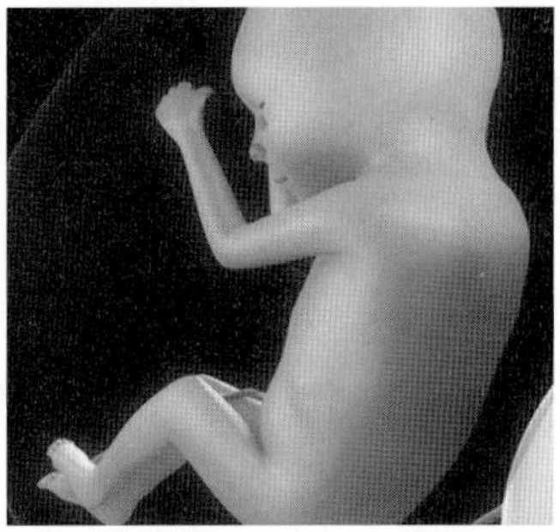

[그림 5-1] 태아기

2) 영아기(infancy)

출생 후 만 1년까지의 시기를 영아기라고 한다. 영아는 엄마의 보살핌을 필요로 하며, 기계적 양육뿐만 아니라 적절한 자극과 반응도 필요하다. 다시 말해서, 아기를 안아 주고 만져 주며 흔들어 주는 동시에 따스한 마음으로 말을 걸고 밝은 표정으로 대해 주는 등의 행동은 영아의 건강한 발달을 촉진시킨다. 우울하거나 무관심한 엄마는 아기에게 필수적으로 요구되는 자극과 반응의 결여를 초래하여 아기는 심한 좌절을 경험하게 된다.

신생아는 생존에 대한 적절한 대책을 지니고 있지 못하기 때문에 전적으로 모성적 보살핌에 의존할 수밖에 없다. 생후 첫 수 주간 거의 자폐적 상태에서 자기와 타인의 구별이나 자신의 내적 · 외적 환경 간의 차이를 식별하지 못하는 상태로 지내다가 생물학적 욕구의 충족과 외부로부터의 적절한 자극이 가해지면서 점차 자신과 타인의 구분이 가능해지기 시작한다. 그리하여 자신을 돌봐주는 인물에 대하여 긍정적인 반응을 보이게 되는데 생후 2~3개월에 나타나는 미소반응(social smile)이 그 징표이다.

[그림 5-2] 영아기

애착(attachment)은 생후 3~4개월에 형성되는데 보울비(Bowlby)는 이러한 애착이 아기의 장래 인격 형성에 결정적인 영향을 준다고 하였다. 생후 7~9개월쯤 되면 아기는 낯선 사람에 대해 불안한 반응을 보이는데 이러한 낯가림은 결국 자기와 엄마, 그리고 엄마와 타인을 구분할 수 있는 능력이 생겼음을 의미한다. 엄마의 존재를 인식하면서 아기는 엄마에게서 떨어지지 않으려 하고 울고 보채는 행동을 통하여 엄마가 자기 곁을 떠나지 못 하게 하는데 이때가 되면 분리불안(separation anxiety) 반응이 증가하게 된다. 이처럼 영아가 울고 보채는 행동을 보이는 것은 자신의 생존을 위하여 아기가 보다 능동적인 대처를 한다는 증거이며, 자신의 불편감 또는 불만을 엄마에게 알리는 적극적인 신호로 기능한다. 그러나 아기의 행동뿐만 아니라 엄마의 대응 및 반응도 그에 못지않게 중요한 요인으로 이러한 모자간의 원활한 관계의 형성은 애착행동을 증가시키는 데 필수적이다.

영아는 자신의 불만과 만족을 이와 같은 울음과 웃음을 통하여 엄마에게 전달하며, 이에 대하여 엄마가 적절한 반응을 보이면서 모자간에는 소위 공생관계(symbiotic relationship)를 형성하게 된다. 그리고 이러한 관계를 통하여 아기는 일생동안 지속되는 기본적 신뢰감(basic trust) 및 안정감(basic security)을 얻게 된다. 따라서 애착은 아기의 생존에 필수 불가결한 조건인 동시에 평생 동안 지속되는 문제이기도 하다는 점에서 매우 중요한 현상이다.

영아는 항상 즉각적인 욕구 충족을 추구하기 마련이다. 그러나 이 시기에 지나친 만족을 제공하며 키운 아기는 이기적이고 자제력이 결여된 성인이 되기 쉬우며, 반대로 만족을 느끼지 못하고 지나친 좌절을 겪으며 지낸 아기는 나중에 항상 불만과 우울감에 젖어 살기 쉽다. 이처럼 영아기는 향후 성인기에 이르러 정상적인 대인관계와 사회적 유대감을 이루며 살아 나가는 데 필요한 신뢰감, 안정감, 사회적 유대감의 형성에 결정적인 토대를 제공한다는 점에서 건강한 모자관계의 수립이 얼마나 중요한 문제인지 새삼 확인시켜 주는 시기이기도 하다.

3) 걸음마기

생후 1년부터 3년 사이에 아기는 걸음마를 배우기 시작한다. 첫 돌이 지나면서 운동능력이 현저히 발달하기 시작한 아기는 혼자 힘으로 걸음을 옮기기 시작하면서 태어난 이래 처음으로 엄마라는 존재의 곁을 떠나는 모험을 감행한다. 행동반경이 넓어지면서 이 시기에 보이는 가장 극적인 변화는 말을 배우기 시작한다는 사실이다. 언어적 표현을 통한 의사소통방식의 습득은 비록 몇 가지 단어를 이용한 제한적 방식임에도 불구하고 자신의 심리적 상태나 현상을 몸짓이 아니라 보다 구체적인 표현을 통하여 상대에게 전달한다는 의미에서 획기적인 사건이다. 걸음마를 배우기 시작하면서 나타나는 행동상의 특징으로는 떼쓰고 고집부리는 거부적 태도를 들 수 있다. 부모의 말이나 지시를 듣지 않고 자기 멋대로 하는 경향을 보이고 뜻대로 되지 않을 경우, 공격적으로 돌변하거나 분노발작(temper tantrum)을 보이기도 한다. 그러나 이처럼 자기주장을 내세우며 공격적인 행동이 현저해짐에도 불구하고 자신의 주장을 부모가 들어주고 안 들어주는 차이가 무엇인지에 대해 점차 배워나가게 된다. 따라서 적절한 부모의 통제와 칭찬은 아기의 자율성과 독립성 확립뿐만 아니라 충동의 억제와 조절능력의 획득에 중요한 요인으로 작용하며, 즉각적인 만족의 추구를 일단 보류하고 기다릴 줄 아는 참을성을 터득해 나갈 수 있는 토대를 마련하는 것이다.

보행이 가능해진다는 점, 언어습득과 더불어 이 시기에 중요한 변화는 대소변 가리기이다. 대소변 가리기는 아기가 태어난 이후 최초로 경험하는 사회적 요구와 제재이다. 이러한 제약은 자율성이 많이 늘어난 아기와 당연히 충돌과 갈등을 일으키게 된다. 따라서 대소변 가리기 문제와 함께 공격성, 분노, 좌절감, 복종과 불복종의 감정 등이 동반하는 경우가 많다. 대소변을 가리는 문제와 함께 아기는 비로소 자신의 행동에 대한 처벌과 칭찬을 경험하면서 사회성 훈련의 첫 발걸음을 내딛게 되는 것이다. 그러나 이럴 때일수록 부모의 일관성 있는 태도가 중요하다. 그렇지 않으면 아기는 혼란에 빠지게 되고 이러한 혼란은 이 시기에 이루어야 할 자율성과 독립성, 책임감 및 충동조절능력의 결핍으로 이어질 가능성이 크다.

4) 초기 아동기(initial childhood)

초등학교에 입학하기 이전의 4~6세경에는 지능과 상징의 발달로 여러 가지 다양한 공상과 상상력이 동원되고 동시에 놀이에 몰두하고 재미를 느끼게 된다. 이러한 놀이는 아동기 특유의 긴장과 좌절, 불안 등을 해소시켜 주는 역할을 담당하며, 운동기능 및 언어기능, 지능발달을 더욱 촉진시킨다. 특히, 언어능력의 급속한 발달로 주변 세계와의 교류와 탐색이 더욱 구체적인 양상으로 활발해진다. 이는 놀이의 형태를 통해서도 반영되는데 이 시기의 아동은 온갖 상상력을 동원하여 자신의 감정과 생각을 표현한다. 가장 보편적인 놀이는 소꿉장난으로 아동은 놀이를 통하여 자신이 경험하고 관찰한 부모관계를 재연하면서 부분적으로는 엄마, 아빠 역할을 모방하는 가운데 자신의 갈등과 환상을 해소하기도 한다. 또한, 의사놀이, 인형놀이, 동물놀이 등의 연극적인 놀이를 통하여 자신의 가족경험을 되풀이하거나 잠재된 욕구를 표출하는 경우가 많다.

이 시기의 아동은 남녀 간의 해부학적 성 차이에 대하여 많은 관심과 호기심을 갖는데 이런 놀이를 통해서 자신의 성역할과 가치관을 배우는 좋은 기회가 되기도 한다. 또한, 부모를 포함한 가족 구성원들과의 관계가 주된 관심의 대상이 되고, 특히 엄마의 존재 이외에 아빠의 존재가 중요한 인물로 부각되며, 소위 프로이트가 말한 오이디푸스 콤플렉스(oedipus complex)가 형성되는 시기이기도 하다. 이러한 과정을 겪으면서 아동은 이성의 부모와의 경쟁적 관계에서 동일시 과정으로 옮겨가는 가운데 각각 남자다움과 여자다움을 배우게 된다. 그러나 이 시기에 결손가정에서 자라나거나 부모의 지나친 과잉보호 및 과잉통제하에서 자랄 경우, 사회성의 결여로 인하여 향후 사회적응에 취약성을 보일 수도 있다.

5) 학령기

학령기는 초등학교를 다니는 6~12세 사이의 후기 아동기로 집이라는 가족단위를 벗어나 관심과 행동반경이 더욱 사회적 · 집단적 환경으로 확대 · 발전하는 단계이다. 이 시기에는 학업과 새로운 또래의 친구관계가 중요해지고 부모 대신에 선생님의 존재가 중요한 의미를 갖게 된다. 도덕성의 발달, 가치판단능력의 확대, 협동심의 발휘, 이기적인 자기중심성의 탈피, 양보심의 발휘 등 사회성 습득이 가장 중요한 과제가 된다. 또한, 이 시기의 아동은 대체로 남녀 간의 성을 구별함으로써 주로 동성끼리 어울리고 놀이 자체도 다른 유형의 놀이를 즐기는데 이는 남녀 간의 특성이 더욱 구체화되고 성역할에 대한 의식이 보다 분명해지기 때문이다. 이와 같은 성역할에 자신감이 결여된 아동은 열등감에 빠져서 친구관계를 제대로 맺지 못하는 경우가 많다. 유교 문화권인 우리 사회는 전통적으로 '남녀칠세부동석'이라 하여 남녀유별을 유난히 강조하였지만 심리학적 연구에 의하면 학령기의 아동은 누가 시키지 않아도 저절로 자신의 성역할 차이를 인식하고 남녀유별을 실천한다는 점이 발견되었다.

이 시기는 지능의 발달로 인하여 새로운 지식과 기술을 습득하고 연마하는 중요한 과제가 주어지는데 이는 장차 성인이 되어 사회생활을 성공적으로 영위해 나가는 데 필요한 기초를 마련해 준다. 또한, 주어진 과업을 성공적으로 수행하는 데서 오는 만족감과 자긍심의 경험은 향후 더욱 많은 지식과 기술 연마에 중요한 동기를 부여할 수 있다. 그러나 집단생활에 의한 규칙 준수와 협동심의 증진이라는 긍정적인 효과를 얻는 측면도 있지만 개인적 미숙함 때문에 제대로 어울리지 못하거나 집단적인 따돌림을 당하는 경우도 많기 때문에 학교와 부모 간의 적극적인 상호 협조와 관심이 더욱 절실히 요구되는 시기이다.

6) 사춘기

사춘기는 중 · 고등학생 시기에 해당하는 성적 성숙시기를 말하지만 심리적 성숙과정의 의미로는 '청소년기'라는 용어가 더욱 적합할지 모른다. 사춘기에 이르면 2차 성징을 비롯하여 신체적 발육이 뚜렷해지고 정서적 불안정 및 반항심, 그리고 충동적 경향이 농후해진다. 또한, 이성에 대한 관심과 욕구가 강해지며, 월경과 사정의 경험 및 음모가 나타나고 음성도 변하며 성기 및 유방도 크게 발육한다. 이는 성호르몬의 분비 증가와 신체적 급성장에 따른 결과이지만 이러한 변화에 수반되어 성적인 충동과 호기심도 많이 증가한다. 이 시기의 십대는 심리적으로 아동도 아니고 성인도 아닌 어중간한 시기여서 정체성의 위기와 혼란을 겪기 쉬우며, 부모로부터의 독립과 의존 사이에서 갈등을 겪게 된다.

우리나라의 경우, 사춘기 대부분을 입시 공부에 매달리는 경우가 많기 때문에 그에 따른 스트레스 및 욕구불만, 좌절감, 공격성의 증가 등으로 인하여 다양한 정신질환에 노출될 가능성이 매우 크다. 이런 측면들은 사회적인 특수성 때문이기도 하지만 불건전한 사회적 분위기가 이 시기의 정신적 방황과 일탈행위를 더욱 조장하고 부채질함으로써 건강한 심리적 성장을 저해한다는 측면에서 볼 때, 전 사회적 관심과 대책이 시급히 요구되는 문제라고 볼 수 있다. 특히, 핵가족제도의 영향으로 전통적 가치관이 무너지고 새로운 윤리도덕관이 정립되지 못한 과도기적 상태에서 부모의 과잉보호 또는 극단적인 방임주의 속에 성장한 십대는 무제한으로 노출된 정보사회의 특성으로 인해 기성세대의 가치관을 공유하기를 거부하고 자신들만의 고유한 가치체계를 고집하기 쉬운데 애정 어린 관심과 인내심으로 세대 간의 화해와 교류를 통하여 상호존중의 관계를 재정립해야만 할 문제이다.

흔히 사춘기 청소년은 삶의 주기 가운데 가장 격변하기 쉬운 정신적 방황기를 보내기 마련이다. 이러한 청소년기의 격동은 지나친 우려나 지나친 방임 모두 바람직한 태도가 아닐 것이다. 청소년기는 모든 정신질환의 가장 흔한 발병 시점이라는 측면에서 보더라도 더욱 주의 깊은 관심이 요구되는 시기이다.

7) 청년기

대학생활 및 직장생활 그리고 결혼 등은 청년기의 가장 중요한 문제에 속한다. 우리나라의 경우, 군 입대 문제도 20대 초반에 이루어지기 때문에 관심의 대상이다. 물론, 건강한 심신 단련이라는 긍정적 효과도 무시할 수 없지만 부모의 과잉보호 속에 자라난 오늘날의 세대가 자신에게 주어진 현실에 얼마만큼 독립적으로 적응해 나갈 수 있겠는가 하는 문제 또한 간단하지 않은 과제임이 틀림없다.

프로이트는 건강한 정신의 지표로 일과 사랑의 중요성을 강조하였지만, 청년기야

말로 인생의 방향을 결정하고 일과 사랑에 대한 중대사가 이루어지는 시기라 할 수 있다. 즉, 직장과 결혼이라는 중요한 선택이 이 시기에 결정되기 때문이다. 따라서 그에 따른 심리적 위기와 스트레스도 동시에 증가한다. 일과 사랑에서 얻는 만족은 대단히 중요하다. 또한, 양자 사이에 적절한 조화와 균형을 유지하는 것도 손쉬운 일이 아니다. 어느 한쪽에서 얻는 불만과 좌절은 다른 한쪽에도 영향을 미치므로 일과 사랑은 상호 밀접한 관계에 놓여 있기 마련이다.

청년기 남자는 주로 이 시기에 최초로 집을 떠나는 경우가 많다. 대학 입학, 유학, 군 입대, 취업 등으로 부모 곁을 떠나게 되며, 여성의 경우에는 결혼 및 출산, 그리고 시부모와의 관계라는 새로운 변화를 겪게 된다. 이러한 환경의 변화는 고도의 자율성과 책임감이 요구되는 것이며, 자기 정체성의 확립이 결여되었을 경우 상당한 혼란과 적응 실패를 경험할 수도 있다.

8) 성인기

30대 성인기에 이르면 대개의 경우, 결혼과 직업상의 안정된 기반을 이루는 시기이다. 배우자 문제에 있어서 청년기가 탐색기라면 성인기는 보다 성숙한 인격의 발달로 성공적인 결혼생활의 유지에 중점을 두는 시기라고 할 수 있다. 성인기에 이르러 본격적인 부모의 역할이 시작되며, 건전한 가치관의 대물림이 이루어지는 시점이기도 하다. 원만한 부부생활은 상호 인격적인 존중과 애정의 교환으로 뒷받침되는 것이지만 미성숙한 인격일수록 안정된 결혼생활 유지에 어려움을 겪는다. 따라서 성인기야말로 인격적 성숙도가 어느 정도인지 측정할 수 있는 가장 최적의 시기가 되는 셈이다.

최근 우리나라도 이혼율이 급격히 증가하여 선진국 수준 이상으로까지 육박했다. 이는 개인주의 및 자의식의 발달로 간주할 수도 있겠으나 다른 한편으로는 전통적 가치관의 급속한 붕괴 및 윤리의식의 부재 탓일 수도 있다. 직장에서의 승진이나 출세 문제도 이 시기에 중요한 과제이다. 또한, 급속한 산업화 시대에 이르러 부부가 함께 직장생활을 하는 경우가 늘면서 주말부부의 형태가 많아졌는데 이로 인한 스트레스도 적지 않다. 우리 사회의 특성상 이 시기에 가장 흔히 문제 되는 것은 고부간의 갈등이다. 이는 부모와의 과거 경험을 토대로 해결하지 못한 갈등의 잔재가 재연되어 나타나는 경우가 많기 때문에 상식적이면서 피상적 수준의 해결방법만으로는 근본적인 도움이 되지 못하는 경우가 많다.

9) 중년기

40대 이후의 중년은 성공적인 결혼생활 및 자녀를 낳고 키우며 교육시키는 양육문제, 안정된 직장의 기반을 확립하는 시기로 삶의 주기에서 가장 왕성한 일과 업적을 남기는 단계이기도 하다. 그러나 반면에 가장 큰 스트레스 기간이기 때문에 중년기 우울증도 빈번하다. 자신의 부모가 사망함으로써 부모와의 영원한 이별을 경험하는 동시에 자녀가 점차 독립해 나가는 시기로 자녀와의 이별도 경험한다.

중년기는 삶의 주기에서 가장 혹사당하는 시기이다. 실직에 대한 두려움이나 승진에 대한 압박감 등도 상당한 스트레스를 제공한다. 성장한 자녀와의 갈등과 충돌도 생길 수 있다. 결혼생활에서는 배우자에게 누적된 불만이 폭발하여 불륜과 외도로 이어지기도 한다. 또한, 요즘은 출가한 자녀가 자신이 낳은 아이를 부모에게 맡기는 경우가 많은데 평생토록 시부모 섬기는 일에 지쳐 있던 어머니의 입장에서 시부모가 돌아가시고 난 후 쉴 틈도 없이 또다시 새로운 양육의 부담을 느끼는 데서 오는 스트레스가 적지 않다.

10) 노년기

신체적 쇠약과 운동 및 감각기능의 감퇴로 인한 여러 제약뿐 아니라 퇴직, 은퇴, 경제력 저하, 성적 욕구 및 기능 감퇴, 지인의 사망, 배우자의 사망, 신체기능의 상실, 죽음에 대한 불안 등이 노년기의 중요한 변화이다.

죽음을 맞이하는 심리적 단계에 대하여 연구한 퀴블러-로스(Kübler-Ross)는 부정, 분노, 타협, 우울, 수용의 과정으로 5단계의 임종심리를 설명하였다. 직업의 상실, 친구의 상실, 경제력의 상실, 신체기능의 상실, 배우자의 상실, 리비도의 상실,

미래의 상실, 의미의 상실, 젊음의 상실, 활력의 상실, 사회적 관심의 상실 등 온갖 상실의 문제가 노인으로 하여금 외로움과 소외감, 우울, 불안 무료함 등의 감정 상태를 초래하기 쉽다. 사회복지제도가 완비된 서구 선진국에서 노인 자살률이 높은 이유는 이러한 심리적 취약성을 고려하지 못한 결과라고 할 수도 있다. 따라서 제도적 측면뿐만 아니라 노년기 심리에 대해서도 적극적인 관심을 기울일 필요가 있다.

02 학습이론

끊임없이 변화하는 환경에 대처하기 위해 우리의 행동을 바람직한 방향으로의 진보·변화시키려는 노력도 학습의 원리와 과정을 이해하지 않고서는 가능하지 않다. 학습은 경험과 훈련을 통해 비교적 지속적으로 행동이 변화한 것을 의미한다.

학습의 원리를 설명하는 이론은 크게 행동주의 학습이론과 인지학습이론으로 나누어진다. 행동주의 학습이론은 환경 속에 있는 여러 자극이 반응과 단순히 연합됨으로써 학습이 이루어진다고 보기 때문에, 직접 관찰 가능한 자극들 간의 관계를 중시한다. 반면, 인지학습이론은 문제해결과 같은 복잡한 형태의 학습을 연구하기 위해서는 눈에 보이는 외부의 자극보다는 인간의 머릿속에서 인지구조가 형성되고 여러 가지 정보를 체계화한다는 것으로 높은 수준의 지적인 과정들을 중시한다.

1) 행동주의 이론

1930~1960년대의 학습에 대한 연구는 행동주의 심리학의 영향을 받아 주로 통제된 실험실에서 동물을 대상으로 이루어졌다. 행동주의 이론을 주장하는 학자들은 학습에서 외적 환경의 변화(S)에 대한 학습자의 반응(R)양식에 주의를 기울였다. 그들은 학습을 자극(S)과 반응(R) 간의 결합을 형성하고 변화시키는 자체로 본다. 자극이란 감각을 활성화시키는 환경적 조건이다. 행동은 자극에 대한 반응이기 때문

[그림 5-3] 스키너

에 자극을 반복적으로 제시함으로써 반응이 지속된다는 것이다. 이런 의미에서 행동주의에서 학습은 새로운 행동의 '습관'이다. 손다이크(Thondike)의 자극-반응 결합, 파블로프(Pavlov)의 고전적 조건화, 스키너(Skinner)의 조작 조건화는 반복적 자극에 의해 행동이 습관화되는 행동주의 학습이론을 체계화한 대표적인 인물이다. 왓슨(Watson)은 어린 소년에게 실험적으로 인위적인 공포증을 유발하고 회복할 수 있음을 증명해 보임으로써 인간의 전반적인 행동에서도 조건화 과정에 의하여 일정한 행동양식을 학습시킬 수 있다고 하였다.

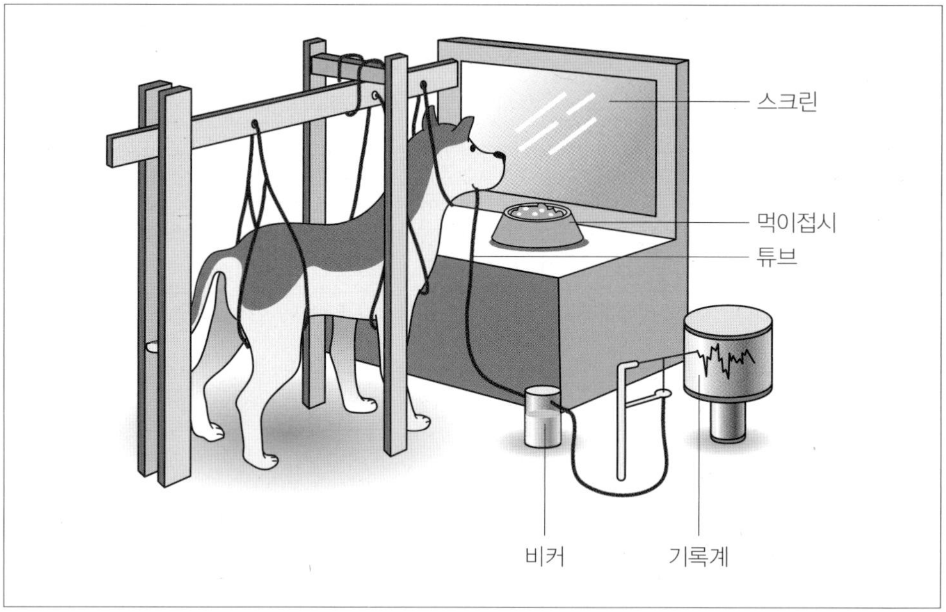

[그림 5-4] 파블로프의 실험

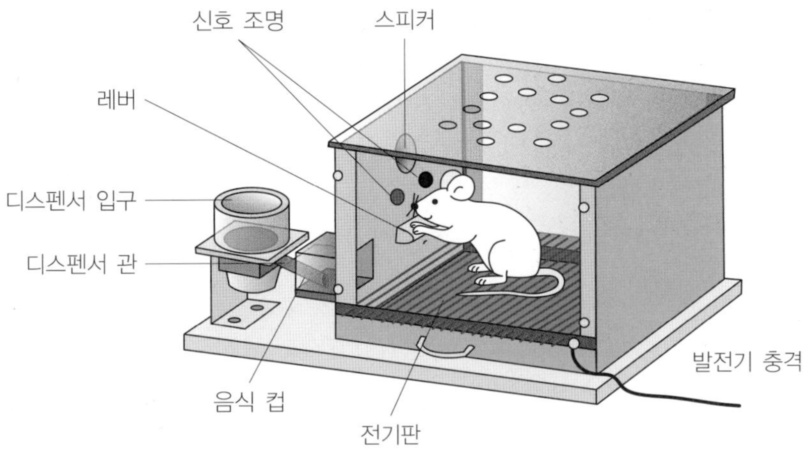

[그림 5-5] 스키너 박스

2) 사회학습이론

인간은 대인관계에서 비롯되는 상호작용 및 역할모델에 의하여 사회적 기능을 학습하는데 이를 사회학습이라고 한다. 캐나다 심리학자인 반두라(Bandura)는 유명한 사회학습이론가이자 환경론자이다. 반두라는 직접 관찰할 수 없는 기대, 의도, 신념, 사고 등의 인지적 매개체를 학습과정에 포함시키고 사회적 환경의 중요성을 강조하였다.

사회인지이론은 환경(외적 환경)과, 개인(개인의 인지적 요인 및 내적 사건), 행동(반응), 이 세 요인이 상호작용하며, 내적 요인과 외적 요인 모두 학습에 중요한 영향을 준다고 본다. 특히, 다른 사람을 관찰 모방함으로써 학습이 일어난다고 설명함으로써 행동주의에서 간과했던 인지적 요인을 학습과정의 중요한 요인으로 다루고 있다.

반두라는 인간행동이 인간의 내적 과정과 환경적 요소 사이의 복잡한 상호작용에 의해 결정된다고 보았다. 이것이 상호결정론(reciprocal determinism)이다. 이를테면 아동이 부모의 행동을 모방하고 그러한 모델작용을 습득하면서 사회적 적응기술을 배워나가는 과정으로 인간의 행동을 설명하였다.

3) 인지주의 이론

인간의 정신작용은 모든 정보를 기억 속에 저장하고 필요한 경우에 이를 불러내어 이용하는 과정으로 설명할 수 있는데 이처럼 지식과 정보를 얻고 조직하며 나중에 이를 적절히 사용하는 과정을 인지과정이라 한다.

인지이론을 주장하는 학자들은 학습을 인지구조의 성립이나 통찰, 관찰 및 새로운 사고방식을 획득하거나 기존의 사고방식의 변용으로 본다. 그래서 이 이론은 학습자 내부의 사상(事象)에 초점을 둔다. 각 학습자는 과거 경험에서 생성된 지식에 상응하는 정신조직체를 가지고 있음을 가정한다.

인지주의는 자극과 반응의 관계가 단순한 행동을 잘 설명할 수 있지만 복잡한 행동은 설명하지 못한다. 환경 자극에 대해 선택적으로 반응하고 기억된 정보를 적절하게 사용하며, 사고하고 계획하는 행동들은 단순히 자극과 반응의 관계로 설명할 수 없다. 인지주의 학습은 '깨달음', '이해', '비교', '판단', '기억'과 같은 내면적인 정신능력의 변화로서, 지각, 기억, 사고, 문제해결, 정보처리의 정신활동에 초점을 두고 있다. 따라서 학습은 경험을 통해 사물의 차이를 지각하고 지식과 정보를 저장하고 인출하며, 대상 간의 관계를 파악하고 새로운 문제를 해결하는 능력을 습득하는 것을 의미한다.

스위스의 심리학자 피아제(Piaget)는 아동의 인지발달과정을 연구한 것으로 유명하다. 피아제는 발달의 개념을 내적 성숙이나 외적 교육에 좌우되는 것이 아니라 아동 자신의 능동적인 행동을 통하여 보다 분화되고 포괄적인 인지구조를 수립해 나가는 능동적 구성과정으로 보았다. 따라서 그는 적응에 필요한 동화와 조절 및 조직화의 과정을 강조하였다.

[그림 5-6] 피아제

적응은 동화와 조절이라는 두 가지 수단을 통해 진행된다. 동화(assimilation)란 새로운 정보 혹은 새로운 경험을 접할 때, 그러한 정보와 경험을 이미 자신에게 구성되어 있는 도식에 적용시키려는 경향성을 뜻한다.

그리고 조절(accommodation)이란 새로운 정보 혹은 새로운 경험을 인식하기 위해 기존의 도식을 수정하는 것을 의미한다. 즉, 현재의 지식으로는 새로운 상황과 문제를 해결해 나가는 과정이 어려워 기존의 지식을 변화시켜 새로운 상황에 대처하는 것을 의미한다. 그리고 이러한 과정을 통해서 적응하는 가운데 아동의 의식과 행동이 더욱 복잡한 양상으로 발전하는데 이를 조직화라 한다.

피아제의 인지발달단계는 다음의 네 가지 시기로 구분할 수 있다.

(1) 감각운동기(sensorimotor stage): 0~2세

출생 후 약 2년간 아동은 감각과 운동을 통하여 세상에 적응해 나간다. 다시 말해서, 보고, 듣고, 만지는 등 주로 지각과 행동을 통해 대상물과 관련된 개념을 지니는 시기이다. 그들의 사고는 유아가 대상에 대해 보여 주는 실제 행동에 국한되어 있다. 감각운동기의 유아는 기억 속에 사물에 대한 어떤 표상도 가지고 있지 않으며, 모방력을 발전시키는데, 이 시기에 발전되는 모방력은 이후의 관찰학습을 위한 토대를 형성하는 중요한 기능을 하게 된다. 이 단계에서 가장 중요한 성취는 대상영속개념의 획득이다. 즉, 대상은 그가 직접 경험하고 있지 않을 때도 계속 존재한다는 것을 이해하는 것이다.

(2) 전조작기(preoperational stage) 2~7세

이 단계에서 '전조작'이라는 용어를 사용하는 것은 그것이 발달의 불완전한 단계로서, 감각운동단계에서 조작단계로 넘어가는 과도기적 단계이다. 물질로 존재하거나 현재 상황과 연결된 개념들은 비교적 쉽게 습득하지만, 추상적 개념의 습득은 여전히 한정되어 있다. 아동의 사고 자체는 기본적으로 비체계적이고 비논리적이지만 단어 및 이미지를 포함한 상징의 기능이 비약적으로 발전하는 시기이다. 이 시기의 아동은 타인의 관점을 이해하지 못하고 자신의 입장에서만 생각하는 자기중심적이고, 생명이 없는 대상에게 생명과 감정이 있는 것으로 지각하는 물활론적 경향을 보인다. 또한, 도덕적 타율성을 보이기 때문에 정해진 규칙에 맹목적으로 복종한다.

그리고 사물을 분류하는 데에도 어려움이 있다.

(3) 구체적 조작기(concrete operation stage) 7~12세

이 단계에서는 주변의 세계를 인식하는 아동의 능력이 상당히 진전한다. 문제를 주는 한 변인에 집중하지 않고 여러 변인을 동시에 고려하며, 그들의 관심이 상태 혹은 결과뿐만 아니라 과정에도 집중하는 특징을 보여 준다. 구체적인 문제에 대한 논리적 사고가 가능하며, 수와 물질의 특성에 대해서 배열과 분류의 능력이 발달한다. 이 시기에는 양, 무게, 부피의 보존개념을 확실하게 획득할 수 있다. 이것은 상보성, 가역성의 원리를 이해한다는 의미이다. 또한, 전조작기의 자기중심적 사고는 타인에게 대한 관심으로 전환된다. 그리고 도덕적 판단이 발달하여 상호 합의가 가능하게 되어 협동놀이가 이루어진다. 그러나 사고는 부분적 논리에 머물고 구체적 사고 수준에 있기 때문에 예외를 이해하기 어렵다.

(4) 형식적 조작기(formal operation stage) 12~15세

이 단계는 사고에서 질적 변화가 나타난다. 모든 추상적 사고가 가능하며, 논리성, 합리성을 토대로 한 과학적 추론이 가능하다. 이상과 현실에 대한 개념도 발달하고 나름대로의 가설을 세우거나 현실적인 검증능력도 보인다. 따라서 있을 수 있는 모든 가능성을 고려한 후 반복적인 실험을 통하여 나름대로의 결론에 도달하는 과학적 사고가 가능해진다. 뿐만 아니라 자신이 처한 환경과 사회적 현실에 대해서도 본질적인 탐색과 질문을 던지며, 자신의 미래에 대한 전망도 가능해진다.

구체적 조작단계의 아동은 정신적으로 조작하는 자료가 구체적인 대상과 자료인 반면에 이 단계의 아동은 처리되는 자료가 언어적 명제이다. 또한, 이상적인 사고를 하며, 자신이 생각하는 이상적인 기준에 맞추어 다른 사람들에게 바라는 특성에 대해 사고하기 시작한다.

03 성격이론

꽃이 저마다 모양과 색깔, 향기를 달리하듯 우리 인간도 개개인의 고유한 성격과 행동양식으로 삶을 살아간다. 자기만의 고유한 사고와 감정과 행동이 그 삶의 생활습관으로 정착될 때 우리는 그것을 개성이라 하고 성격이나 인성의 대표적인 특질로 간주한다.

성격을 뜻하는 personality는 라틴어의 'persona'에서 유래되었다. per(~을 통하여), sonare(말하다, 나타내다)라는 말의 합성어로서 가면(마스크)을 의미한다. 로마시대의 배우들이 배역에 따라 가면을 사용하여 개인의 특성을 나타내었던 것처럼 개인의 고유한 특징을 나타낸다는 말로 이해할 수 있다. personality는 심리학 분야에서는 성격, 정신의학 분야에서는 인격, 교육학에서는 인성으로 번역하기도 한다.

성격에 대하여 학자마다 견해 차이는 있으나 공통점으로 몇 가지를 요약할 수 있다. 첫째, 사람마다 각각 생리적 · 환경적 요소가 다르기 때문에 성격에서도 차이가 있다. 둘째, 성격은 일관성과 지속성이 있어 성격적 특성에 따라 고유하고 일관된 반응양식을 나타낸다. 셋째, 성격적 특징은 대인관계에서 나타나는 개인의 인상이다. 넷째, 성격은 환경에 적응하는 반응양식을 결정해 주는 생리적 · 정신적 측면이 있다. 다섯째, 성격은 성장함에 따라 형성되며, 환경이나 학습 등의 조건에 의해 변화될 수 있다.

따라서 성격은 개인이 환경과 상호작용하면서 나타내는 독특하고 일관성 있는 사고, 정서, 행동의 표현양식 또는 고유한 적응방식이다. 이러한 성격은 선천적으로 타고난 기질과 후천적으로 주어진 환경의 영향에 의해서, 그리고 개인의 가치관과 의지적 결단에 의해서 특징적으로 결정된다.

성격이론은 크게 유형론, 특성론 및 발달이론으로 구분한다.

유형론은 개인의 성격이나 기질을 몇 가지의 유형으로 나누고 그 유형에 따른 특성을 설명하려는 이론으로 크게 신체적 유형론과 심리적 유형론으로 나눌 수 있다. 신체적 유형론에는 아리스토텔레스(Aristoteles)의 성격분류학을 비롯하여 히포크

라테스(Hippokrates)의 기질설 내지 체액설, 크레치머(Kretchmer)와 셀돈(Sheldon)의 체격유형론이 있고, 동양에는 이제마의 사상의학(四象醫學) 등이 있다. 이들은 개인의 신체적 · 생리적 특성과 심리적인 특성 간에는 선천적으로 밀접한 관련이 있어 개인의 성격은 신체적 유형에 따라 구별된다고 보는 견해이다. 한편, 인간의 심리적인 유형에 관심을 가진 사람은 융(Jung)과 아이젱크(Eysenck)이다. 융은 개인이 외부세상과 사물에 대하여 주로 어떠한 방식으로 대응하며 어떻게 자신의 심리적 에너지를 소모하는가와 정신기능의 특질에 따라 개인적 특성을 유형화할 수 있다고 보았다. 아이젱크는 경험적 연구를 통하여 인간 성격에서 내향성-외향성의 차원 이외에도 정서적 안정성-불안정성(신경증적 성향)의 성격적 차원이 있다고 하였다. 이제마는 인간의 체형과 질병 및 심리적 특성 간에는 밀접한 관련이 있다고 주장하여 독특한 치료이론을 개발하였다.

특성이론은 대부분의 사람에게서 흔히 발견할 수 있는 많은 성격적 특성을 범주화하여 기술하는 이론이다. 즉, 개개인의 다양한 속성을 발견하고 그 속성을 구비한 비율에 따라 개인차를 이해하려는 입장을 취한다. 특성이란 다양한 장면에서 개인이 나타내는 지속적인 반응경향성이다. 예를 들면, '소심하다', '사교적이다', '공격적이다', '차분하다', '친절하다' 등으로 묘사된다. 이것은 누구나 공통적으로 가지고 있으며, 다만 정도의 차이만 존재하는 성격적 특질을 말한다. 특성 이론적 입장에서 성격을 이해하고 설명하는 대표적 학자로 올포트(Allport)와 카텔(Cattel) 등이 있다. 이들은 요인분석법에 의하여 개인의 성격적 특성 내지 경향성을 발견하고 기술함으로써 각 개인의 성격적 차이를 보다 분명하게 진술하고자 하였다.

발달이론은 개인의 발달이나 생활사를 강조하는 데 근거를 둔다. 즉, 개인의 다양한 경험에 의하여 성격이 형성됨을 강조하였다. 대표적인 학자로 프로이트, 에릭슨 등을 들 수 있다.

1) 프로이트의 심리성적 이론

프로이트(Sigmund Freud, 1856~1939)는 오스트리아의 정신의학자로서 인간 정신의 구조와 기능에 대하여 과학적인 접근 및 연구를 시도한 최초의 인물이다. 그의 정신분석학은 정신의학과 심리학 발달에 지대한 공헌을 하였다. 그는 병원에서 많은 환자를 접촉하면서 정신 신경질환을 심리학적 관점에서 이해해야 한다는 것을 깨달았다. 프로이트는 히스테리 증상의 환자가 겪은 과거의 외상적인 사건과 결부된다는 것을 발견하여 정신분석의 근본 법칙인 자유연상법을 개발하였다. 자유연상법은 편안하고 이완된 상태에서 생각나는 대로 자유롭게 말하게 함으로써 자기통찰을 하게 한다. 따라서 무의식 속에 깊이 숨어 억압되어 있는 생각이나 감정을 의식으로 떠올려 치료하는 심리치료기법이다. 그는 성적(性的) 갈등이 히스테리의 원인이라는 것을 증명하기 위해서 환자들과 자신의 무의식을 집중적으로 분석하였다. 그 결과에서 얻은 지식을 근거로 정신분석이론의 기초를 이루는 개념들을 발전시켰다. 1900년에 발간된 『꿈의 해석(*Die Traumdeutung*)』에서 자신의 꿈, 기억, 어린 시절을 분석하였고 심리세계는 무의식이 지배하고 있다고 주장하였다.

프로이트는 우리 인간이 믿고 있는 것처럼 인간은 이성적 · 논리적 · 지적인 존재가 아니며, 비이성적이고 때로는 자신도 알지 못하는 숨겨진 무의식적 동기에 의해 영향을 받는 존재라고 밝혔다. 그에 의하면 인간은 기본적인 생물학적 본능을 만족시키려는 욕망과 이것을 제약하는 도덕과 이상 사이에서 갈등하는 존재로 보았다. 그리고 인간의 성격은 출생 후 5~6세 이전 경험한 심리성적(psycho-sexual) 사건들에 의해서 결정되고, 그 이후의 성장은 대부분이 기본적 구조가 정교화되는 과정이라고 생각하였다.

이러한 그의 이론적 출발점은 4대 기본 가정을 전제로 한 것이다. 첫째, 무의식이 존재한다. 둘째, 인간의 정신현상에 우연은 없다. 다시 말해서, 인간의 모든 행동을 포함한 심리적 현상에는 무의식적 동기가 있기 마련이며, 이를 정신결정론이라 한다. 셋째, 현재는 과거의 결과이다. 인간이 보이는 신경증적 행동의 근원은 아동기 경험에 의한 것이다. 넷째, 인간은 쾌락을 추구하고 고통을 피하고자 모든 노력을 기울인다.

프로이트의 인간 정신의 구조에 관한 이론에는 초기의 지형이론과 후기의 수정이론인 구조이론으로 대별할 수 있다.

(1) 지형이론

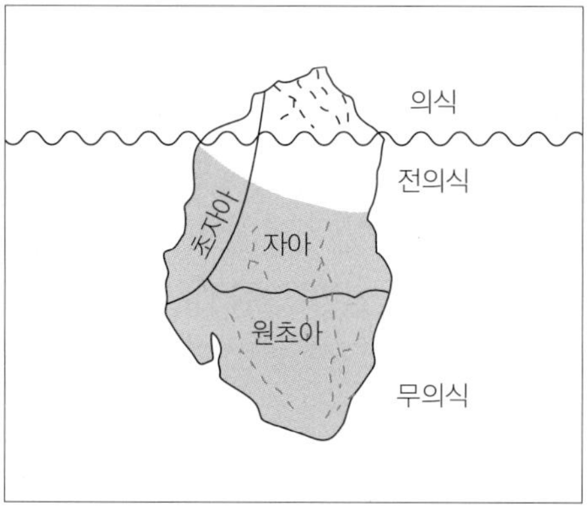

[그림 5-7] 빙산에서의 무의식 세계

프로이트의 정신구조는 의식, 전의식, 무의식으로 구분함으로써 인간의 의식계에서 인식하지 못하는 보다 심층적인 잠재의식의 세계가 존재한다고 주장하였다. 다시 말해서, 모든 인간의 행동에 영향을 미치는 우리가 알지 못하는 심층적인 심리 세계가 각자의 내면에 존재한다는 점을 강조한 것이다. 초기 이론에서 프로이트의 가장 위대한 공헌이라면 무의식의 개념과 의식의 수준에 관한 것이다.

❶ 의식계(the conscious) 여과

인간의 마음 상태를 빙산에 비유한다면 의식은 수면 위에 드러나 보이는 가장 표층을 이루는 마음 상태라고 할 수 있다. 즉, 언어 및 사고나 행동을 통해서 알 수 있는 주관적인 경험 세계를 의미하며, 각자의 내면 또는 외부에서 오는 자극들을 지각하는 부분을 말한다.

❷ 전의식계(the preconscious)

전의식은 의식하고 있지는 않지만 상당한 노력으로 주의집중을 하게 되면 의식할 수 있는 내용으로 이루어져 있다. 전의식은 의식과 무의식 사이에서 중간관리자 노릇을 하는 부분으로 의식에서 용납될 수 없는 무의식의 내용을 적절히 변형시켜 의식이 받아들일 수 있도록 살피는 역할을 한다.

3 무의식계(the unconscious)

인간 정신의 가장 심층 내부에 숨어 있는 부분으로 의식할 수 없는 내용으로 이루어져 있으며, 인간 행동을 좌우하는 중요한 역동적 힘의 근원이라고 믿는다. 그러나 이처럼 의식할 수 없는 무의식의 강한 충동은 항상 의식 밖으로 나오려 하기 때문에 다양한 방어적 조치가 요구되기 마련이며, 그로 인하여 긴장 및 불안, 갈등이 파생되기 쉽다.

프로이트는 의식과 무의식의 특징적인 차이를 말하였는데, 무의식은 1차 과정사고의 지배를 받는 반면에 의식은 2차 과정 사고의 지배를 받는다고 하였다. 또한, 본능적 욕구와의 관계에서 볼 때, 무의식은 쾌락원칙에 따르지만, 의식은 현실원칙을 따르는 점이 다르다고 하였다. 따라서 무의식 세계는 외부 현실을 고려하는 법이 없으며, 시공간의 차원을 뛰어넘는 특징을 보인다. 무의식은 쉬지 않고 욕구 충족을 위한 시도를 계속하면서 의식을 압박하며 비논리적, 비합리적, 비현실적 환상과 충동들로 채워져 있다. 따라서 전의식은 의식을 보호하기 위하여 이러한 무의식적 충동들을 억압하고자 한다.

프로이트는 무의식의 영향을 단적으로 보여 주는 예가 바로 꿈이라는 사실을 자신의 임상경험에 입각하여 증명해 보이고자 하였다. 꿈을 통하여 드러나는 본능적 욕구나 소망 충족은 현실에서는 받아들일 수 없는 내용으로 주로 변형된 모습으로 나타난다고 하였다.

(2) 구조이론

1 원초아(id)

태어날 때부터 존재하는 원시적·생물학적 충동을 포함한 본능적 욕구들의 집합으로, 생득적인 감각적 욕구를 충족시키기 위하여 쾌락의 원리에 따라 쾌(快)를 최대로 하고 고통을 최소로 한다. 무의식의 대부분을 이루는 기능으로 모든 심리적 현상의 에너지 공급원이다. 원초아의 내용은 항상 욕구의 즉각적인 만족을 원하며, 주로 성적 · 비언어적 · 비현실적 · 비논리적인 특징들을 보임으로써 현실과 환상의 구분을 어렵게 한다. 만약, 이를 통제하는 기능이 없다면 인류의 문명생활 자체가 위협받을 수 있다. 원초아의 충동은 자아의 기능이 약화된 틈을 이용하여 환상이나 증상의 형태로 의식의 표면에 나타날 수가 있지만 무의식 자체가 드러나는 것은 아니고 변형된 형태로 출현한다.

2 자아(ego)

자아는 현실원칙에 입각하여 모든 정신현상을 총괄하는 기능으로 원초아의 본능적 충동과 현실 사이에서 갈등하며 타협을 추구한다. 따라서 자아는 현실과의 마찰을 줄이기 위하여 원초아의 내용을 억압하거나 다양한 방법을 동원하여 방어하기 마련이며, 이러한 타협에 실패하면 증상으로 나타나게 되는 것이다. 성숙한 인격으로 성장하기 위해서는 자아의 건전한 발달이 필수적이다. 그러나 자아는 항상 원초아의 충동과 초자아의 압력 사이에서 갈등을 느낄 수밖에 없으며, 자신에게 주어진 환경과의 타협도 모색해야 하므로 자신의 심리적 균형을 유지하기 위해서는 상당한 에너지원이 요구된다.

자아의 기능은 주로 지각, 사고, 감정, 행동, 기억 등을 통하여 외계를 탐색하고 접촉하며, 현실검증능력이 지표가 되는 부분으로 자아의 힘과 강도가 어느 정도인지에 따라 자신의 내적 · 외적 상황에 대한 평가, 판단, 타협, 해결, 방어 등의 대처방식을 동원하게 된다. 자아의 발달이 미성숙한 젖먹이 아기는 오로지 쾌락원칙에 따라 욕구 충족만을 지향하지만 성장과정을 통하여 자아의 강도가 커지면서 점차 현실원칙에 따라 움직이게 된다. 정신분석이론은 초기의 원초아 중심에서 자아의 기능을 강조하는 자아심리학 쪽으로 변화되어 오늘에 이르고 있다.

3 초자아(superego)

초자아는 도덕적 판단기준을 제기하는 소위 양심과 이상을 추구하는 부분에 해당하는 기능으로, 무엇이 옳고 그른지 여부를 판단하여 항상 자아에 압력을 가한다. 그러나 양심이 의식적인 데 반하여 초자아는 무의식적인 면도 많기 때문에 양자가 반드시 일치하는 것은 아니다.

초자아에는 자아이상(ego-ideal)이 포함되는데 그 내용은 성장과정에서 자신의 부모로부터 크게 영향을 받는다. 따라서 부모의 가치관, 인생관, 도덕률 등은 무의식적으로 아이의 정신세계 일부를 이루며 성장하게 된다. 프로이트는 5세경에 부모와의 동일시를 통하여 서서히 초자아가 형성되어 간다고 하였으나 그의 제자 클라인(Klein)은 그보다 훨씬 거슬러 올라간 초기 영아기에 이미 초자아가 형성된다고 주장하였다.

초자아는 가학적인 측면도 보일 수가 있는데 지나친 초자아의 위협과 비난이 가해질 경우, 본인은 후회와 죄책감을 감당하지 못하고 자살을 시도하는 경우도 많다. 따라서 자아 기능과 초자아 기능 사이에 적절한 균형과 타협이 이루어져 나갈 수 있어야만 건강한 정신기능의 유지가 가능하다.

구조적 가설의 제시를 계기로 하여 정신분석이론은 초기의 리비도 가설에서 자아심리학으로 정립되어 나가기 시작하였다. 즉, 성본능 위주에서 벗어나 자아 기능에 초점을 맞추는 방향으로 전개되기 시작한 것이다. 프로이트가 말한 자아의 운명은 본능적 욕망을 충족시키고자 하는 원초아의 압력과 도덕적 제약을 가하려는 초자아의 압력 사이에서 항상 갈등하는 모습으로 묘사된 점이 특징이다. 자신에게 주어진 현실에 적응하기 위해 애쓰는 자아는 그러한 갈등의 해결책으로 다양한 방어기제를 동원하기 마련이며, 일종의 타협책으로 나타난 것이다.

(3) 방어기제

인간은 자신에게 주어진 외적 · 내적 자극에 대하여 스스로를 방어하기 위해 자신도 모르게 다양한 기제를 동원한다. 자아는 이러한 방어기제를 통하여 스스로 심리적 균형을 이루고자 하는 것이다.

1 보상

바람직한 특성을 강조함으로써 약점을 감추거나 한 영역에서의 욕구불만을 다른 영역에서 보상하는 것을 말한다. 열등감과 관련된 것이 적지 않다. 보상은 인간형성에 있어서 좋은 의미와 좋지 못한 의미를 가지고 있다. 예컨대, 자기가 지니고 있는 약점이나 결함을 극복하여 생산적인 결과를 가져오는 경우는 전자의 경우이고, 이와는 반대로 자기의 약점이나 결함을 보상하기 위하여 반사회적인 행위를 유발시키거나 혹은 의미 없는 특성을 과장하는 행위는 후자의 현상이다.

❷ 전위

어떤 요구의 대상이 무의식 가운데 다른 대상으로 전위시키는 것으로 윗사람에 대한 불만이 부하에게 향해 매우 심하게 꾸중하는 것이라든가, 고인이 남긴 유품을 중요하게 여기는 것 등이 여기에 속한다.

프로이트는 전위가 공격적 및 성적 충동을 다루는 가장 만족스러운 방법이라고 생각하였다. 기본적 욕구는 변화될 수 없으나, 욕구가 지향하는 대상은 바뀔 수 있다. 직접 표현될 수 없는 색정적 충동은 미술, 시, 음악과 같은 창작활동에서 간접적으로 표현할 수 있다. 적대적 충동은 신체적 접촉이 있는 운동에 참가함으로써 사회적으로 허용되는 표현을 찾을 수 있다.

❸ 동일시

다른 사람의 특징이나 특권, 업적, 제도 등을 마치 자기에게 속하는 것으로 생각하므로 자기가치감을 높이는 것이다. 자기의 가계(家系)나 소속 학교, 또는 회사의 우월성을 자기 자신의 우월성으로 느끼고 만족감을 얻는 것 등이다.

❹ 섭취

대상의 여러 속성을 받아들여 자신의 것으로 하는 것이다. 생물학에서 투사는 이화(異化)라고 하는 것에 반해, 섭취는 외계에 있는 것을 자기 속으로 넣어 자기의 일부로 하는 현상으로 생물학에서의 동화(同化)에 해당한다.

❺ 승화

성적 또는 공격적 충동을 직접적으로 충족시키지 않고, 사회적 가치에 따른 유용한 목표로 향하게 하여 본래의 원시적인 에너지를 보다 높은 차원의 성질로 변용하는 것을 말한다. 예술 활동이나 스포츠 등에서 그 전형적인 예를 찾아볼 수 있다. 따라서 승화는 아동의 지도상 가치 있는 기제라고 볼 수 있다.

6 지성화

경험에서 감정적인 면을 떠나서 지적으로 객관화시킴으로써 심리적 거리를 두고 바라보아 감정적 혼란이나 두려움으로부터 회피하려는 기제이다. 지성화는 정서적으로 위협이 되는 상황을 추상적으로 지적인 용어로 취급함으로써 초연해지려는 시도이다. 이런 종류의 적응은 생사의 문제를 그들의 일상적 직업에서 취급해야 하는 사람에게 흔히 필요하다. 예를 들어, 계속적으로 인간의 고통을 목격하는 의사는 모든 환자에 대해 정서적으로 관여될 수 없다. 어느 정도의 초연은 효과적인 기능을 위해서 필요하다.

7 합리화

사회적으로 용납되지 않는 감정이나 행동에 대하여 그럴듯한 이유를 붙여 자신의 행동을 정당화함으로써 사회적 비판이나 죄의식을 피하려는 것으로, 일반적으로 자신의 대외적 인상과 자존심을 보존하거나 향상시키기 위해 사용하는 방어기제이다.

합리화 작용에는 자기방어 유형에 따라 두 가지로 분류할 수 있다. 하나는 신포도형(sour-grapes)으로 이것은 자기가 도달할 수 없는 목표를 부정하거나 혹은 과소평가함으로써 자기의 실패나 단점을 보상하려고 하는 것이다. 예를 들면, 이솝우화에서 여우가 먹고 싶지만 높은 곳에 있어 닿을 수 없는 포도를 "이 포도는 신 포도이기 때문에 안 먹겠다."라고 말하는 경우이다. 다른 하나는 달콤한 레몬형(sweet-lemon)으로 현재 자신의 상황이 자기가 바라던 바로 그것이라고 말하는 심리적 상태이다. 예를 들면, 지방으로 좌천된 직장인이 도시보다 전원생활이 더 좋다고 말하는 경우나 시험에 실패한 사람이 실패의 이유를 문제출제방법 등으로 돌리는 경우이며, 책임전가라고도 한다.

8 격리

본능, 충동 및 그 외의 욕구는 보통 나타나는 것과 감정을 동반하고 있는데, 이 양자의 관계가 끊어지는 기제이다. 또 동시에 존재하는 양립하기 힘든 감정이 다른 대상이나 장면에 분리하여 나타나는 경우도 있다. 예컨대, 딸에게 익애적으로 부드럽고, 아들에게는 철저히 엄격한 아버지 등이 여기에 속한다.

9 복원

감정이나 동작을 끊임없이 반복함으로써 욕구를 재현하고, 그것과 직면하고, 그리고 함께 부딪힘으로써 그것을 무시하고 지배하려는 것을 말한다. 강박적인 반복행동은 어떤 충동실현에 대한 죄악감을 없애기 위한 것으로도 볼 수 있다.

10 백일몽

저지되어 있는 욕구를 공상에 의해 충족하는 것이다. 즉, 현실적으로는 도저히 만족할 수 없는 욕구나 소원을 상상의 세계에서 얻으려는 행동이다.

11 투사

자기에게 속한 특질이나 태도를 타인에게 전가시키는 기제이다. 자신이 상대에게 적의를 품고 있는데, 상대가 오히려 자기에게 적의를 갖고 있다고 생각하는 것 등이다.

12 퇴행

이전의 발달단계로 역행하여 보다 미숙하고 미분화된 반응을 나타내거나 보다 낮은 목표나 요구 수준으로 물러나 버리는 것이다. 어려운 일을 앞에 두고 잠이 오는 것이나, 어린이가 동생이 태어나자 아기처럼 어리광을 피우는 등 이른바 어린아이처럼 행동하는 현상이다.

13 부정

욕구나 그것과 관련된 감정 또는 관념을 스스로 인지하는 것을 부정함으로써 불쾌한 현실로부터 자신을 지키는 기제이다. 치명적인 병이 있는 아이의 부모는 그들이 진단과 예상된 결과를 충분히 알고 있다고 하더라도 어떤 잘못된 것이 있다는 것을 시인하려 하지 않는다. 현실을 인정함으로써 생기는 고통을 참아낼 수 없기 때문에 그들은 적어도 잠시라도 부정의 방어기제에 의존한다.

14 억압

현실의 부정은 외부적 위협에 대한 방어인 반면에 억압은 내부적 위협에 대한 부정이다. 억압에서 너무 위협이 되는 충동이나 기억은 행동이나 의식적인 인식 밖으로 축출된다. 프로이트는 어떤 아동기의 충동의 억압은 보편적이라고 생각했다.

두렵거나 받아들이기 힘든 불안을 동반하는 요구나 이것과 관련되어 있는 생각이나 감정을 의식에서부터 쫓아내어 자기 자신이 느끼지 못 하게 하는 과정으로, 프로이트는 이른바 방어기제의 기본형이라고 생각했다. 의식으로부터 쫓아낸 욕구는 원초아의 영역에서 세력을 모으고 있기 때문에 그것을 계속 억제할 수 있기 위해서는 정신 에너지의 과잉소비를 필요로 하고, 방어가 약해지면 무의식 쪽에서 이 욕구의 역습을 받기도 한다. 이중인격은 이러한 기제의 극단적인 예로 볼 수 있다.

⓯ 반동형성

자신이 느끼고 바라는 것과는 정반대로 감정을 표현하고 행동함으로써 자신의 욕구를 은폐시키는 것이다. 상대에게 강한 적의를 갖고 있으면서 그 마음을 깨닫지 못하고 오히려 이상한 친절로 대하거나, 실제는 매우 마음에 끌려도 무관심이나 반항적인 태도를 나타내는 것 등이다. 또한, 자신의 도덕성에 대해 열등감을 느낀 사람이 도덕성을 강하게 주장함으로써 그 약점을 보충하려는 것과 같은 경우이다.

(4) 발달의 단계

프로이트는 인간의 발달단계에서 아동기 시절의 성적 욕구인 리비도의 만족과 좌절의 정도가 인간 정신발달단계에 지대한 영향을 준다고 하였다. 또한, 개인의 성격특징을 이루는 토대는 출생 후 겪게 되는 유아기 및 아동기 12세 이전 양육 경험에 의해 거의 발달되며, 특히 5~6세 이전의 경험이 결정적인 역할을 한다고 하였다.

프로이트에 의하면, 인간은 출생 후부터 사춘기에 이르기까지 인간발달의 단계를 구강기, 항문기, 남근기, 잠복기, 생식기의 5단계로 구분하고, 단계마다 아동이 추구하는 쾌락을 만족시켜야 다음 단계로 넘어갈 수 있다고 보았다. 만일 쾌락의 추구가 빈번히 좌절되면 다음 발달단계로 넘어가지 못하고 그 시기에 고착하게 된다. 고착현상은 일반적으로 심각한 좌절로 인해 욕구불만이 생길 때 일어나지만, 과다한 만족 또한 고착의 원인이 된다.

❶ 구강기(oral stage): 출생~1세

이 단계에서는 입과 구강 부위가 쾌락의 주된 원천이 된다. 빨고, 마시고, 먹는 것뿐만 아니라 입에 닿는 것은 무엇이든지 빠는 구강활동을 통해서 쾌락을 추구한다. 이 시기에 구강적 쾌정서가 충분히 채워졌을 때 성격이 건전하게 형성된다고 하였다. 이 시기는 자아가 발달되지 않은 상태로 남아 있고, 원초아는 현실에 대한 관심이나 다가올 수 있는 위험을 거의 인식하지 못한 채 쾌락만을 추구한다. 그런데 구강기에 겪는 경험 대부분은 언어로 표현되지 못하므로 무의식 속에 영구히 남아 있기 쉽다. 이 시기의 욕구 충족이 지나치면 성인이 되어 지나치게 낙관적이며 먹고 마시기를 좋아하고 사교적이다. 구강기의 욕구 충족이 결핍된 사람은 공격적이거나 비관적 성격이 되고 논쟁적, 빈정대기, 손톱 물어뜯기 등의 부정적인 행동을 하기 쉽다.

[그림 5-8] 구강기

❷ 항문기(anal stage): 1~3세

항문기에는 일차적 성감대가 구강에서 항문 주위로 옮겨 간다. 이 시기는 배설물을 보유하거나 배출하는 항문적 활동을 통해 긴장과 불편함이 감소되는 쾌락을 얻는다. 이때 배변훈련이 시작되는데, 적절한 때와 장소가 허용될 때까지 배설 기능을 지연시키는 법을 배워야 한다. 항문기적 쾌정서를 충분히 누리게 할 때 건전한 성격이 형성된다. 배변훈련을 너무 조급하게 서두르거나, 지나치게 엄격하게 받으면 고착현상이 일어난다. 즉, 배설을 참아서 근육수축 쾌감에 고착하게 되면 강박적 항문기 성격으로 나타나 청결이나 질서에 대한 강박적 욕구를 보이거나 고집이 세고 인색한 사람이 된다. 반면, 배설을 하고 나서 근육이완 쾌감에 고착하게 되면 폭발적 항문기 성격으로 나타나 지저분하고 파괴적, 적개심이 강하고 낭비벽이 심한 사람이 된다.

프로이트 이론에서 항문기는 아동이 처음으로 기대에 순응하는 요구에 직면하는 단계로서, 점점 타인의 소망과 규범을 고려하게 된다.

❸ 남근기(phallic stage): 3~5세

이 시기에는 정신 에너지가 항문에서 성기 부위로 옮겨짐으로써 자신의 성기와 신체기관에 대한 호기심이 발달한다. 따라서 적절한 성교육이 이루어져야 한다. 이 단계에서 남아는 오이디푸스 콤플렉스를, 여아는 엘렉트라 콤플렉스를 경험한다. 이는 성(性)이 다른 부모에 대한 성적인 추구와 동성의 부모에 대한 적대적 배척감정이다. 즉, 남아의 경우 이성의 부모인 어머니를 사랑하고 동성의 부모인 아버지에 대해 적대감과 경쟁심을 느끼게 된다. 그러한 과정에서 그는 아버지가 성기를 제거할까봐 두려워하게 되는데 이것을 '거세불안'이라고 한다. 두려움의 초점이 성기에 집중되는 것은 성기가 성적 쾌락감정의 원천이 되기 때문이다. 반면, 여아의 경우 이성의 부모인 아버지를 사랑하고 어머니에 대한 적대감을 느끼게 된다. 이 시기에 남근이 자기에게 없다는 것을 발견하게 되고, 그것은 엄마 때문이라고 생각한다. 남근에 대한 부러운 감정으로 '남근선망'을 갖게 된다. 그러므로 이때 거세불인 및 남근선망에 대응할 수 있는 적절한 양육적 배려가 필요하다. 이와 같은 감정은 대부분 무의식 속으로 억압되는데, 동성의 부모에 대한 적대감 대신 동일시를 통하여 경쟁심을 극복하게 됨으로써 이러한 갈등은 어느 정도 수정 · 해결된다. 이러한 과정을 통하여 남자는 남자답게, 여자는 여자답게 행동하는 성역할 규범을 배우고 사회규범이나 도덕적 가치를 내면화하여 초자아를 형성한다고 보았다.

따라서 남근기는 성격 형성에 특히 중요한 시기로 간주된다. 이 과정에서 초자아의 발달이 이루어지며, 이는 성격의 중요 세력으로 남게 된다.

❹ 잠복기(latency stage): 6~12세

리비도가 무의식 속에 잠재되어 있어 어느 정도 안정된 시기이다. 새로운 의미 있는 갈등이나 충동은 억압상태로 들어가 소위 '고요한 시기'라고 하는 약간의 장기적인 잠재기를 갖는다. 비성적인 대상에 대한 관심과 활동이 집중되는 시기로 외계에 대한 강한 지적인 호기심과 스포츠에 관심을 보이며, 또래와의 관계가 강화된다. 즉, 신체에 대한 관심이 일시적으로 줄어들고, 환경에 적응하기 위해 필요한 능력을 기르는 데 열중한다.

❺ 생식기(genital stage): 12세 이후

2차 성징이 발현되는 시기로 사춘기와 청년기에 해당된다. 무의식 속에서 억압되었던 성적 에너지가 다시 의식으로 나타나는 리비도가 성적 대상이 자기 신체를 대상으로 하는 자기애적으로 추구하는 것이 아니라 이성으로 향하게 된다. 이성에 대하여 성적으로 흥미를 느끼고, 성숙한 방법으로 사랑을 하게 되는 시기라 할 수 있다. 이때 건전한 이성교제가 이루어지지 못하면 성도착적 행위가 발생할 수 있다.

잠복기에 확립되었던 원초아, 자아, 초자아 간의 균형이 갈등과 혼란을 겪으면서 갑자기 균형을 잃게 된다. 자아와 초자아는 생식기 동안 중요한 시험에 직면하며, 한쪽 내지 양쪽 모두의 부적절한 발달로 인해 청소년의 자살, 비행, 심각한 정신이상을 야기시킬 수 있다. 이때 자아는 한편으로는 억압과 같은 방어기제를 통해 원초아의 욕구를 부정함으로써, 다른 한편으로는 지성화, 합리화, 금욕주의, 퇴행 등의 방어기제를 통해 초자아를 진정시킴으로써 이러한 갈등에 대처한다(정옥분, 2004).

2) 에릭슨의 심리사회적 이론

에릭슨(Erik Erikson, 1902~1994)은 덴마크 혈통으로 독일 프랑크푸르트에서 태어났다. 그는 신프로이트 학파의 학자 중 한 사람으로, 프로이트의 이론에 감명을 받아 그의 딸 안나 프로이트의 격려로 비엔나 정신분석연구소에서 정신분석에 관하여 수학하였다. 에릭슨은 프로이트의 이론을 토대로 정신분석이론을 발전시켰다. 그는 프로이트의 심리성적 이론의 기본 틀을 수용하기는 하였으나 성욕이나 공격 욕구 등 인간의 본능적이고 무의식적 욕구의 표출을 강조한 프로이트와는 달리, 부모를 비롯한 대인관계의 경험이 성격 형성에 더 결정적인 영향을 미친다고 하였다.

[그림 5-9] 에릭슨

에릭슨은 인간발달에 대한 개인의 욕구와 상호작용하는 사회적 맥락을 강조한 심리사회이론을 전개하였다. 특히, 그는 정체성의 개념을 강조하였다. 그의 입장에 따르면, 인간은 일생에 걸쳐 자기만의 고유한 정체성을 확립해 나가는 창조적 존재로서 모든 성장은 내재된 기초 안에 의해 발달이 이루어진다고 믿었다. 정체성이란 인격 형성의 핵심에 해당하는 개념으로 자신의 자기다움 및 독자성의 지각을 토대로 자신에 대한 확고한 믿음과 삶의 지속성에 대한 신뢰, 그리고 사회 문화적 집단의 영향 속에 동참하면서도 자신에 대한 환경적 도전을 극복하는 자신감의 확립 등이 포함된 다원적 개념이라고 할 수 있다. 이것은 개인의 성격도 자아가 서로 관련된 일련의 단계들을 통하여 점진적으로 형성된다는 가정을 하게 된다.

에릭슨은 인간발달을 프로이트의 심리성적 발달의 다섯 단계를 확장하여 전 생애에 걸친 8단계로 구분하였다. 그는 건강한 인격의 정립을 위해서는 단계마다 주어진 발달과제를 성공적으로 해결해야 한다고 강조하였다.

(1) 발달단계

에릭슨은 인간이 어떻게 자아정체감을 발달시키고 사회화되는지에 관심을 가졌다. 사람이 성장하면서 직면하게 되는 위기를 수용하고 해결한다는 것은 개인이 가지고 있는 사회 심리적 특징에서 긍정적 · 부정적인 면이 서로 적절한 비율로 나타나고 있음을 의미하는 것이다. 직면한 위기를 긍정적인 관점으로 해결하게 되면 인격을 형성하는 데 충분한 기능을 하게 된다고 보았다.

다음은 각 단계에서 성취해야 할 발달과업과 극복해야 할 위기에 관한 것이다.

1 1단계: 신뢰감 대 불신감(Trust vs. Mistrust) : 출생~1세

이 시기의 주된 발달위기는 영아가 세상을 신뢰할 수 있느냐, 없느냐에 관한 것으로, 양육자, 주로 어머니와의 상호작용을 통하여 사회적 관계를 형성함으로써 신뢰의 초점이 된다. 신뢰감은 다른 사람에 대한 믿음과 자신에 대한 믿음을 포함한다. 이 시기에 영아를 돌보아 주는 사람이 영아의 신체적 요구와 심리적 욕구를 일관성 있고 적절하게 충족시켜 주고, 따뜻하고 반응적인 양을 충족시켜 주면 영아는 신뢰감을 형성하게 된다. 만약, 아기의 욕구가 잘 충족되지 않으면 영아는 불신감을 갖게 되며, 향후 성인기에 대인관계에 지장을 초래하기 쉽다. 그러나 에릭슨은 완전한 신뢰감만이 바람직한 것은 아니라고 했다. 왜냐하면, 사람이 살다 보면 때로는 불신도 필요하기 때문이다. 건강한 발달을 위해 중요한 것은 신뢰와 불신 사이의 적당한 비율인데, 물론 불신감보다는 신뢰감이 더 큰 비중을 차지해야 한다.

❷ 2단계: 자율성 대 수치감과 회의감(Autonomy vs. Shame and Doubt) : 1~3세

이 단계의 쟁점은 자율적이고 창의적인 사람이 되느냐, 아니면 의존적이고 자기회의로 가득 찬 사람이 되느냐 하는 것이다. 이 시기에 유아는 여전히 다른 사람들에게 의존하고 있지만 자유로운 선택의 자율성도 경험하기 시작한다. 자율성을 향한 투쟁은 사회적 갈등으로 완강한 거부나 떼쓰기 등으로 나타날 수 있다.

이 단계에서는 아동이 자신의 행동을 통제할 수 있는 정도를 스스로 발견하는 과업이 요구된다. 만약, 아동에게 새로운 것을 탐색할 기회가 주어지고 독립심이 조장되면 건전한 자율감이 발달할 것이다. 반면, 아동에게 자신의 한계를 시험해 볼 기회가 주어지지 않고 아동이 지나친 사랑을 받고 과잉 보호받게 되면, 세상사에 효과적으로 대처할 자신의 능력에 회의와 수치심을 느끼게 될 것이다. 이 시기에 형성된 자율성으로부터 자존감정, 자기통제, 자기 확신, 의지력이 발달된다. 자율의 단계에서 청소년기의 자아정체성 형성을 위한 중요한 전제가 된다.

❸ 3단계: 주도성 대 죄책감(Initiative vs. Guilt) : 3~6세

이 단계에서 경험하는 심리 사회적 갈등은 주도성 대 죄책감의 발달이다. 이 시기는 활동, 호기심, 인지적 탐색이 여러 가지 정보를 가져다주는 즐거운 경험이라는 것과 두려움이나 죄책감으로 인해 주저하는 것 사이에 갈등이 발생한다. 3~6세 사이의 아동은 유아가 가정의 안정된 분위기 속에서 적절한 애정관계를 유지하며 자라면 보통 생기와 활력, 호기심이 넘치고 활동 수준이 주도적으로 된다. 또한, 주도성을 발달시키는 과정에서 목표를 설정하고 목적에 따라 활동하는 경향이 늘어난다. 이 단계는 언어발달이 급격히 이루어지는 시기이기도 하다. 이 단계 초기에 아동은 끊임없이 질문을 하는데 이러한 질문들은 학습의 기본적 수단이 된다.

가정에서 책임감이 발달하며 또래집단에서 경쟁의식이 발달한다. 이 시기에 새롭게 발달하는 주도성을 부모가 억제하고 반대하거나 또래와의 경쟁에서 좌절감을

계속 경험하게 되면 죄책감이 형성될 가능성이 크다. 다시 말해서, 아동이 세운 목표를 실현하려는 목적의식과 용기는 주도성에서 비롯되며, 주도성이 가혹한 질책과 직면하게 된다면 그 결과는 죄책감이나 환경에 어떻게 대처하면 좋은가에 대하여 의존적으로 되어 버린다.

❹ 4단계: 근면성 대 열등감(Industry vs. Inferiority): 6~11세

에릭슨은 이 단계를 역동적이고 활동적인 시기로 보았다. 그는 이 시기가 아동의 근면성에 결정적이라고 믿는다. 근면성은 아동이 속한 사회에서 성공적으로 기능하고 경쟁하는 데 필요한 기술을 습득하는 능력이다. 이 단계에서 아동은 자기의 능력을 발달시켜 평가에 관한 개인적 기준을 획득하게 되면 자기가 사회에 대해서 얼마나 공헌할 수 있는가 하는 평가도 할 수 있게 된다. 만약, 아동이 성공에 대한 느낌이나 일을 잘 처리해서 인정을 받고자 하는 과업에 실패한다면 근면성이 결여되고 무력감을 느끼게 된다. 그런 아동은 즐거움을 느끼지 못하고 잘한 일에 대한 자부심을 발달시키지 못할 수도 있다. 또한, 그들은 열등감에 시달리거나 결코 대단한 사람이 못 될 것이라는 믿음에 빠질 수도 있다. 아동은 근면성에 근거하여 어떤 분야에서 유능감을 계발한다.

❺ 5단계: 정체감 대 정체감 혼미(Identity vs. Identity confusion): 12~18세

인생에 있어서 청소년기는 가장 중요한 시기라고 할 수 있다. 청소년기의 가장 중요한 발달과업은 자아정체감의 확립이다. 정체감은 일생 동안 이룩해야 할 중요한 문제이기는 하지만, 특히 청소년기가 정체감 형성에 있어 결정적인 시기라고 할 수 있다. 이 시기는 아동기에서 성인기로 옮겨 가는 과도기이며, 급격한 신체적 변화와 성적 성숙이 이루어지고, 진로 문제, 이성 문제 등 수많은 선택과 결정을 해야 하는 때이다. 자아정체성을 수립한 청소년은 자기 진로와 중요한 인간관계에서 순수한 열정으로 헌신하려는 마음, 곧 충성심을 발달시킨다. 자아정체성을 찾지 못하면 역할 혼미를 경험하게 된다. 그런 사람은 다른 사람의 견해에 병적으로 열중하거나, 아니면 불안을 떨치기 위해 약물이나 알코올남용에 빠질 수 있다. 정체감 혼미상태가 영구적이 되면 만성적 비행이나 병리적 성격장애를 가져올 수 있다.

❻ 6단계: 친밀감 대 고립감(Intimacy vs. Isolation): 청년기

21세에서 40세에 이르는 기간으로 타인과의 관계에서 친밀감을 이룩하는 일이 중요한 발달과업이다. 친밀성은 자기 자신, 자신의 내적 자원 그리고 이성관계, 교우 및 동료관계, 상하관계, 가족관계 등에 있어서 원활한 유대관계를 형성하는 데 필수적이다. 만약, 원만한 인간관계가 이루어지지 못할 경우에는 고독감과 자기몰두에 빠지게 된다. 청년기는 자신의 미래를 설계하고 성공적인 인생의 터전을 마련하기 위한 노력을 기울이는 시기로 결혼과 직업의 선택이라는 삶의 가장 중요하고도 창의성이 요구되는 시기라는 점에서 친밀성의 확립은 매우 중요한 과제이다.

❼ 7단계: 생산성 대 침체성(Generativity vs. Stagnation): 중년기

40세에서 65세에 이르는 중년기는 생산성 대 침체성이라는 위기를 경험한다. 자식을 낳고 키우는 동시에 자신이 속한 사회에서 능력을 발휘하고 인정받는 시기라는 점에서 대·내외적으로 나름대로의 지도력을 발휘하는 시기이다. 따라서 이 시기에 생산성의 확보에 실패하게 되면 창의력을 잃은 나머지 의기소침해지거나 자신의 삶에 대하여 의미를 찾지 못하게 됨으로써 우울증에 빠지거나 자기위축감에서 헤어나오지 못하게 된다.

❽ 8단계: 통합감 대 절망감(Integrity vs. Despair): 노년기

65세 이상의 노년기에는 자신이 살아온 삶의 여정을 돌아보면서 부분적으로는 불완전했음에도 불구하고 나름대로 최선을 다하며 살았다는 만족감과 통합성을 확보하는 것이 주된 발달과제이다.

에릭슨은 발달단계별로 겪는 정체성의 위기를 무난히 이겨 내고 그 시기에 획득해야 하는 중요한 심리적 자질 또는 덕목을 체득한 사람은 노년기에 성숙하고 지혜로운 인품의 소유자가 될 수 있다고 보았다.

노년기에는 지금까지 살아온 삶에 대한 인생을 조감하고 정리하는 마음으로 인격의 통합성을 이루어 나간다. 이 단계에서 자아 통합감과 절망감의 위기를 극복하는 것이다. 청년기, 중년기의 세월을 거치는 동안 자신의 삶을 의미 있고 만족스러운 것으로 인식하고 인생의 경륜과 지혜로 빛나는 인격의 소유자가 될 수 있다. 지금까

지 살아온 인생을 별다른 후회 없이 그대로 받아들이며, 인생의 피할 수 없는 종말로 죽음을 받아들이게 되면 통합감이라는 정점에 이르게 될 것이다. 그러나 자신의 삶이 무의미한 것이었다고 후회하면 이제는 시간이 다 흘러가 버려서 다른 삶을 다시 살아볼 수 있는 기회가 없다는 느낌에 직면하게 되어 절망감에 빠지게 된다.

이 위기를 성공적으로 해결하기 위해서는 통합감이 절망감보다 바람직하지만 어떤 절망감은 불가피한 것이기도 하다. 에릭슨에 의하면 자기 자신의 인생에서 불행이나 잃어버린 기회에 대해서뿐만 아니라 인간 존재의 나약함과 무상함에 대한 비탄감은 피할 수 없는 것이라고 한다.

[그림 5-10] 에릭슨의 8단계

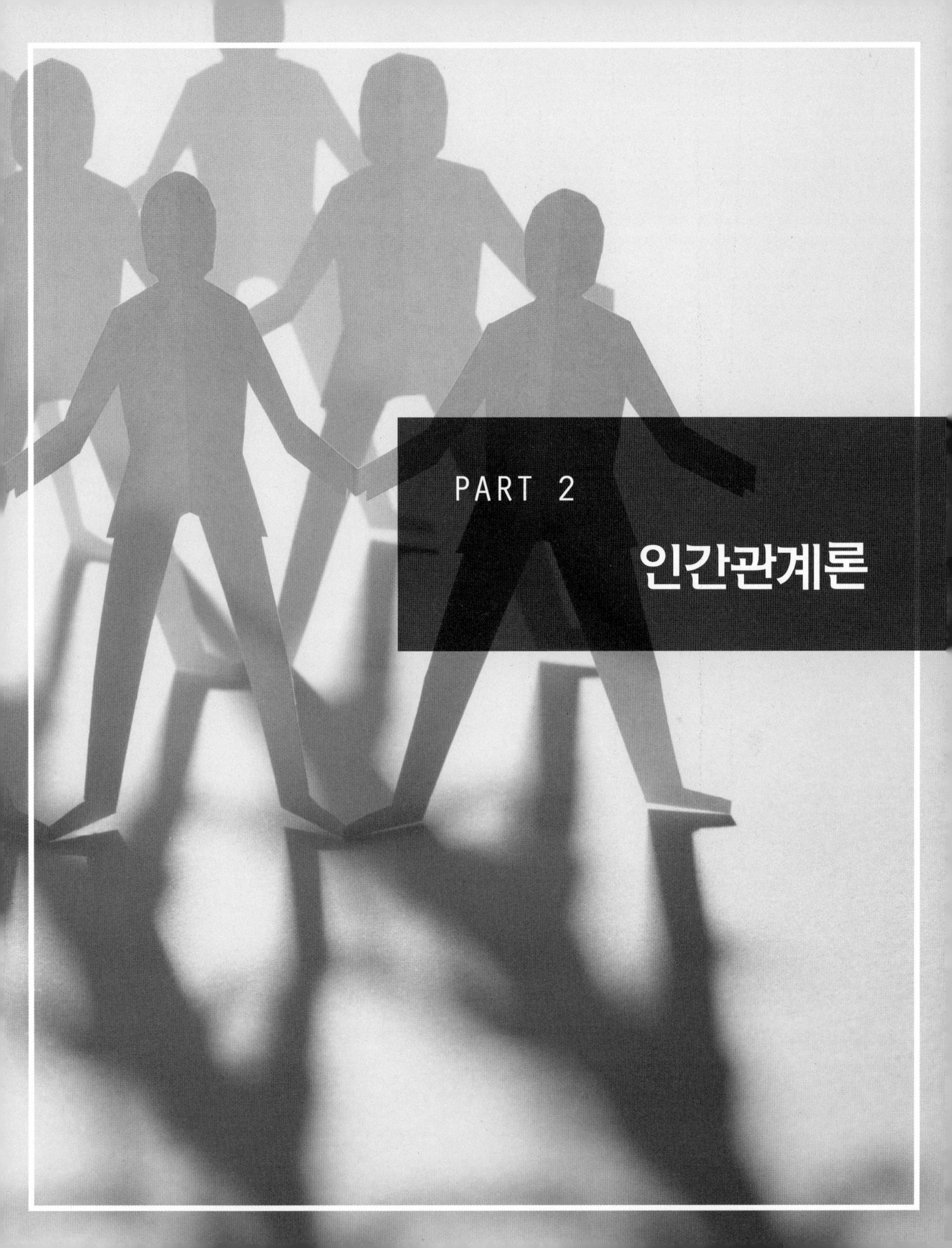

PART 2

인간관계론

CHAPTER 06

사회인지

01 인상형성

1) 인상형성의 단서는 어디에서 오는가?

[그림 6-1] 첫인상의 중요성

사회인지는 인상형성과 같이 타인에 대한 초보적 수준의 인식과정이다. 다른 사람과의 만남에서 가장 먼저 일어나는 일은 그 사람에 대한 인상을 형성하는 일이다. 우리는 두세 시간 정도의 짧은 미팅 후에도 나름대로의 확신을 가지고 처음 본 상대에 대한 분명한 인상을 형성한다. 짧은 만남을 통해 알 수 있는 것은 상대의 외모나 학력과 같은 피상적 정보에 지나지 않음에도 불구하고 어떻게 그의 인물 전반에 관한 확고한 결론에 이르게 되는가? 또 그러한 결론은 얼마나 정확한가?

사람은 자극을 어떻게 인식하느냐에 따라 행동에 영향을 받는다. 상대방의 실제의 신분, 직업의 중요도보다는 상대방이 어떻게 보이는가 하는 것이 우리의 행동 결정에 더 직접적으로 영향을 준다는 것이다. 물론, 아주 단편적인 정보에 근거하여 형성된 인상임에도 불구하고 우리는 상대방의 특성 모두를 알았다는 식의 결론을 짓게 된다. 정확도는 나중의 문제다. 정녕 문제가 되는 것은 이렇게 한번 형성된 인상은 일관성이 유지되는 경향이 강해 좀처럼 바뀌지 않는 데 있다. 이런 연유로 첫인상이 중요하다는 것은 두말할 필요가 없다.

(1) 옷차림새

"옷이 날개", "입은 거지는 얻어먹고 벗은 거지는 못 얻어먹는다"라는 속담이 있듯이 옷에 따라 그 사람에 대한 인상뿐만 아니라 대우도 달라진다. 옷차림새는 또한 개인의 사회 경제적 지위, 교육 수준, 직업뿐만 아니라 성격, 가치관, 흥미 등과 같은 심리적 특성에 대한 인상형성에도 영향을 미친다. 그리고 옷차림새는 예의와도 관련이 있다. '의식주'에서 '의'가 가장 먼저 나오는 이유는 먹고 자는 것보다 예의가 더 중요하기 때문이다. 이렇듯 우리가 옷차림새에 근거하여 다른 사람의 사회적 지위와 성격적 특성을 판단하는 것은 옷을 선택하는 과정에 이러한 여러 가지 특성이 영향을 미칠 것이라는 생각에 근거한다.

그러나 옷은 쉽게 바꿔 입을 수 있기 때문에 사람의 아주 내면적인 면까지 알아내기는 어렵다. 하지만 다른 정확한 단서가 불충분할 때에는 눈에 가장 잘 띄는 옷과 같은 단서로 하여 인상을 형성하게 된다(권석만, 2014).

(2) 용모

용모는 우리의 생각 이상으로 사람에 대한 인상과 더 나아가 그에 대한 행동에 커다란 영향을 끼친다는 사실이 밝혀지고 있다. 미국의 한 심리학자는 사람의 인상을 결정하는 데 외모가 55%, 음성이 38%라는 결과를 내놓고 있다. 이 두 가지를 제외하면 나머지는 7%밖에 되지 않는다.

유치원생 정도의 나이가 되면 누가 잘생기고 누가 못생겼는지를 알 수가 있다. 또 호감에 있어서도 신체적 매력이 가장 중요한 요인이 된다. 그러므로 꼭 마흔이 넘어서 자기 얼굴에 책임을 져야 하는 것은 아니다.

(3) 비언어적 행동단서

인상형성에 영향을 미치는 행동단서에는 몸의 움직임과 제스처, 몸의 자세, 타인과의 거리 등과 같이 다양한 비언어적 단서가 포함된다. 이러한 행동단서들은 사람의 성격, 능력, 가치관, 사고방식 등을 추론하는 단서가 된다. 예를 들어, 몸의 움직임이 매우 빠르고 민첩한 사람과 천천히 움직이는 사람에 대해서 우리는 다른 인상을 받게 된다.

(4) 언어적 행동단서

인상형성에 영향을 미치는 언어적 행동단서에는 목소리, 말투, 표현 등이 포함된다.

(5) 첫인상 형성의 차원

우리가 어떤 사람에 대한 첫인상을 형성할 때 그것은 주로 '좋다-나쁘다'(평가 차원), '강하다-약하다'(능력 차원), 그리고 '적극적이다-소극적이다'(활동 차원) 중의 한 가지가 된다. 이 중에서 평가 차원이 가장 중요하고도 강력한 것이다. 우리가 모르는 사람을 만났을 때 내가 이 사람을 좋아하는가, 싫어하는가, 또 얼마나 좋아하고 싫어하는가가 인상의 대부분을 좌우한다.

[그림 6-2] 인맥구축

2) 정보전달의 방식이나 순서는 인상형성에 어떤 영향을 미치는가?

(1) 초두효과(primary effect)

어떤 사람에 대한 여러 가지 정보를 순차적으로 전달받게 되면, 전달되는 순서에 따라 인상형성이 달라진다. 즉, 먼저 접하는 정보가 나중에 접하는 정보보다 최종적인 인상형성에 더 중요한 역할을 하게 된다. 이러한 현상을 초두효과라고 한다.

인상은 쉽사리 변화되지 않는다. 그러므로 낯선 사람을 처음 만나게 되면 그날 기분이 좋지 않더라도 좋은 인상을 주도록 힘써야 한다(다시 만나지 않는다는 보장이 없기 때문이다). 정중한 사람일지라도 첫날 무례한 언행을 했다면 그 사람의 인상은 무례한 사람으로 남게 된다. 다음날 아무리 정중하게 행동한다 할지라도 가식으로만 비친다. 일관성을 유지하려 하기 때문이다. 이런 이유로 원조 프리미엄과 첫 경험 등이 중시된다.

(2) 후광효과(halow effect)

"한 가지를 보면 열을 안다", "하나가 좋으면 모두가 좋아 보인다"라는 속담처럼 사람은 타인을 내적으로 일관되게 평가하려는 경향이 있는데 이를 후광효과라고 한다. 이것은 그 반대의 경우에도 마찬가지다. 어떤 단면을 부정적으로 보았다면 나머지 단면들도 모두 부정적으로 인식하는 경향이 있다.

(3) 마이너스 효과(negativity effect)

마이너스 효과(부정적 효과)란 어떤 사람이 좋은 특성과 나쁜 특성을 함께 가지고 있을 때 그에 대한 인상은 중간으로 되지 않는다. 나쁜 점이 인상에 미치는 효과가 더 크기 때문이다. 이에 대한 한 가지 설명은 부정적인 평가가 긍정적인 평가보다 더 잘 보이고, 그래서 다른 사람들이 더 주의를 기울이기 때문이라는 것이다. 또 다른 설명은 사람들이 이득을 보는 것보다는 손해를 보는 것에 더 민감하게 반응하기 때문이라는 것이다. 이익을 보진 못할지언정 본전치기라도 하려면 남의 나쁜 평가에 더 주의해서 들어야 한다. 그가 말도 잘하고 유머 감각이 있고 잘 생겼지만, 가끔 사기를 친다는 이야기를 들으면 그를 사기꾼으로 본다는 말이다. 그래야 그 사람으로부터 피해를 보지 않기 때문이다.

이와 같은 결과는 한번 형성된 부정적 인상은 긍정적 인상보다 변화되기가 더 어렵다는 사실과도 연관된다. 우리는 인기 절정의 연예인이나 정치인 추문에 휘말리면 대중은 중립적으로 평가하기보다 금방 그를 외면해 버리고 예전의 인기를 만회하기는 거의 불가능한 경우를 자주 보아 왔다.

(4) 고정관념

[그림 6-3] 오리의 각인

인상형성이 단지 주어진 정보에만 근거하여 이루어지는 것일까? 결론은 그렇지 않다. 사람들은 누구든지 나름대로의 '틀'을 가지고 있으며, 그 '틀'에 맞추기 위해서 정보를 축소하거나 과장 혹은 왜곡한다. 이러한 인상형성의 '틀'이 고정관념이다.

02 호감

1) 호감형성의 조건

우리는 여러 가지 이유에서 다른 사람을 찾고 또 다른 사람들 속에서 생활하고 있다. 우리를 둘러싸고 있는 사람 중에는 우리가 좋아하는 사람도 있고 또 우리가 싫어하는 사람도 있다. 우리가 선호하는 음식이 있는 것처럼 선호하는 사람도 있다. 어떤 사람은 보기만 해도 좋은데 또 어떤 사람은 왜 그렇지 못할까? 그렇다면 우리는 어떤 사람을 좋아하게 되고 또 그와의 관계는 어떤 과정을 거쳐 깊어져 가게 되는가? 이 문제가 바로 호감의 문제이다.

우리는 어떤 사람을 좋아하게 되고 또 어떤 사람과 친하게 사귀는가? 이러한 친교 대상자의 조건에 대해서는 몇 가지를 열거해 볼 수 있다.

(1) 근접성: 가까이 있어 자주 만나는 사람

아마도 두 사람 사이에 호감을 갖게 하여 서로 친구가 되도록 하는 요인 중 가장 강력한 것은 순전히 물리적 근접성이다. 물리적 근접성이 대인 간 호감을 증가시키는 첫 번째 이유는 자주 만날 수 있어서 친숙성을 증가시키는 데 있다. 열 번 찍어 안 넘어가는 나무가 없듯이 낯선 자극을 가까운 거리에서 반복해서 접하게 되면 호감도는 상승된다. 이는 '이웃사촌'이라는 한국 속담을 이론적으로 뒷받침해 준다.

(2) 좋은 특성을 가지고 있는 사람

가까이 있어 자주 만나는 사람에 대해서 호감이 증가하는 경향이 있지만, 그렇다고 해서 가까이 있는 사람을 무조건 다 좋아하는 것은 아니다. 그 사람의 성격, 능력 등 개인적으로 좋은 특성을 가지고 있는 사람일 때 호감도는 더욱 증가한다. 일반적으로 우리는 대인관계에서의 긍정적인 사회적 특성을 가지고 있는 사람을 좋아한다.

(3) 신체적 매력

겉으로는 그렇지 않다고 말하지만, 일반적으로 우리는 신체적으로 매력적인 사람을 그렇지 않은 사람보다 더 좋아한다. 신체적 매력은 동성보다는 이성 간의 관계에서, 그리고 관계의 초기에 상대적으로 더 큰 영향력을 지닌다. 그러나 신체적인 매력이 높다고 해서 항상 이것이 좋게만 작용하는 것은 아니다. 만약, 미인이 자기의 미모를 미끼로 해서 범죄를 저질렀을 경우에는 그렇지 않은 단순범죄일 경우보다 더 높은 형벌을 받게 된다는 연구결과가 있다.

〈표 6-1〉 신체적으로 매력 있는 파트너를 찾는 것

어느 고전적 연구에서, 대학 신입생들을 댄스파티에서 무작위로 짝을 지워 준 후, 상대방을 얼마나 좋아하는지 그리고 차후 상대방 남학생이나 여학생과 다시 데이트를 하고 싶은지에 대해서 물어보았다. 차후의 데이트 상대로 희구하는 선호도의 주 결정 요인은 남녀 대학생의 신체적 매력이었다. 상업적인 비디오-데이트 중개회사에 찾아온 고객들을 대상으로 행한 연구에서도 이와 유사한 결과를 얻었다. 중개회사에서는 사진, 배경 정보, 그리고 흥미, 취미, 개인적인 이상에 관한 세부 정보가 들어 있는 파일을 면밀히 검토한 후 상대를 선택해 준다. 실제로 상대를 선택하는 시점에 이르렀을 때, 주 결정요인은 사진이었다. 남자 고객이든 여자 고객이든 신체적 매력에 기초해서 선택하였다.

출처: 이위환 · 김용주(2009).

(4) 유사성: 태도, 기호, 가치관 등이 비슷한 사람

여러 가지 사건에 대한 태도나 기호, 가치관 또는 성격 등이 비슷한 사람끼리는 그렇지 않은 경우보다 서로를 더 좋아한다. 이를 유유상종의 원리라고 한다.

〈표 6-2〉 동류혼인

매력을 느끼게 하는 데 있어서 사교성과 외향성 같은 성격 특징들의 유사성도 마찬가지로 작용하는지는 아직 분명치 않다. 그러나 인종, 종족, 사회적 및 교육적 수준, 가정배경, 소득, 종교 같은 비교적 객관적인 속성들이 배우자 선택과 결혼의 안정성에 영향을 미친다는 것은 의심할 바가 없다. 또한, 이것은 모임을 좋아하는 습성의 정도, 음주 및 흡연 습관에서도 마찬가지다. 연구자들은 이러한 발견을 비슷한 사람하고만 결혼하고 싶어 하는 경향성, 즉 동류혼인(homogamy)의 증거라고 해석했다. 또 다른 연구는 동류혼인이 결혼생활의 안정성을 결정짓는 역할을 한다는 사실을 보여 주었다. 즉, 2년 반이 지났을 때 같이 살고 있는 부부는 갈라선 쌍들보다 더 유사한 사람들이었다.

출처: 이위환 · 김용주(2009).

(5) 나에게 보상을 주거나 이익이 되는 사람

사람들은 자기에게 잘해 주거나, 칭찬해 주거나, 이득을 주는 사람을 좋아한다. 어려서부터 보상을 주는 사람은 자신의 욕구를 충족시켜 주는 '좋은 사람' 또는 '내 편'이라는 사실을 배워 왔기 때문이다.

1 상호성 원리

우리는 자신을 좋아하는 사람을 좋아하고, 자신을 싫어하는 사람은 싫어한다. 이를 호감형성에서의 상호성 원리라 한다. 그러나 우리를 좋아하고 칭찬을 하거나 호의를 베푸는 사람을 언제나 좋아하는 것은 아니다. 칭찬을 하거나 호의를 베푸는 사람이 그 칭찬이나 호의에 어떤 끄나풀이 달려 있어 아첨을 하는 경우라면 그를 좋아하지 않는다.

2 득실원리

아론슨(Aronson)과 린더(Linder)는 실험을 통하여 계속해서 자기를 칭찬해 주는 사람보다는 처음에는 비판하다가 나중에 칭찬해 주는 사람을 더 좋아하며, 반대로 계속해서 자기를 비판하는 사람보다는 칭찬하다가 나중에 가서 비판하는 사람을 더 싫어하게 됨을 밝혀내었다(이위환 · 김용주, 2009).

(6) 내 친구가 좋아하는 사람

일상생활에서 우리는 처음 만나는 사람일지라도 내 친구가 좋아하는 사람이라는 사실을 알게 되면, 나 역시 그를 좋아하는 경향이 있다. 또한, 내 친구가 싫어하는 사람이라면 나도 그를 싫어하게 된다. 반대로, 나의 적이 좋아하는 사람을 나는 싫어하게 되고, 나의 적이 싫어하는 사람을 나는 좋아하게 되는 경향이 있다. 하이더(Heider)는 균형이론을 통해 사람들은 자기 주변 사람들 사이의 감정과 인지내용에 균형을 취하는 경향이 있는데, 위에서와 같은 형상은 바로 이러한 균형을 취하려는 경향에서 나오는 것이라는 사실을 밝혀내고 있다. 홍대식(1990)은 더 나아가, 두 사람 사이의 호감의 정도가 깊을수록 이러한 현상이 더 심화됨을 밝히고 있다. 일상생활에서는 이렇게 중간에 낀 친구를 통해 처음에는 잘 모르던 사람을 좋아하게 되거나 싫어하게 되는 경우가 많다(이위환 · 김용주, 2009).

2) 호감형성 과정

친교관계는 서로 알고 지내는 사이에서부터 깊은 속마음까지 털어놓는 사이까지 다양하다. 같은 사람과의 친교관계에서도 서로 알고 지내는 사이에서 발전하여 점점 깊은 관계로 발전해 가기도 하고, 또 그렇지 않고 어떤 단계에서 계속 머무르는 경우도 있다. 이렇게 친교관계가 깊어져 간다는 것은 서로 상대방의 심층 속으로 침투해 들어가게 되는 것으로, 이렇게 되면 서로 간에 상호 의존성이 증가하게 되는 것이다. 그러면 어떤 과정을 거쳐 친교관계가 깊어지는가?

(1) 사회적 침투의 단계

알만과 테일러(Alan & Taylor)는 친교관계가 깊어지는 과정을 사회적 침투과정이라고 설명하고 있다. 즉, 친교관계가 깊어진다는 것은 서로 간에 공유하고 있는 생활영역과 성적 영역의 범위가 점점 넓어져서 서로가 상대방 존재의 핵심으로 깊이 침투해 들어감으로써 친밀성과 상호 의존성이 증가하는 과정으로 볼 수 있는 것이다.

(2) 사회적 침투의 결정요인

이러한 사회적 침투과정은 두 사람이 상대방에 대해서 자기를 솔직하게 열어 보이는 자기개방에 의해 촉진된다. 즉, 사회적 침투과정이 점차 진행될수록 자기개방의 폭과 깊이가 증가하게 되는 것이다.

그러나 이러한 자기개방은 조심스럽게 이루어져야 한다. 너무 빨리 또는 너무 강하게 자기개방을 하면 오히려 상대방으로 하여금 불안을 느끼게 하여 대인장벽을 구축하므로 그의 심층에 접근하는 데 역효과를 초래하게 된다. 그러므로 상호성 규범에 따라 서로 간에 비슷한 수준만큼 자기개방을 할 때 사회적 침투과정은 원만히 진행된다.

03 인간관계의 발전요인과 장애요인

[그림 6-4] 성공적인 인간관계

인간관계는 인간이 행복하고 성공적인 삶을 결정짓는 요인으로서 중요하지 않을 수 없다. 인간은 사회적인 존재로서 사람과 사람 사이의 관계는 인간생활에서 필연적인 것이다. 우리가 살아가면서 부부관계, 부모-자녀관계, 형제관계, 사제관계, 친구관계, 이웃관계, 고객관계, 직장 내에서의 관계 등으로 나와 타인과의 복잡하고 다양한 관계를 맺고 있다. 이런 사회적 관계망에서 인간관계성 능력은 매우 중요한 기술이다. 건전한 인간관계는 상대의 자율성과 인격 존중을 바탕으로 협동적 · 상호 의존적 · 생산적 · 도덕적 관계로서 삶을 풍요롭고 의미 있게 하고 반대로 그 관계가 원만치 못하여 불건전한 관계는 계속 스트레스를 야기하여 불안, 우울, 좌절, 소외, 갈등, 대인기피, 무력감 등을 경험한다. 고독과 사회적 격리는 정서적으로뿐만 아니라 신체적 질병을 초래할 수 있으며, 극단적인 경우에는 정신적 질환을 얻어 삶을 불행하게 만들 수도 있다.

인간관계이론의 대표적인 학자는 호니(Horney), 프롬(Fromm), 설리번(Sullivan)이다. 호니는 신경증 행동의 원인과 지속상태에 관해 인간관계의 상호작용을 중요시하였다. 프롬은 사회적 힘과 그것이 개인에게 주는 영향에 대해 강조하였다. 인간이 가지는 여러 가지 욕구는 사회적인 것으로서 통정된 존재의식이나 일체감으로 그것을 순차적으로 충족해 나아가는 사람이라는 것이다. 따라서 정신적으로 건강한 사람은 이들의 욕구가 갈등의 관계가 아니라 생산 지향적으로 계속 성장해 나아가 다른 사람들과 적당한 관계를 맺으면서 본능적 욕구를 충족해 나간다고 보았다. 설리번은 정신의학에서의 대인이론을 제시하면서 개인을 사회적으로 상호작용하는 유기체로 보았다. 사람은 출생과 더불어 타인과 관계를 맺는 상황의 일부가 되며, 일생동안 사회적 장의 구성원으로 살아간다고 주장하였다. 그는 특히 개인생활에 의미를 부여하고 타인에 대한 지각과 태도에 강조점을 두고, 만약 어떤 사람이 다른 사람을 정확하고 현실적으로 파악할 수 있다면 그의 정서반응은 적당하고 효과적인 것이라고 보았다. 이것은 정확한 지각과 자기 자신 및 타인에 대한 신념을 가질 때에 이루어지는 것으로, 성격이 건강한 사람은 원만한 인간관계를 형성하지만, 성격이 건강하지 못한 사람은 타인과의 상호관계에서 부조화 현상을 일으키게 된다고 하였다.

건전한 인간관계를 형성하고자 노력하는 사람은 내 쪽에서 먼저 마음을 열고 상대방에게 다가간다. 자기를 위장하거나 미화하려 하지 않고, 상대의 인격을 존중하면서 자신의 진실, 감정 등을 솔직하게 표현한다. 또한, 정확한 자아개념을 형성한다.

1) 인간관계를 발전시키는 요인

(1) 호감, 존경 및 신뢰

루빈(Rubin)은 호감(liking)을 다른 사람에 대한 긍정적 태도로서 두 가지 특성을 가진다고 정의하였다. 어떤 사람을 좋아하기 위해서는 그 사람을 존경하고, 신뢰할 만한 가치가 있다고 믿어야만 한다. 사람들은 자신이 일단 누군가를 좋아하기로 결정하면 그들 간의 관계형성의 띠(bond)를 만들기 시작한다. 그때 사람들은 좋아하는 사람이 가지고 있는 자질을 존경하고, 그 사람이 성숙한 개인이라고 생각하게 되며, 자신도 그러한 자질을 가지고 싶어 한다. 대개 이러한 생각은 실제 좋아하는 사람이 갖고 있는 자질에 기초하기보다는 자신의 희망적인 사고에 기초한다. 따라서 때로 호감이 가는 누군가를 만났다는 환상이 다른 사람을 좋아하게 만들기도 한다. 사람들과 관계를 형성하고 그들을 좋아하기 전에 개방된 마음을 유지하고 상대방의 행동에 대한 초기 인상을 형성할 때까지 객관성을 유지하는 것이 중요하다.

실제로 신뢰는 인간관계에 접착제와 같은 역할을 한다. 신뢰는 사람들이 다른 사람들과 유대관계를 형성하고 유지하는 것을 돕고, 인간관계에 안정감을 제공한다. 신뢰가 형성되는 데는 시간이 걸리지만 깨지기는 쉽다. 신뢰는 한 사람이 잘못된 행동을 하거나 혹은 약속을 어김으로써 쉽게 깨어진다. 그러므로, 인간관계에 영향을 미칠 수 있는 행동을 하기 전에 "내 친구나 배우자가 내가 이런 행동을 한다 해도 나를 계속 신뢰하겠는가?"라는 질문을 한번 해 보는 것이 중요하다(이위환 · 김용주, 2009).

(2) 유사한 태도

사람들 사이의 매력과 호감의 정도는 사람들이 공통으로 가지고 있는 태도와도 관계가 있다. 그러나 실제로 중요한 것은 갖고 있는 태도보다 지각되는 태도의 유사성이다. 만나는 사람마다 태도검사를 실시할 수는 없다. 단지, 만나는 사람의 말이나 행동으로 그들이 믿고 있는 바를 추론할 수 있을 뿐이다. 그러나 사람들이 사용하고 있는 척도는 정확하지 않다. 서로 강하게 끌리는 사람들끼리는 자신들의 태도가 서로 유사(이위환 · 김용주, 2009)하다고 과대평가하는 경향이 있다.

유사성이 인간관계에서 중요한 이유는 상대방이 자신의 의견에 동의해 주기가 더 쉽고, 그런 동의는 자신의 생각에 보상을 해 주기 때문이다. 또한, 자신과 유사한 견해를 갖고 있으면 그 사람에 대해 호의를 갖게 되고, 미래에 그들과 좋은 관계를 가질 수 있다고 기대할 수도 있다. 사람들은 자신과 유사한 사람과 사귀게 되면 "그는 나와 매우 비슷해. 분명히 그가 날 매우 좋아할 거야."라고 말하면서 친밀감을 느낀다. 이러한 친밀감은 인간관계를 처음 시작하는 초기에 더 큰 영향을 미친다(이위환 · 김용주, 2009).

인간관계가 형성되고 난 이후에는 서로가 갖고 있는 신념의 차이가 관계를 유지하는 데 영향을 미치기도 한다. 우리 주변에서 보면 외향적인 사람과 내성적인 사람이 만나 관계를 잘 유지하는 경우를 볼 수 있다. 이는 자신과 반대되는 면을 갖고 있는 사람에게 매력을 느끼는 경우이다. 신념이나 가치, 홍미, 그리고 개인적인 성격이 너무 극단적이지 않다면 서로의 차이점은 상대방이 홍미를 느끼게 만들 수 있고, 인간관계를 새롭고 홍미롭게 하는 데 도움이 될 수 있다. 또한, 서로 다른 성격을 가진 사람들은 각자의 성격을 보완해 준다(이위환 · 김용주, 2009).

(3) 친밀감

사람들이 함께 있게 되면 서로를 좋아할 수 있는 기회가 많아질 뿐만 아니라 친구가 될 수 있는 기회도 많아진다. 사람들 간의 접촉이 많으면 많을수록 친밀감은 증가하고 따라서 호감을 느끼게 되는 경우가 많다. 한 연구에서는 사람들을 한 방 안에 모아 놓고 서로를 관찰하도록 하였다. 그리고 이들이 서로를 바라보는 시간을 다르게 조작하였다. 사람들에게 누구를 좋아하느냐고 물었을 때 서로 바라보는 시간이 가장 길었던 사람을 지적하였다. 그들은 이전에 서로 만난 적도 없고 얘기를 나눈 적도 없었지만 서로 눈 접촉을 많이 한 사람을 좋아하였다(이위환 · 김용주, 2009).

(4) 신체적 근접

사람들은 서로 가깝게 살고, 일하며 상호작용하는 사람들과 친구가 되기 쉽다. 직장에서도 같은 방에 있지만 몇 미터 떨어져 일하는 사람보다 바로 옆 책상에서 일하는 사람들끼리 가까운 친구가 되기 쉽다(Berscheid, 1985). 이 같은 원리는 친밀한 인간관계에도 적용된다. 대부분의 사람은 그들이 속해 있는 환경 내에서 가까이 있는 사람들과 친분관계를 맺는다.

(5) 신체적 매력

우리 문화에 있어 중요한 믿음은 아름다운 것은 선할 것이라는 확신이다. 그래서 사람들은 매력적이라고 생각한 사람과 관계를 맺기 원한다. 파인골드(Feingold, 1998)의 연구에 따르면, 사람들은 매력적인 사람을 더 사교적이고, 지도력 있고 성격이 따뜻하며, 정신적으로 건강하고 지적일 것이라고 여긴다. 데이트나 결혼할 때 매력적인 사람을 더 좋아하는 것도 바로 이 같은 인식의 한 결과이다. 사람들은 신체적으로 매력적인 사람을 좋아하는데 이러한 경향은 여자보다 남자에게서 더 두드러지게 나타난다. 대부분의 남자는 신체적으로 매력적인 여자를 좋아한다. 남녀가 교제할 때 중요하다고 생각하는 열세 가지 특징 중 남자는 신체적인 매력을 세 번째로 중요한 특징으로 생각하는 반면 여자는 여섯 번째로 꼽는다(Buss, 1985). 대개 여자는 덜 매력적인 남자와 데이트를 하려는 경향이 있다. 결혼한 사람의 경우 여자의 신체적 매력은 남자에게 즐거움을 주지만 남자의 신체적 매력은 여자에게 불안감을 가져다준다. 파인골드는 신체적 매력에 대한 객관적 평가보다 자신에 대한 개인적 지각이 훨씬 더 중요하다고 지적했다. 대부분의 사람은 객관적인 기준으로 판단하면 아름답거나 잘생겼다고 할 수 없다. 그럼에도 불구하고 사람들은 자신을 좋아하며, 패션잡지의 모델처럼 생기지 않은 것을 걱정하지 않는다. 이러한 긍정적인 자아상은 지속적인 우정이나 장기간의 친밀한 관계를 형성하는 데 도움이 된다. 정서적인 안정을 위해서는 객관적인 평가보다 자신을 스스로 어떻게 평가하느냐가 더 중요하다.

자신이 아름답지 않고 못생겼다고 해서 부정적으로 생각할 필요는 없다. 신체적으로 매력적인 사람은 극히 소수에 불과하고 그들도 별 혜택 없이 그럭저럭 지내는 경우가 많다. 사람들은 결혼이나 데이트를 할 때 자기 자신과 유사한 외모를 찾는다. 그 이유로는 현실 생활에서 이상적인 사람을 찾기가 매우 어렵고 신체적으로 비슷한 매력을 가진 사람을 선택함으로써 그들이 자신을 덜 거부할 것이라고 믿기 때문이다.

(6) 보상획득

사람은 자신에게 보상을 주는 사람을 친구로 여기며, 보상을 주지 않는 사람을 좋아하지 않는 경향이 있다(Brehm, 1992). 사회적 상호작용에서 사람들은 정보나 애정, 지위, 돈, 기술, 그리고 친절 등의 다양한 보상을 서로 주고받는다. 보상은 관계를 지속시키는 촉진제가 된다. 행복한 부부는 불행한 부부보다 서로 긍정적이고 보상을 주는 양식으로 행동한다. 또한, 친구와의 교류나 친밀한 연인 사이는 그들이 주고받는 보상 수준에 따라 그들의 관계가 계속될 수도 있고 깨질 수도 있다.

인간관계에서 보상을 받는 것은 중요한 문제이다. 이를 달리 표현하면 사람들 자신이 손해를 보지 않아야 한다는 것을 의미한다. 호만스(Homans, 1974)와 블라우(Blau, 1964)는 사람들 간의 상호작용에는 어떤 비용이 든다고 지적한다. 사람들은 상호작용에 시간에나 에너지, 돈 등을 투여하고 때로는 좋지 못한 결과나 감정을 얻기도 한다. 어떤 사람과 상호작용을 계속할 것인가의 여부는 그 상호작용으로부터 얻는 만족의 양과 관련이 있다. 만족은 보상이 비용을 초과할 때만 얻어지는 것이다. 상호작용에서 비용이 보상을 초과하는 경우에 사람들은 관계를 단절하거나 새로운 관계를 시작하려는 경향이 있다. 보상이 비용을 얼마만큼 초과해야 하는지에 관한 확고한 기준은 없다. 자신이 과거에 경험한 것에 비추어 현재의 관계를 유지하기 위한 최소한의 비용지출을 설정한다. 설정된 최소치보다 낮은 보상을 주고받는 친구관계나 다른 친분관계는 계속되지 못한다.

2) 인간관계 형성의 장애요인

어떤 사람은 그들이 좋아하거나 존경하는 사람들과 친구관계나 다른 관계들을 잘 형성하지 못한다. 이러한 문제가 인생에서 주된 고민거리는 아닐지라도 대부분의 사람은 한번쯤은 겪었을 것이다. 사람들이 다른 사람과 관계를 잘 맺지 못 하는 일부 원인은 올바르지 못한 방법으로 다른 사람들과 교제하는 개인적 특징, 즉 수줍음이나 교류를 방해하는 고정관념, 편견들, 그리고 자기표현 부족 등 때문이다.

(1) 개인적 특성

친밀한 관계를 잘 형성하지 못하는 사람은 개인적인 어떤 특성을 가지고 있다(Reisman, 1979). 즉, 유머감각이 부족하고, 주변 관심사나 취미가 거의 없기 때문에 다른 사람들과 잘 어울리지 못한다. 또한, 이들은 다른 사람들과의 대화가 어느 정도 진전되면 비판적이 되고 타인의 의견보다 자신의 의견이 더 좋다고 여기는 경향이 있다. 전반적으로 이들은 다른 사람이 하고 있는 것이 무엇인가에 대해 관심을 갖지 않으며, 다른 사람들에게 그들의 성취에 대해 신뢰감도 주지 못한다. 또한, 어떤 사람은 친구관계나 친밀한 관계형성을 두려워하므로 다른 사람을 신뢰하지도 않으며, 자신이 애정을 주고받을 수 있을지 걱정한다.

1 개인적 특성에 대한 대처

앞에 열거된 특성 중 일부는 대부분의 사람이 갖고 있다. 개인적 특성을 바꾸기는 어렵다. 그러나 다른 사람과 상호작용하는 능력을 향상시키기 위해 다음과 같은 방법을 사용해 볼 수 있다. 다음의 사항을 보았을 때 자신의 생활 스타일에 통합시킬 수 있는지 생각해 본다.

① 다른 사람이 자신에 대해 지루하다고 느끼는 성격 특성은 무엇인지 평가해 보라. 다른 사람이 당신을 어떻게 지각하고, 어떻게 보고 있는지에 대해 그 사람의 의견을 구해라. 이 같은 이야기를 나누어 봄으로써 자신의 행동 중에서 조금이라도 변화시킬 수 있는 부분을 찾아보아라.

② 새로운 흥미를 더 많이 계발하고 다른 사람과 그것에 대해 이야기하라.

③ 다른 사람의 말과 행동을 비판하기보다는 칭찬할 수 있는 방법을 찾아라.

④ 다른 사람에게 보상을 주는 것이 상호작용을 증진시키는 데 도움이 된다는 점을 기억하라. 다른 사람의 의견에 찬사를 보내고 동의해라. 그리고 그들의 말과 행동에 더 많은 흥미를 갖도록 노력하라.

(2) 수줍음

아래에 있는 항목은 수줍어하는 사람의 특징을 묘사한 것이다. 항목을 읽고 자신의 생각과 행동을 잘 묘사했다고 생각하는 항목에 표시를 해 보자.

〈표 6-3〉 수줍음 측정 테스트

1	나는 일반적으로 낯선 사람들 혹은 이성들과 만나면 침묵을 지킨다.	□
2	나는 다른 사람과 대화할 때 자주 그들의 눈을 피한다.	□
3	나는 부드럽고 조용하게 말하는 편이다.	□
4	다른 사람과 이야기하기보다는 독서나 산책 등과 같이 혼자 있는 편이다.	□
5	나는 다소 자의적이고, 다른 사람이 나를 어떻게 생각하는지 걱정한다.	□
6	나는 나 자신에 대해 그리고 내가 할 수 있는 것에 대해 과소평가하는 편이다.	□
7	나는 일반적으로 사교적 상황이 불편하고 싫다.	□
8	나는 다른 사람에게 둘러싸여 있을 때 속이 조마조마하다.	□
9	나는 다른 사람에게 둘러싸여 있을 때 얼굴이 붉어진다.	□
10	사교적 상황에서 심장박동이 증가하고 호흡이 빨라지는 것을 느낄 수 있다.	□
11	사교적 상황에서 겉으로는 침착하게 보이지만 내심 걱정스럽다.	□

출처: 이위환 · 김용주(2009).

짐바르도(Zimbardo, 1975)의 연구조사에 의하면 미국 사람 중 80%가 때로는 수줍어할 때가 있다고 하였다. 또한, 40%는 현재 자신이 수줍어한다고 생각하고 있었고, 수줍어한다고 여기는 사람의 대부분은 다른 사람으로부터 수줍다고 평가받기를 싫어하는 것으로 나타났다. 이것은 미국 인구 중 1억 이상의 미국인이 수줍어하는 특성을 소유하고 있다는 것을 의미한다.

사람들이 갖고 있는 수줍음의 정도를 평가하는 한 방법으로 수줍음을 하나의 연속선상에 놓는 것이다. 이 연속선상의 한쪽 끝에 해당하는 사람은 생각을 하거나 일하는 데 편하기 때문에 수줍어하는 특성을 갖고 있는 사람이다. 그들은 홀로 있는 것을 좋아하지만 필요할 때는 다른 사람들은 자기 확신이 부족하고, 교제기술이 부족하고, 쉽게 당황해 하는 사람들이다. 그들은 다른 사람에게 부탁하기를 꺼려하고,

식당이나 가게, 자동차 정비센터 등에서 더 좋은 서비스를 해 달라고 요구하지도 못한다. 연속선상의 다른 극단에는 다른 사람들과의 관계에서 입은 상처로 인해 괴로워하는 사람들이 있다. 그들은 매우 자기 의식적이고, 거의 공황상태에 있다. 수줍음은 탈출구가 없고 바람직한 행동을 할 기회도 주지 않는 감옥이다.

수줍음은 대개 부정적인 자기개념에서 발생한다. 와스머(Wassmer, 1978)와 베렌트(Berent, 1993)는 자아상에 자신이 없는 사람은 수줍어하는 방식으로 행동한다고 주장하였다. 이는 자신이 유능하다고 생각하지 않는 사람은 자신의 사상이나 생각, 다른 사람에 대한 태도 등을 다른 사람들에게 드러내는 것을 걱정하기 때문이라는 것이다. 따라서 자기개념이 부정적인 사람은 자기 의식적이고 자신을 비판한다. 사회적 접촉이 부족하기 때문에 다른 사람에 의해 이해받지도 못하고, 그들의 생각들을 보상받지도 못한다.

그렇다면, 수줍음은 나쁜 것인가? 라고 질문할 수 있다. 그 답은 누구에게 묻는가에 따라 달라진다. 짐바르도는 수줍음을 유행성 전염병과 같은 사회적 병으로 여겼다. 또한, 우리 사회가 고립이나 외로움, 분리를 조장하고 있다고 주장하였다. 와스머는 수줍음이 사람들과의 접촉을 방해하기 때문에 문제가 된다고 하였다. 수줍음은 새로운 사람을 만나고, 새로운 친구를 사귀는 것을 어렵게 한다. 수줍음 때문에 그들의 권리를 주장하지 못한다. 또한, 수줍음은 사람들을 자기 의식적으로 만들고, 자기를 비판하고, 다른 사람에 대해 긍정적 생각을 갖지 못하게 하고, 다른 사람과 떨어져 있게 만든다. 몬트고메이(Montgomet, 1991) 등은 수줍음을 타는 사람은 자신을 덜 매력적인 사람으로 여기고, 주변의 다른 사람들과 인간관계를 발전시킬 수 있는 사회적 기술이 부족하다고 생각한다고 하였다. 이는 다른 사람이 줄 수 있는 가치 있는 사회적 이익으로부터 그들 자신을 멀리 격리시켜 버린다.

[그림 6-5] 수줍음

그러나 때로는 일시적인 수줍음이 좋은 결과를 가져오는 경우도 있다. 어느 정도의 수줍음은 자기를 돌아볼 수 있게 하고, 문제를 깊이 생각하게 하여 창의적 해결책을 만들 수도 있다. 직장 상황에서 수줍음은 직무에 좋은 특성이 될 수 있고 수줍어하는 사람들이 말을 하지 않는 대신에 더 열심히 일하는 경우가 많다(McCroskey & Richmond, 1979). 이는 만약 조직에서 수줍은 사람들을 뽑지 않는다면 재능 있는 사람을 잃을 위험성이 있다는 것을 의미한다. 수줍음이 부담이 되지 않는 자리에 신중하게 그들을 배치해야 한다. 대인 간 기술이 요구되는 자리는 피하여 배정하는 것이 좋다. 수줍음은 그것이 다른 사람들과의 관계를 형성하는 데 방해가 될 때만 문제가 된다.

수줍음은 여러 방식을 통해 습득된다. 수줍음은 어느 한 가지 요인에 의해 결정되지는 않는다. 어떤 사람은 과거의 사건으로 인해 수줍음을 타는 사람이 되기도 한다. 어떤 상황에서 다른 사람들에게 어리석게 보인 경우 다른 사람들은 그 사람을 비웃을 것이고 그 사람은 다시 다른 사람들 앞에 나서는 것을 두려워하게 된다. 또한, 어떤 사람은 다른 사람들에게 거부되었을 때 큰 고통을 느끼기 때문에 사회적 상황을 피하려고 한다. 그들은 다른 사람들과의 교류를 최소화하면 당황과 거부당할 기회가 줄어들 것이라고 생각한다. 그리고 문화적 가치가 수줍음을 촉진할 수도 있다. 한국이나 다른 아시아 국가에서는 수줍음을 바람직한 특성으로 여긴다. 우리 사회의 부모나 존경받는 사람들이 수줍어하는 행동을 본받아야 할 것으로 생각하기 때문에 이런 사회에서는 모방학습도 또한 영향을 준다.

수줍음의 원인이 무엇이든 간에 자기충족적 예언은 사람들이 수줍음을 극복하지 못하게 한다. 이 과정은 다음과 같은 순서로 발생하며, 그 순서들은 순환한다.

① 사회적 상황이 발생하고 불안이 생긴다. 일시적으로 사회적 접촉을 기피하는 것은 이런 불안을 감소시킨다. 그러나 사람들은 그런 식으로 행동하는 이유를 자신들이 수줍음을 타는 사람이기 때문이라고 여긴다.

② 사회적 상황에 개입하지 않으려고 한다(예: 나는 기본적으로 수줍음을 탄다. 그래서 여기 앉아 있어야만 하고, 다른 사람에게 관여하지 않아야 한다).

③ 자신의 신체언어를 사용하여 다른 사람들에게 자신을 어떻게 대해 달라는 신

호를 보낸다. 이런 신호에 따라 다른 사람들은 '그는 홀로 있고 싶어 하는 것 같다. 그를 괴롭히지 말아야지.'라고 생각할 것이다.

④ 다른 사람들의 반응을 통해 자신을 수줍어하는 사람으로 여긴다.

⑤ 위에서 설명된 생각과 행동들은 사회적 불안을 영원히 감소시키지 못한다. 똑같은 상황이나 다른 상황에 직면했을 때 이런 과정이 반복적으로 발생할 것이다.

1 수줍음에 대한 대처

사람들은 대개 자신이 수줍음을 타는 것을 좋아하지 않는다. 수줍어하는 사람들은 자신을 변화시키려고 한다. 다음의 제안들이 그러한 시도에 도움이 될 수 있다.

- 역할모형을 따르라. 주변에서 수줍음을 극복한 사람 중에 좋아하고 존경할 만한 사람을 찾아라. 또는 자신이 따라 하고 싶은 방식으로 사회적 상황에서 잘 대처하는 사람을 선택하라. 그 사람과 얘기를 하고, 행동을 관찰하라. 그리고 그 사람이 했던 것을 똑같이 할 수 있는 방법을 생각하라.
- 상상력을 사용하라. 상상력은 계획했던 것을 연습하는 데 도움이 된다. 사회적 상황에서 하려는 행동을 머릿속으로 그려보도록 노력하라. 자신이 성공할 수 있고 원하는 모든 것을 할 수 있다고 상상해 보도록 하라. 다른 사람의 반응을 곰곰이 생각해라. 만약, 다른 사람이 자신을 더 이상 자기 비판적이고, 수줍어하고, 침울해한다고 여기지 않을 때 그들이 어떻게 반응할 것인가를 상상해 보라.
- 성공할 것이라고 생각되는 새로운 행동을 시도하라. 하나가 잘되면 만사가 잘되는 법이다. 이것은 큰 의욕을 불러일으켜 줄 수 있고, 자기를 확신할 수 있게 해 주는 역할을 한다. 처음으로 새로운 행동을 시도할 때는 그 행동이 성공할 수 있는 상황에서 그 행동을 시도해라. 그러면 더 어려운 것을 할 수 있다는 생각이 든다.
- 자신이 갖고 있는 몇 가지 긍정적 특성에 초점을 맞춰라. 대개 수줍음을 타는 사람은 부정적인 자기개념을 갖고 있다. 베렌트(Berent)는 자신의 좋은 특성

과 나쁜 특성을 표로 만들어 보라고 추천한다. 그러고 나서 좋은 특성을 집중해서 연습해라. 매일 자신의 좋은 점을 깊이 생각할 시간을 가져라. 이것은 자신이 아주 가치 없는 사람이라는 생각을 없애 버릴 것이다. 자기 비판적인 평가와 생각이 들 때마다 "그만!"이라고 자신을 향해 크게 외쳐라. 그러면 잠시 동안 근육이 이완된다. 그리고 "조용."이라고 말해라. 이는 자신의 바람직하지 못한 생각을 잠깐 동안 중단시키는 것이다. 만약, 생각을 중단시키는 데 실패한다면, 성공할 때까지 이 과정을 반복한다.

04 인간관계에서의 결별

사람들은 때로 연인관계나 결혼 등과 같은 인간관계에서 서로 갈라서는 경우가 있다. '갈라서는 것', '각자가 자신의 길을 가는 것', 그리고 '이혼하는 것'은 오히려 가까운 관계에서 빈번하게 발생한다. 어떤 결별은 사람들이 그 관계를 위해 노력한 결과로 생기기도 한다. 사람들은 그런 결별을 통해 더 오랫동안 관계를 유지하는 데 필요한 경험을 얻는다. 때로 그러한 관계들은 단순히 아무 의미가 없어져 그냥 끝나 버리기도 한다.

이혼은 결별의 전형적인 예로 가장 많이 연구되어져 왔다. 미국의 경우 결혼한 사람의 약 50%가 이혼하며, 재혼의 경우에는 그 비율이 더 높다(Brody et al., 1988). 10세기 후반에는 결혼한 사람 중 1%만 이혼한 것과 비교하면 오늘날의 이혼율은 상당히 높은 것이다. 이혼은 반 이상이 결혼 후 7년 내에 일어난다. 첫 2~3년은 특히 취약한 시기이다. 이혼의 실제적인 비율은 훨씬 높을 수도 있다. 법률상의 정리가 이루어지지 않고 별거 상태에 있는 부부가 얼마나 되는지 혹은 결혼한 부부가 아이들 때문에 혹은 더 만족스러운 관계를 찾기 위한 동기부여가 부족하기 때문에 공허한 관계를 지속하는 부부가 얼마나 되는지 알 수 없다(Grasha & Kirchenbaum, 1986).

1) 결별에 대한 이유

(1) 지루함과 관심의 변화

한 연구에서, 200쌍의 연인을 2년에 걸쳐 조사했다(Hill, Rubin, & Pepau, 1976). 이 기간 동안 그 연인 중의 반이 결별했다. 남자와 여자의 78%가 결별의 이유로 지루함을 꼽았다. 로맨틱하고 열정적인 그들의 사랑은 식어 버렸고, 그들 사이에 남는 것은 거의 없었다고 하였다. 다른 연인들은 취미나 흥미, 종교, 지식, 교육 등에서의 차이를 이유로 들었다.

(2) 성적인 태도와 기대에서의 차이

결별한 연인의 약 46%는 그들의 성적인 태도가 결별에 영향을 미쳤다고 느꼈다. 성적인 행동의 빈도와 유형에 대한 서로의 견해 차이는 행복을 가로막는 큰 장애가 되었다. 결국, 그들은 서로의 관계에 대해 생각을 달리하기 시작했다. 그들이 다른 사람과 데이트를 할 수 있는지, 결혼을 할 것인지, 누가 중요한 결정을 하는지에 따라 갈등이 증폭되기도 한다.

(3) 역할갈등

결혼한 부부와 오랫동안 관계를 유지해 온 연인들 사이에서, 상대 배우자의 역할에 대한 갈등은 사람들이 헤어지는 중요한 이유가 된다(Blimstein & Sohwartz, 1983). 예를 들면, 사람들은 상대방에게 전통적인 성역할을 기대한다. 그러한 기대가 빗나갈 때 사람들은 갈등을 경험한다. 여자는 가정보다 일을 더 중요하게 여기거나 다른 취미를 위해 더 많은 자유를 원하는데 남자는 여자를 집에 남겨 두려 할 때 갈등이 일어난다. 결혼한 여자가 바깥일을 하면서도 집안일과 아이들을 돌보는 가사를 더 많이 해야 한다고 기대될 때 많은 긴장이 발생한다.

(4) 대화의 부족

행복하거나 불행한 결혼생활을 하고 있는 부부들을 면접한 연구에 따르면 서로 어떻게 의사소통하느냐가 중요하다고 한다. 이혼한 부부들은 서로에 대하여 매우 비판적이었다. 그들은 그들 사이의 중요한 문제에 대해 논의하는 것을 회피하거나 철회하였다(즉, 참지 못하고, 화를 내고, 공격적인 행동을 하는 것). 이에 비해 행복한 결혼생활을 영위하는 부부들은 서로 이야기를 많이 하고, 개방된 의사소통을 하였다. 그들은 각자의 느낌과 요구에 민감하게 반응하며, 그들의 문제에 대해 상호 협조적으로 동의할 수 있는 해결책을 찾는다.

(5) 애착유형

페니와 놀러(Feeney & Noller, 1992)는 인간관계에서 서로 곤경에 처했을 때 애착유형에 따라 상황에 대처하는 행동이 다르다고 하였다. 안심형의 애착유형을 가진 사람은 부정적인 느낌을 인정하고 다른 사람들에게 지원을 요청한다. 회피형의 사람은 자기 혼자 문제를 끌어안고 있는 경향이 있으며, 가면형의 사람은 자기 혼자 문제를 전가시킨다. 가면형의 사람은 그들이 상대방을 잃어버릴까 두려워하기 때문에 논쟁을 직면하는 것을 두려워한다. 결별이 이루어질 때 가면형의 사람은 결별에 대해 준비가 덜 되어 있는 반면, 회피형의 사람은 이제 끝났구나 하고 스스로 위안삼는다. 가면형의 사람은 관계가 끝나 버린 것에 대해 매우 놀라고 이제 서로 헤어져야 한다는 것에 대해 몹시 당황해한다.

어떤 사람은 결별에 대해 다른 사람보다 더 고통스러워한다. 그들은 결별이 쉽지 않고 그 결과로 스트레스 증후를 나타낸다. 서로 결별하여 이혼한 사람은 육체적인 병과 심리적인 문제에 빠지기가 더 쉽다(Mastersoon, 1984). 그 사람들은 그들이 필요로 하는 정서적 지원을 잃게 되며, 인생이 불확실하고 불안정한 것이라고 생각한다. 또한, 이전의 상대방에 대한 분노와 '내가 무엇을 잘못했는가?' 하는 걱정에 휩싸여 있다. 그들은 스스로 배우자로서 혹은 부모로서 실패했다고 믿는다.

2) 결별에 대한 대처방안

[그림 6-6] 사랑의 결별

누구와 헤어진다는 것은 사람들로 하여금 새로운 관계를 형성하거나 현재 유지되고 있는 관계를 강화하도록 만든다. 이것은 하나의 도전과 같다. 결혼을 한 사람들이나 오랫동안 관계를 맺어왔던 사람에게 처음에는 이것이 어려운 일이다. 그 사람들은 다른 사람들과 시간을 보내는 것을 좋아하지 않거나 혹은 새로운 사람들은 사귀려 하지 않는다. 결별의 아픔을 극복하기 위해서는 아래에 제시된 방법들이 도움이 될 것이다.

- 후원집단을 찾아라. 유사한 문제를 가진 사람들과 얘기하는 기회를 가지면 도움이 된다. 다른 사람들이 결별을 통해 배우게 된 교훈이 바로 당신이 필요로 하는 것일 수 있다. 우리 주변에서 이 같은 문제를 다루는 단체를 찾아라. 그러한 과정들은 서로 경험을 나누고, 사람들과 토의를 하고, 때로 새로운 사람을 만나는 기회를 제공한다.
- 역할모델을 추구하라. 자신이 좋아하거나 존경하는 사람 중에 결별한 경험이 있는 사람을 찾아보라. 그 사람에게 자신의 상황을 이야기하고, 이용할 수 있는 모든 아이디어를 얻어라.
- 자신을 낮게 평가하지 마라. 결별을 하면 자신에 대하여 나쁜 생각을 하고, 자신을 불쌍하다고 생각하고, 또는 일어났던 사건에 대하여 자신을 비난하는 경우가 있다. 자신을 자책하는 것은 아무 도움이 되지 않는다. 그러한 생각을 거꾸로 하거나, 적어도 상황에 대해서 균형된 지각을 하거나, 또는 보다 긍정적인 시각으로 자신을 바라보는 시도를 하라. 예를 들면, '내가 그에게 너무 화를 냈고, 그도 화를 냈다. 그는 다른 일 때문에 나를 떠났다. 서로의 문제에 대하여 얘기를 거절하는 사람과 관계를 형성하는 것은 어렵다'라고 생각을 바꾸는 것이다.

CHAPTER 07

가족집단에서의 인간관계

01 가족집단의 개념과 성격
02 가족집단의 기능
03 현대가족의 문제점
04 현대가족 문제의 해결방안
05 가족 간 인간관계의 유형

01 가족집단의 개념과 성격

1) 가족의 본질

(1) 가족의 의미

가족은 라틴어의 familia, famulus가 그 어원으로 familia는 재산 또는 노예를 말하며, famulus는 집에 속하는 사람을 의미한다. 따라서 가족은 원초집단이요, 사회 조직의 가장 기본적인 집단이자, 혈연관계로 결합된 애정적 집단이다. 가족은 일차적 집단이요, 같은 장소에서 공동생활을 영위하는 동거집단이다. 또한, 경제생활과 공동의 재산을 공유하는 동재집단이요, 언어, 가치관, 생활의 양식, 태도, 관습을 익히고 습득하는 문화집단이요, 인간의 성장과 발달에 있어서 가장 근원적인 집단이요, 생활과 동시에 주어지는 운명적 집단이요, 또한 세속 집단이요, 인격적 집단이다.

문화인류학자인 머독(Murdock)은 가족이란 공동의 거주, 경제적 협력, 생색의 특성을 갖는 사회집단으로 성관계를 허용받는 최소한의 성인 남녀와 그들에게서 출생한 자녀 혹은 양자로 이루어진다고 하였으며, 퇴니스(Tonnies)는 가족은 자연 발생적으로 정해진 공동사회(Gemeinschaft)라고 하였고, 버지스(Burgess)는 가족을 상호작용하는 인격체들의 통일체라고 하였다. 또한, 김두헌은 영속적인 결합에 의한 부부와 거기에서 출생한 자녀로 이룩된 생활공동체라고 하였으며, 최재석은 가계를 공동으로 하는 친족집단이라고 하였다.

[그림 7-1] 가족

(2) 가족의 유형

가족의 유형은 학자에 따라 또 구조에 따라 여러 가지로 유형화할 수 있다.

첫째, 근대적 가족과 전근대적 가족으로 구분한다. 산업혁명을 계기로 하여 생산과 가정의 분리가 일어나면서 근대적 가족이 발생하기 시작한다. 근대적 가족은 부부 중심의 가족이요, 부부 동권이고 부부와 자녀의 1세대 혹은 2세대의 가족이요, 가족의 수도 비교적 적은 핵가족 형태를 취한다. 근대적 가족은 인간의 Personality 형성이 창조적이고, 자기 독립적이고, 자유롭고, 사회성이 풍부한 적극적이며 능동적인 인간성이 형성되기 쉬운 가족의 형태이다. 즉, 현대 산업사회에 보다 적합한 가족 유형이라 할 수 있다. 반면에 전근대적 가족은 과거 전통사회에 해당하는 유형이다. 따라서 부자 중심이요, 가족의 수도 비교적 많고 3세대 이상의 가족이라고 할 수 있다. 그 속의 Personality는 비교적 수직적 도덕을 중시하고, 창조적이고, 적극적인 인간성이 결핍되어 순종적이고, 권위를 중시하고 예의를 존중한다. 또한, 개성의 계발이 어렵고, 이중인격이 형성되기 쉽다. 즉, 전근대적 가족은 전통적인 가족으로 우리나라는 전근대적 가족과 근대적 가족의 전환기에 있다. 최재석은 이러한 현상을 한국의 가족이 전통에서 근대화로 지향하고 있다고 하지만 아직 전통과 근대의 구별이 명확하지 않다고 지적하고 있다.

둘째, 뮐러 리어(Muller-Lyer)의 분류로 ① 대가족, ② 소가족으로 나눈다. 김두헌은 가족 수 5인 이하를 소가족으로, 6인 이상을 대가족으로 부른다. 대가족은 부부와 자녀, 그리고 근친자로 구성되고 2세대 이상의 가족원 수가 비교적 많다. 그래서 대가족을 확대가족, 복합가족, 전통적 가족이라고도 칭한다. 소가족은 부부와 미혼자녀로 구성된 가족이다. 근대사회의 산업화와 도시화는 소가족제도를 낳았다. 그래서 소가족은 핵가족, 미혼가족 또는 근대적 가족이라고 한다.

셋째, 머독의 분류로 ① 핵가족, ② 확대가족- ㉠ 부계동거가족, ㉡ 모계동거가족, ㉢ 쌍계동거가족, ㉣ 숙부동거가족, ③ 복혼가족- ㉠ 일부다처가족, ㉡ 일처다부가족, ㉢ 집단혼가족으로 나눈다. 핵가족은 부부와 자녀로서 구성되고 있는 가족으로 부부가족, 일대가족, 민주적 가족, 근대적 가족, 소가족 등으로 부른다. 핵가족은 가족 구성의 최소한의 단위인데 머독은 사회의 건전한 발전을 위해 필요한 가족의 형태라고 핵가족설을 강력히 주장한다.

확대가족은 흔히 대가족이라고도 부른다. 그래서 복합가족, 혈족가족, 전통적 가족, 가부장적 가족, 제도적 가족으로도 부른다.

복혼가족은 복수혼에 의해서 결합된 두 개 또는 그 이상의 핵가족으로 구성되고 있으며, 한 남편이 동시에 두 사람 이상의 아내를 소유하는 일부다처형과 한 여인이 두 사람 이상의 남편을 소유하는 일처다부형으로 구분할 수 있고, 또한 복수의 남편과 복수의 아내가 동시에 동거하는 가족형인 집단혼가족형도 있다.

넷째, 르 프레이(Le Play)의 분류로 ① 부권가족, ② 지주가족, ③ 핵가족으로 나눈다. 부권가족은 중국에서 많이 볼 수 있는 동양적인 대가족제도이고, 핵가족은 구미에서 볼 수 있는 부부 중심의 가족이며, 지주가족은 부권대가족과 핵가족의 중간형으로 스칸디나비아 제국과 프랑스 등에서 볼 수 있는 가족의 형태이다. 르 프레이는 부권가족의 지나친 전통성과 핵가족의 지나친 개인주의가 많은 문제와 모순이 있음을 지적하고 지주가족이 이상적이라고 주장한다.

결혼의 형태는 ① 배우자의 수와 배우자의 사회적 배경, ② 결혼의 정치적 성격, ③ 결혼의 경제적 의의 등에 따라 여러 가지 유형으로 분류할 수 있다.

배우자의 수와 배경에 따른 분류는 어느 사회에서나 일부일처제를 원칙으로 삼고 있으나, 회교국에서는 일부다처제를 합법화하고 있으며, 과거 우리나라에서도 경제적으로 부유한 사람들 간에는 축첩하는 사람이 많았으며, 남아선호사상이 지배적인 우리나라에서 자녀가 없거나, 딸만 있는 경우 대를 잇는다는 구실로 축첩행위가 정당화되었다. 그런가 하면 결혼한 부부 5쌍 중 3쌍이 이혼하는 이혼의 세계신기록을 세우고 있는 미국에서는 이혼 후 다시 결혼하는 경우가 많을 뿐만 아니라, 이혼자의 다혼율도 점점 증가일로에 있어 언제든지 마음만 먹으면 결혼 상대는 포기하고 있다는 사항을 비유해서, 미국인은 배우자가 바뀌어 그렇지 항상 일부일처제는 어기지 않고 있으며, 미국의 높은 이혼율을 일부일처제의 시리즈라고 표현하고 있다.

일처다부제는 티베트와 같은 일부 지방에서 행해지고 있으며, 단순한 일처다부제와 형제간의 일처다부제로 구분된다. 일처다부제는 여아의 영아 살인 등의 이유로 남녀 성비 차가 커져 신부 후보자를 구하기 어려운 경우나 경제적 이유에서 산아제한이 불가피한 경우에 실시될 수 있으며, 형제간의 일처다부제란 형제 중 큰형이 결혼하게 되면 아우들도 형수를 공동 처로 맞아들이게 되는 경우이다. 일부다처제와 일처다부를 합해서 복수배우혼이라고 일컫는다.

결혼은 또 배우자를 자신이 소속된 집단 내에서 고르느냐, 그렇지 않으면 자기가 소속한 집단 외에서 고르느냐에 따라 족내혼과 족외혼으로 구분한다.

가족 내 외혼으로의 분류는 원래 근친상간을 피하기 위한 것이었으나, 융통성 있게 적응하는 상대적 개념으로는 흑백과 같은 종족이 문제가 되고 있는 미국이나 남아프리카공화국에서는 종족 내와 외혼을 구별하는 데 사용되며, 종교와 민족의 순수성을 지키고자 노력하고 있는 유태인의 경우는 유태인과 결혼하느냐, 그렇지 않으면 비 유태인과 결혼하느냐 하는 것으로 구분한다. 동성동본 간의 혼을 금지하는 우리나라의 경우에는 동성동본 간의 결혼이 족내혼, 그렇지 않은 경우가 족외혼으로 간주된다. 한편, 말리노프스키(Malinowski)는 근친상간을 통해 태어나는 아이는 다른 가족 구성원과의 관계가 복잡하게 된다고 말하고 있다.

02 가족집단의 기능

가족의 기능이 항상 일정한 것은 아니다. 사회의 지배적인 가치와 규범, 산업 발전의 정도, 종교, 경제적 현실, 사회적 위기 등으로 인해 시간과 공간을 탈피하여 그 기능이 달라진다.

가족은 개인이나 사회에 대해 매우 중요하고 기본적인 기능을 담당한다. 가정이 사회 구성원을 재생산하지 못할 경우나 자녀를 사회화시키지 못한다면, 결국 사회 질서를 유지하지 못하게 되어 사회가 존립될 수 없는 현상을 초래하게 될 것이다.

그러나 점차 산업화와 더불어 전통적인 사회에서의 정치, 경제, 종교, 교육, 오락 등의 일원적이던 기능의 담당이 불가피하여 이 기능이 점차 다른 기관으로 이양되고 범위의 축소를 가져오게 되었다. 이러한 기능의 축소는 오히려 가족기능의 과소평가보다는 약화되고 있는 가족의 기능을 재인식하게 되고, 이를 강화해야 된다는 점을 분명히 인식하여야 한다.

교육은 사회변동에 따르는 가족기능의 한계를 고려한 가족 문제를 해결하는 데 조력하는 중요한 과제를 안고 있다. 사회가 부패하여 범죄자가 많고 극도의 이기주의에 사로잡힌 사회에서의 가족의 교육적 과제와 사회정의가 실현되고 민주주의가 정착된 사회의 가족에 대한 교육적 과제에는 성격 면에서 근본적인 차이가 존재한다. 그러므로 교사나 행정가는 변화하는 가족의 기능을 인식하는 일이 대단히 중요하다. 변화하는 가족에 대한 올바른 이해를 하려면, 우선 가족에 대한 영향력의 고려가 선행되어야만 한다.

1) 성적 질서 기능

가족의 성적 기능은 첫째, 가족을 통해 개인의 성적 욕구를 충족한다는 측면과 둘째, 그렇게 함으로써 사회적으로 성적 통제가 가능하다는 두 가지 의미를 지닌다. 가족은 남녀의 사랑을 기초로 하여 결혼이라는 형식적 절차를 통해 이룩된 만큼 가족구성의 핵심이 되는 부분을 성생활을 영위함으로써 성적 욕구를 충족한다.

결혼으로 이루어진 가족집단은 개인적으로 성적 욕구를 충족시키는 기능과 동시에 성적 욕구의 잘못된 충족으로 인한 사회적 혼란과 무질서의 성관계를 통제하는 성적 질서의 기능을 가진다. 또한, 가족구조는 성적 기능 중 근친상간의 처리에 따라 달라지는데, 족외혼은 친족집단 외부에는 성립되어 근친상간이 완전히 배제되지만, 동족혼은 자기집단의 순수성을 지키기 위해 근친상간이 허용된다.

그런데 머독은 현대의 선진국과 같은 일부 국가에서 혼전 성관계가 허용되고 있음을 보고하고 있다. 이는 가족의 질서유지에 장애물로 등장하게 되며, 자칫 생색관계로 이어질 가능성이 있기 때문이다.

2) 생식적 기능

부부 성생활의 필연적 결과로 부수하는 것이 바로 자녀출산이다. 자녀출산의 기능은 가족의 여러 기능 중에서 가장 중요하며, 가족만이 갖는 유일한 기능이다. 가족은 단순한 성적 기능의 행사와 구별되며, 생식적 기능을 갖게 되는데, 출산에 의하여 친자관계가 발생하며, 육아는 부부의 공동 책임과 의무가 된다. 가족은 이러한 생식적 기능을 통해 자손을 갖고 싶다는 개인적 욕구를 충족시키고 사회 구성원의 충원에 공헌하게 되는 것이다. 가족의 생식적 기능에 의하여 인류의 존속과 사회의 형성 · 유지 · 발전이 가능해진다. 국가적 · 사회적 측면에서 현대국가는 과잉인구를 조절 · 통제하기 위해 가족의 생식적 기능을 간섭하는 경향도 나타나고 있다.

3) 교육적 기능

가정에서의 성인세대와 자녀세대 간의 접촉은 자녀의 성격이나 가치관 형성에 영향을 미친다. 유아기, 아동기를 거치는 동안 자녀는 부모나 다른 가족들로부터 언어, 가치, 태도, 규범적 행동 등을 모방하여 학습하게 된다.

전통사회에서의 가정은 교육의 훌륭한 장이요, 부모는 가장 모범적인 교사였고 모든 교육은 가족관계에서 이루어졌다. 그러나 오늘날의 핵가족 형태에서는 전통적으로 존재했던 훈육적 가정교육의 부재와 부부간의 갈등으로 인해 교육적 기능이 약화되고 있는 실정이다.

사회인으로서 활동하는 데 필요한 도덕, 지식, 정서, 기술, 체력 등에 대한 교육은 가정에서보다는 학교 및 기타 교육기관에서 담당하는 비중이 일반적으로 큰 실정이다. 그러나 가족집단 내에서의 교육은 제도화된 학교교육과는 다른 애정과 이해, 친밀과 같은 깊은 관계에 의해 자연스럽게 진행되는 교육적 기능을 가진다.

가족에는 교육과정의 조직이나 형식적 교육활동은 존재하지 않지만 부모가 목적으로 하는 의식적 교육이 있다고 볼 수 있다. 피터스(Peters)는 가정의 의식적 교육 내용을 다음과 같이 제시하였다.

① 예법
② 가정생활을 위한 기술적인 훈련
③ 문학교육
④ 종교적 교육
⑤ 성적 도덕교육
⑥ 오락교육
⑦ 직업교육

4) 경제적 기능

가족의 일상생활을 통해 생산과 소비의 생활은 동시에 발생한다. 과거 전통적 가정생활은 자급자족의 형태를 취하나 현대에 이르러 급속한 도시 사회화가 전개되고 화폐경제도 전환됨에 따라 생산과 소비에서 수입과 지출로서의 의식주 등 경제적 기능이 가족집단 내의 가정생활로 이루어진다.

5) 심리적 기능

가족은 혈연관계로 형성된 감정적 연대감에 기초하므로 구성원들에게 심리적인 안정감을 부여한다. 현대사회가 제도와 경쟁 위주 중심의 사회이기 때문에 이로부터 마음의 안정과 건강한 정신위생을 찾기 위해서 가족의 심리적 기능은 더욱 강화되어야 한다. 정서적 안정이란 육체적 만족보다도 더 중요한 것이다.

머스그레이브(Musgrave)는 남녀가 현재의 여건에서 그들의 삶을 성공적으로 이끄는 데 필요한 정서적 안정감을 확보해 주면, 애정을 제공해 주는 매우 구체화된 기관으로 가족이 활용되지 않으면 안 된다고 주장하고 있다.

6) 휴식과 오락의 기능

가족집단은 가족 구성원 각자의 노동으로 인한 수고와 어려움을 가정에서 긴장과

피로를 해소하는 휴식을 취하고 휴식과 더불어 노래, 게임 등 간단한 놀이오락을 즐기기도 한다. 이러한 휴식과 오락의 기능은 현대 산업사회의 병폐적 현상으로 나타나는 이기주의, 무관심, 인간소의 또는 청소년 문제, 노인 문제 등을 해소하는 방편으로 더욱 요청되고 있다.

7) 지위 부여의 기능

사람은 세상에 태어나서 연령, 성, 피부색, 거주지, 계급, 종교와 같은 귀속적 지위를 부여받으며 가정의 사회 경제적 지위에 따라 가치관, 사고방식, 생활양식 및 직업 등에 있어서 독특한 하위문화가 형성된다. 이러한 하위문화가 아동에게 전수되어 전체 사회의 규범이나 역할을 담당하게 된다. 일반적으로 아동은 흥미, 가치, 생활습관, 언어 등을 자신의 가족으로부터 습득하기 때문에 상류 가정에서 성장한 사람은 상류계급의 가치를 중심으로 생활하게 되며, 이들은 자신의 생활양식과는 다른 하류계급의 가치는 거의 이해하지를 못한다.

예컨대, 계급의 배분은 불공평하기 마련이며, 가족도 경제력, 부모의 교육 수준, 권력의 차이가 있으므로 가정의 배경에 따라 사회지위가 부여되는 것은 피할 수 없는 현상이 될지도 모른다. 따라서 가정의 사회 경제적 위치가 사회에서의 개인의 사회적 신분과 역할 및 자격이 결정되는 바가 적지 않다.

03 현대가족의 문제점

산업화로 인한 핵가족은 부부끼리만 사는 한 세대 가족과 부부와 미성년 자녀가 같이 사는 가족을 말하며, 이와 같은 핵가족화 현상은 산업화와 도시화를 특징으로 하는 근대화 과정에서의 직업의 다양화와 인구이동의 급증으로 더욱 현저해진다.

1) 가족기능의 약화

가족집단은 산업화로 인해 생산력의 증대, 사회 분업과 조직, 인구 이동, 자유의 신장 등 변천하는 현대사회의 요구에 따라 종래 전통적 가족이 가지던 기능이 점차적으로 다른 기관이나 집단에 양도되어 오늘날 가족의 기능이 약화되고 있다. 이에 부수하여 가족을 중심으로 이루어지던 경제, 오락, 종교, 교육, 보호의 기능 등이 직장, 교회, 학교, 오락시설, 보호기관 등의 사회의 다른 기관에서 이행되어 가족의 기능이 약화 내지 축소되었다.

2) 과보호 및 지나친 기대

핵가족을 포함한 소가족은 과거 확대가족에 비하여 일반적으로 자녀 수가 적다. 따라서 이러한 가족형태는 부모의 보호와 관심이 지나치게 될 소지를 안고 있다. 남편은 출근하고, 부인은 자녀의 양육과 교육에 심혈을 기울이는 것이 한국의 전형적인 어머니상으로 되어 있다. 이때 자녀에 대한 관심과 보호가 지나치게 되어 부모 자신의 보상심리에 따라 무리하게 교육을 시키게 됨으로써 심리적 부적응 문제를 야기하기도 한다.

따라서 취학한 후의 자녀에 대한 부모의 과보호와 지나친 기대는 그 정도를 심화시켜 간다. 과보호로 인하여 의존성, 심약성, 비타협 등이 생기게 되고, 자녀는 부모의 지나친 기대를 충족시키지 못함으로 말미암아 탈선, 비행, 일탈행동 등이 생겨나게 된다. 성격형성에 지장을 초래하는 이러한 과보호와 지나친 기대는 부모-자녀 간의 단절을 초래하는 주요인이 되고 있다.

[그림 7-2] 자녀에 대한 과보호

3) 부모의 권위 약화 및 상실

전통적 가정에서 아버지는 다소 엄격하고 어머니는 자식을 감싸 주는 포근한 사랑과 자애를 가진 엄부자모의 전통이 있었다. 그러나 산업사회의 부모는 과중한 업무로 인해 피곤하며, 이로 인해 자녀와의 대화 시간이 축소되고 있다. 이러한 여러 이유로 말미암아 가정에서의 자녀교육은 대부분 어머니에게 이양된 것처럼 보인다. 이렇게 되면 부성의 권위는 약화되고 심하면 상실되기도 한다. 부모의 권위가 위축된다면 자녀에 대한 교육은 결코 기대치에 도달하지 못할 것이라는 예상은 쉽게 할 수 있다. 결과적으로 핵가족에서 부모의 권위위축 현상이 두드러지고 있다.

4) 자녀비행 및 일탈

자녀의 비행과 일탈행동은 가정적 요인의 영향이 높은 비중을 차지한다. 결국, 결손되고 가부장적인 가정의 자녀로 파악되며, 이러한 반사회적 또는 비사회적 성격의 청소년은 대체로 부모의 지나친 간섭, 무관심, 애정 부족에 대한 욕구 불만을 관리하는 능력이 결핍되며, 이들은 그러한 부류의 또래와 함께 공동체를 구성하고 비행과 일탈을 심화시키고 있다.

오늘날 청소년은 비교적 물질적으로 풍요하나 정신적으로 빈곤한 상태로 자아정체감이 형성되어 있지 않다. 이러한 자아정체감의 결여를 통해 그들은 그들의 비행과 일탈을 합리화하게 되고 풍요로운 소외를 느끼게 된다.

5) 가족와해

핵가족화에 따른 가족 구성원 간에는 여성의 지위가 향상되어 개성과 지위가 강조된다. 과거 여성의 경우와 같이 종속적인 지위를 탈피한 그들 나름의 개성을 존중받기를 원하며, 동시에 자아실현의 기회와 자유로운 활동을 요구하게 된다. 따라서 현대의 가족집단은 부부간의 성격, 가치관, 생활방식 등의 차이로 인한 충돌과 갈등이 발생하게 되고 심지어는 가정의 경제적 조건이라든가 성생활의 문제 등으로 인해 와해되는 문제도 생성된다.

6) 역할모델의 부족

확대가족의 형태에서는 다양한 관계의 가족 구성원으로부터 성역할, 가장의 역할, 막내의 역할, 등을 내면화하는 데 큰 어려움이 없었다. 그들은 손 윗분들로부터 적절한 사회화 모델을 제공받았기 때문이다. 그러나 핵가족이나 부부가족에서는 이러한 역할모델의 범위가 한정되기 때문에 자녀의 역할획득에 어려움이 뒤따른다. 물론, 부부가 모두 취업한 경우에는 역할모델의 대상이 기능을 다 하지 못하게 되는 것이다. 뿐만 아니라, 핵가족에서는 육아 및 자녀교육에 대한 기초 지식과 경험이 없기 때문에 발생하는 많은 문제를 안게 된다.

7) 노인 소외 문제

급속한 산업화로 인한 도시 집중 경향과 핵가족 경향으로 가족집단의 노인은 도시외당하고 소외감을 느끼게 된다. 오늘날 여러 곳에서 노인학교가 생기고 각 지역사회나 대학에서 경로효친사상을 발휘하여 행사나 교육을 실행하고 있으며, 각 학교에서 특별히 경로효친사상을 생활화하기 위한 노력은 자랑스러운 경향이다.

전통사회로부터 물려받은 미덕인 경로효친사상을 존속시켜 노인에 대한 사회복지시설을 확충시켜 나가야 할 것이며, 노인의 여생을 의미 있게 보낼 수 있는 교육프로그램이 필요하며, 무엇보다도 우선 가정 속에서 노인을 공경하고 존중할 줄 아는 마음과 정성을 기울여야 한다.

8) 학교교육에 의존

현대 산업사회에서의 가족의 교육적 기능은 약화되고 여기에는 학교가 가족의 교육적 기능을 위축시킨 결정적인 요인이 되었다. 교육에서는 학교교육만으로 수행할 수 없는 아주 미묘한 부분이 있는데, 이러한 면은 가족이 담당해야 한다. 가치, 태도, 정서, 예절 같은 덕목은 가정의 영향력이 매우 중요하다. 그럼에도 불구하고 오늘날의 학부모는 아동의 나쁜 행동에 대해 학교와 교사만을 대상으로 질책하는 경향이 짙다. 이러한 경향은 자녀에 대한 부모로서의 교육 권리를 스스로 포기하는 행위일 수밖에 없다.

9) 이혼의 증가

앞에서도 지적한 바와 같이 가족주의 가치관의 약화, 개인주의와 평등주의의 보급, 여성의 새로운 역할수행 등은 모두 긍정적으로 평가할 내용이다. 그러나 이러한 변화에 부수하는 현상이 반드시 긍정적인 것만은 아니다. 이를테면 이러한 새로운 현상은 모두 가족해체의 원인으로 작용한다. 물론, 이혼을 포함한 가족해체는 현대사회에만 있는 현상이 아니다. 전통사회와 그 이전의 비문명 사회에서도 이혼과 유기는 있었지만 현대와 같이 가족해체가 폭발적으로 증가하여 그것 자체가 하나의 사회문제가 된 적은 별로 없었다.

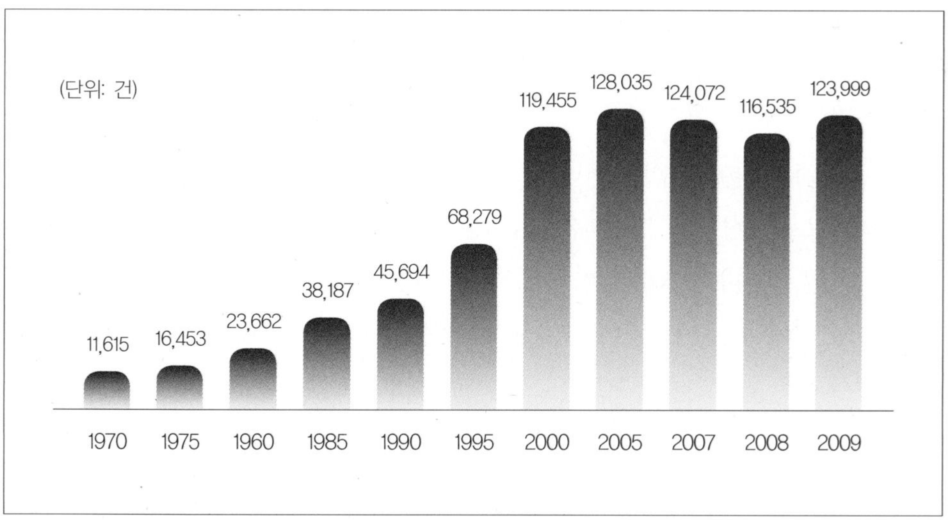

[그림 7-3] 이혼 증가율

출처: 통계청(2010).

04 현대가족 문제의 해결방안

1) 부부간의 사랑과 자녀에 대한 관심의 제공

핵가족이나 부부가족에서는 부부간의 애정이 중심이므로 애정이 결여되거나 약화되면 건전한 자녀교육이 이루어지지 못한다. 애정이 없는 부부 사이의 자녀는 결코 정상적인 사랑을 받지 못한다. 핵가족제도는 이러한 충격의 흡수력이 약한 것이 큰 약점이 되므로 부부간의 사랑은 강조될 수밖에 없다. 이러한 부부간의 사랑은 가족 속의 모든 문제를 해결할 수 있는 가장 훌륭한 방안이 된다고 보아도 무방하다.

또한, 부모의 자녀에 대한 사랑이 고조되어야 한다. 전통사회의 무조건적인 헌신적 사랑이 자칫 자녀에 대한 억압이나 의무로 강조되기도 하지만 일찍 우리 조상들은 자녀가 부모에게 효도를 하기에 앞서 부모가 자식에게 내리사랑을 먼저 하라고 가르쳤다. 자녀에게 꾸중하고 탓하기에 앞서 먼저 부모로서의 해야 할 일에 충실하고, 인내와 이해로서 자녀교육에 임해야 한다.

2) 부권의 권위 회복

부모는 자녀의 동일시의 모범이 되기 때문에 그 역할이 침해되거나 위축되어서는 안 된다. 핵가족 형태가 급증하는 현대에서 부권의 회복이 시급하며, 자칫 약화된 아버지다움, 가장다움, 남편다움, 남자다움의 위상을 본 궤도에 올려놓아야 한다. 물론, 이는 옛날과 같은 엄부자모의 상태 회복을 의미하는 것은 아니며, 부성과 모성의 균형복귀를 뜻하는 것이다. 양성의 균형은 상호이해와 상호존중의 형태를 강조하는 것으로 이러한 과정에서 부모의 부모다운 행동은 자녀의 비행 문제를 해소하는 계기를 마련하게 될 것이다.

3) 세대차에 대한 긍정적 수용

부모와 자녀 간에는 대략 30년 정도의 시간 차가 존재한다. 이 기간 동안의 사고방식의 차이, 가치관의 차이는 시대 흐름인 것이다. 그럼에도 불구하고 부모세대는 자녀세대에 자신의 사고방식과 가치관을 주입하고 강요하기도 한다. 여기에서 갈등이 생성된다. 따라서 부모는 자녀와의 세대차를 대화를 통해 긍정적으로 그들의 세계를 이해하며 수용하고 인정하려는 적극적인 자세가 요구된다. 물론, 부모-자녀 간의 세대차를 무조건 인정할 수는 없으며, 조화로운 차원에서 상호 간을 이해하고 문제해결을 모색하는 태도가 중요하다.

4) 자녀의 인격 존중 및 인간교육의 강화

부모는 자녀도 하나의 독립된 인격체임을 인정하며, 부모-자녀 간의 불평등적 관계를 인격적인 측면에서 해소해야 한다. 동서양에서 인간을 보는 관점도 이러한 점에서 다소 차이가 있다.

5) 부모의 일관된 태도

현대가족 문제 해결 방안으로서는 부모의 일관된 태도가 요구된다. 물론, 인간은 감정의 동물이므로 일관성을 유지하기 어렵지만 최소한 일관성을 유지하도록 노력해야 한다.

05 가족 간 인간관계의 유형

1) 부부관계

젊은 두 남녀가 이성 관계를 통해 서로 사랑을 하고 이러한 사랑의 결실로서 결혼에 이르게 된다. 연인관계는 결혼이라는 의식을 통해 부부관계로 바뀐다. '검은 머리가 파뿌리가 되고 죽음이 서로를 갈라놓을 때까지 사랑하겠다'는 결혼서약을 하고 두 남녀는 부부가 된다. 부부는 인생에 있어서 가장 중요한 동반자이다. 행복한 부부관계는 화목한 가족관계의 뼈대이며, 한 개인의 행복을 결정하는 가장 중요한 인간관계이다. 다음에서 부부관계에 이르기까지 겪게 되는 심리적 사유를 살펴보고자 한다(이수용, 2002).

(1) 사랑

결혼을 앞둔 사람들에게 두 사람은 왜 결혼하기로 결심하는가? 라고 질문하면 대부분은 "우리는 서로 사랑합니다."라고 거의 같은 대답을 한다. 사랑은 사회에서 사람들이 결혼을 결심하게 하는 주원인이고 사랑하지 않는 사람과 결혼을 생각해 봤다는 사람은 없다. 더군다나, 대부분의 사람은 결혼 후에도 사랑은 결혼관계의 필수적인 요인으로 남는다고 생각한다. 사람은 사랑이 결혼을 유지시켜 주는 필요조건이며, 사랑의 종말은 결혼의 끝을 위한 충분한 이유라고 생각한다. 75,000명의 여성을 대상으로 한 사랑과 결혼에 대한 설문조사에서 사랑은 결혼의 성공과 결혼하기 위한 최초의 결심에서 핵심 요인이었다고 대부분이 보고했다(Tavris & Jayaratne, 1976).

그러나 '사랑'이라는 아주 애매한 단어로 사람들이 "우리는 사랑하고 있다."라고 말하는 경우 사랑이란 말은 종종 다른 것을 의미하기도 한다. 진실한 사랑은 사랑에 '빠지는' 것이 아니라 사랑을 '키워 나가는' 과정이다. 이렇게 '사랑에 빠지는' 것은 종종 열병이 되며, 자신이 사랑하는 사람의 결함을 전혀 발견하지 못한다. 그래서 사람은 사랑하는 사람을 '완전하고', '이상적이며' 기타 다른 신성한 존재로 생각하는 경향이 있다. 진실한 사랑을 하는 사람은 상대방의 '완전한 측면'과 '결점의 양 측면'을 모두 인정해야 한다. 즉, 사랑은 상대방의 결점을 알고 그러한 결점을 수용할 수 있어야 한다.

사랑은 사람에게 사랑하는 사람에 대해서 안정감과 신뢰감을 느끼게 한다. 의심, 변덕, 불확실성, 이별에 대한 두려움은 순간적 열정에 수반되는 대표적인 감정이다.

(2) 상호 신뢰성

상호 존중은 긍정적인 관점에서 상대방을 바라보게 하는 구성요소로서, 타인을 찬미하고 인정하려는 것이다. 신뢰는 타인의 맹세를 받아들이는 것으로 자기 확신을 하도록 해 준다. 신뢰하는 관계에는 모험이 뒤따른다는 것을 인정하지만 상호 간의 신뢰감에 기초하고 있다.

사랑에 있어 보살핌의 요소는 타인의 감정과 욕구에 정서적으로 민감하게 반응하는 것이다. 자기 자신의 욕구와 마찬가지로 타인의 욕구에 의해 영향을 받거나 행동을 하게 되는 것은 상호 신뢰감을 바탕으로 한 상대에 대한 배려의 특징이다.

(3) 동반자의식

동반자의식을 포함하는 사랑의 관계는 오늘날과 같이 긴장이 팽배한 사회에서 특히 중요한 감정이다. 우정을 바탕으로 맺게 되는 인간관계는 동반자의식의 예가 된다. 그리고 이러한 의식은 공통의 관심사를 갖게 하기도 하며, 단순히 서로를 친구로 만들어 주기도 한다.

결혼과 가정생활에 있어서의 대인관계에 대한 강조는 배우자와의 관계의 주요 척도로서 근래에는 동반자의식을 강조하는 원인이 되었다. 낭만적이고 육체적 사랑은 부부를 결합시키는 매력이지만, 만일 이러한 사랑이 지속되면 부부를 합심 단결하게 하는 부부관계의 질은 그들로 하여금 동반자의식으로 승화된다. 따라서 서로가 사랑을 하고 있을 뿐만 아니라 동반자로서 서로의 생활을 함께할 수 있는 충분한 공통적인 특성과 관심사를 갖는 부부가 행복하고 지속적인 결혼생활을 하게 될 것은 분명한 사실이다.

(4) 성욕 충족

배우자는 성적 역할을 수행한다. 인간에게 있어 결혼이란, 사회적 · 도덕적으로 성생활을 승인하는 수단이다. 사회가 개방적이고 혼전 성생활이 과거보다 덜 거부적인 것으로 보이지만, 많은 사람에게 결혼은 가장 믿을 만하고 장기간의 성생활을 제공하는 방법이라 생각하는 데에는 변함이 없다. 결혼은 대다수의 사람이 인정하는 자신의 성적인 욕구를 만족시키기 위해 받아들이는 가장 공인된 수단이다. 이성 간의 성적인 욕구는 정상적인 것이고, 인생에서 정상적이고 현실적인 부분이다. 결혼한 상태에서 자기 자신과 배우자의 성적 욕구를 만족시키는 것은 사랑의 표현이며, 이러한 경우에 성과 사랑은 건전한 방식으로 결합하고 있음을 의미한다. 성욕은 현실적인 육체적 욕구이다. 결혼한 상태에서 이러한 욕구를 서로 표현하는 것은 인간으로 하여금 상호 신뢰적이며, 합법적으로 인정됨으로써 정서적으로 안정감을 주며, 원만한 감정을 형성하는 데 도움을 주는 인간의 욕구 충족요소 중 중요한 부분이다. 성에 대한 욕구가 사회구조 내에서 건전하게 충족될 수 있는 유일한 수단은 원만한 결혼관계의 지속으로 이루어질 수 있다.

(5) 경제적 수단

때때로 사람은 결혼을 경제적 보호를 제공하는 수단으로 여기는 경우가 있다. 예를 들어, 많은 문화권에서 결혼은 아직도 경제적 바탕 위에서 준비된다. 현대사회에서는 경제적 요건이 과거보다 중요성이 약화되었지만 경제적 요건이 결혼 결정에 중요한 역할을 하는 것은 사실이다. 부모도 자녀가 선택한 장래의 배우자가 적절한 경제적 배경을 가진 집안의 출신이 아니거나 장래가 촉망되는 전망이 없다면 그 선택에 반대할 가능성이 클 것이다.

이외에도 결혼에 이르는 남녀 간 부부관계의 선택 사유는 여러 가지가 있으며, 대부분의 사람은 단지 어느 한 가지 이유에서가 아니라 여러 가지 복합적인 이유로 결혼을 한다. 그리고 바람직한 이유를 기초로 결혼을 하게 된다면 실패의 기회가 감소되는 것은 물론 좋은 배우자를 선택하여 인간관계의 초석이 되는 바람직한 가족관계를 형성할 수 있을 것이다.

2) 형제자매관계

가족관계를 구성하는 또 하나의 하위영역이 형제자매관계이다. 같은 부모에게서 태어난 자녀들로 구성되는 형제자매관계에는 가족마다 자녀의 숫자나 성의 구분에 따라 구성요소나 성격이 다양하다. 이러한 형제자매관계는 인생서 매우 중요한 인간관계 영역 중 하나이다.

(1) 형제자매관계의 특성

형제자매관계는 다른 인간관계와 구분되는 독특한 특성을 지닌다. 형제자매관계는 가족관계의 한 하위영역에 속하지만 부부관계나 부모-자녀관계와는 또 다른 특성이 있다.

첫째, 형제자매관계는 같은 부모의 피를 물려받은 혈연적 동료관계이다. 혈연으로 맺어진 형제자매관계는 일차적인 관계로서 선택의 여지 없이 부여된 관계이며, 가입과 탈퇴가 불가능하다. 아울러 같은 부모의 유전자를 물려받았기 때문에 여러 가지 유사성을 지닐 수 있다.

둘째, 형제자매관계에는 수직적인 요소와 수평적인 요소가 복합된 인간관계이다. 형제자매는 나이 차이가 다양할 수 있지만, 출생 서열에 따라 위계가 정해지는 수직적인 관계이다. 동생은 형과 언니의 말에 따르고 오빠와 누나는 동생을 보호하고 보살핀다. 이렇듯, 형제자매는 불평등한 역할이 주어지는 위계적 관계를 지닌다. 그러나 형제자매관계에는 수평적 관계의 요소가 많다. 형제자매는 대부분 나이 차이가 크지 않기 때문에 함께 커가고 함께 늙어간다. 뿐만 아니라, 형제자매는 부모와의 관계에서 동등한 입장에 처해 있는 동료와 유사하다. 이처럼 형제자매관계는 약간의 수직적 요소를 지닌 수평적 관계로서 매우 독

[그림 7-4] 형제자매관계

특한 인간관계의 속성을 이룬다.

셋째, 형제자매는 의식주 생활을 함께 나누며, 가족과 함께 동고동락하는 운명공동체이다. 가족의 일원으로서 가족의 변화를 함께 겪을 뿐만 아니라 같은 부모 밑에서 성장하고 생활하는 공통적인 체험과 입장을 공유한다. 따라서 형제자매는 나이, 가족배경, 성장 체험이 유사하기 때문에 서로를 가장 잘 이해하고 공감할 수 있는 상대이기도 하다.

넷째, 형제자매관계는 인생에서 가장 오랫동안 유지되는 인간관계이다. 출생과 더불어 형제자매관계 속으로 들어가며, 나이가 유사하기 때문에 거의 평생 동안 그 관계가 지속된다. 뿐만 아니라, 쉽게 해체되는 친구관계와는 달리 일차적인 관계이기 때문에 설혹 불편한 관계라 하더라도 형제자매관계를 끊을 수는 없다. 이런 점에서 형제자매관계는 가장 끈질긴 인간관계라 할 수 있다.

마지막으로, 형제자매관계에는 경쟁적인 요소가 있다. 형제자매는 부모로부터 공급받는 모든 것을 나누어 갖는 위치에 있다. 부모는 흔히 자녀를 서로 비교하여 평가하고 그러한 평가에 따라 애정과 물질적 보상을 달리 준다. 이렇듯, 형제자매관계는 서로 비교하며 우월의식과 열등의식을 느낄 수 있는 경쟁적인 요소가 내포되어 있다.

(2) 형제자매관계의 갈등요인

형제자매 관계는 인생에서 가장 친밀하고 지속적인 인간관계가 될 수 있다. 그러나 형제자매 사이에는 잠재적으로 여러 가지 갈등요인이 숨어 있다. 이러한 갈등요인을 잘 해결하지 못하고 확대시키게 되면, 가장 친밀하고 협동적일 수 있는 형제자매관계가 가장 소원하고 적대적인 관계로 발전할 수도 있다. 그러한 형제자매관계의 갈등요인을 살펴보기로 한다.

1 형제간 경쟁

형제자매관계에 갈등을 초래할 수 있는 중요한 요인은 형제간 경쟁(sibling rivalry)이다. 형제자매관계에는 경쟁적인 요소가 내포되어 있다. 부모의 재정적 또는 심리적 지원을 받는 과정에서 자녀로서의 형제자매는 경쟁적인 관계에 서게 될 수밖에 없다. 어려서부터 부모의 사랑과 관심이 모든 자녀에게 똑같이 주어지기는 어렵다. 또한, 첫째 자녀는 부모의 관심을 독차지하다가 새로 태어난 동생에게 부모의 관심을 빼앗기고 있다고 느낄 수 있다. 따라서 동생을 경쟁 상대로 생각하고 질투와 미움을 느끼기도 한다. 또한, 부모는 자녀를 비교하여 평가하게 된다. 따라서 어떤 형제자매의 우수함은 상대적으로 자신의 열등함을 의미한다. 다른 형제자매가 부모의 애정을 독차지하면 그것은 내가 받을 부모의 애정을 잃는 것이다. 따라서 형제자매는 서로 비교하여 우열의식을 갖게 되고 때로는 상대방을 질투하고 시기하게 된다. 형제자매를 경쟁 상대로 인식하는 형제간 경쟁은 형제자매관계를 해치는 암초와 같은 것이다. 어떤 인간관계보다 가깝고 신뢰할 수 있는 형제자매관계가 이런 경쟁적 요소 때문에 때로는 가장 불편하고 위협적인 관계로 느껴질 수 있다.

2 자녀에 대한 부모의 차별적 애정

부모의 입장에서 "다섯 손가락 깨물어 아프지 않은 손가락이 없다."라고 하지만 여러 자녀 중에 외모, 성격이나 행동, 지능이나 학력 등에서 차이가 보임에 따라 자연히 관심과 사랑이 달라질 수밖에 없다. 게다가 남아선호 성향이 강한 우리 문화에서 부모가 아들에게 더 많은 관심과 기대를 보이고 노골적인 편애를 하기도 한다. 이런 가족 속에서 딸은 부모로부터 상대적으로 경시되고 배척당한다고 느끼게 되어 마음에 상처를 입는 경우가 많다. 부모의 관심과 사랑은 아동·청소년기에 절대적으로 영향을 미친다. 따라서 부모의 관심과 사랑을 얻기 위한 치열한 경쟁과 다툼이 생겨날 수 있다. 이러한 과정에서 형제자매는 서로에 대해 시기, 질투, 적개심, 우월의식과 열등의식을 느끼게 된다. 가장 친밀해야 할 형제자매관계가 가장 불편하고 적대적인 인간관계로 치닫을 수도 있다.

3 성격 및 능력의 차이

같은 부모에게서 태어난 형제자매간에도 성격과 능력에 차이가 있다. 흔히, 형제간 성격 차이는 여러 가지 요인에 의해 나타나지만, 형제간 서열이 이러한 차이를 초래하는 주요한 요인으로 알려져 있다. 출생 순서에 따라 자녀에 대한 부모의 양육태도는 차이를 나타낸다. 또한, 형제간 서열에 따라 가족 내에서 기대되는 역할도 달라진다. 형이나 누나는 연장자로서 동생을 보살피고 인도하는 역할이 주어지는 반면, 동생은 형이나 누나를 따르고 존중하는 역할이 주어진다. 이렇듯, 형제자매의 성격 차이와 역할 차이가 갈등을 초래할 수 있다. 예를 들어, 깔끔하고 꼼꼼한 형은 방을 어지르고 더럽게 하는 동생을 용납하기 어렵다. 사교성이 좋아 이성친구가 많은 여동생의 행동이 완고한 오빠의 눈에는 거슬리고 걱정스럽다. 따라서 이 경우 형이나 오빠는 동생의 행동을 규제하려 들고 동생은 반발하여 갈등이 생겨날 수 있다.

뿐만 아니라, 형제자매간에는 능력이나 소질에서도 차이가 있다. 학업능력이나 예술적 재능에 있어서 각기 다르다. 따라서 형제자매간 비교를 통해 우월감이나 열등감이 생겨날 수 있다. 공부 잘하는 형으로 인해 상대적으로 열등한 존재로 인식되는 동생, 예술적 재능으로 많은 상을 받는 동생으로 인해 상대적으로 무력감을 느끼는 언니가 그 예이다. 이렇게 능력과 성격이 다른 자녀에게 부모가 차별적인 애정을 나타내게 되면 형제자매간의 갈등은 더욱 미묘하게 발전한다.

4 역할기대의 차이

형제간 서열에 따라 가족 내에서 기대되는 역할도 달라진다. 형이나 누나는 연장자로서 동생을 보살피고 인도하는 역할이 주어지는 반면, 동생은 형이나 누나를 따르고 순종하는 역할이 주어진다. 형제자매는 가족 내에서 각자의 역할에 대한 나름대로의 기대를 갖게 된다. 가족의 크고 작은 일에서 주도적인 역할을 해야 하는 형이 무관심하거나 방관적일 때 동생은 형에 대해서 불만을 느끼게 된다. 때로는 언니가 지나치게 가족의 문제를 일방적으로 결정하고 동생들의 의사를 무시하여 불만을 느끼는 동생도 있다. 그러나 형이나 언니의 입장에서는 그들의 결정에 순종적으로 따라와 주지 않고 이의를 제기하는 동생이 야속해서 적대적 감정이 심화될 수 있다. 이렇듯 형제자매의 서열에 따른 역할기대와 역할수행의 괴리는 갈등의 한 요인이 될 수 있다.

5 경제적 이해관계

형제자매간에는 미묘한 이해관계가 있다. 부모로부터 용돈이나 학비를 타게 될 때도 차이가 나타난다. 부모 입장에서는 제한된 자녀양육비 중에서 한 자녀에게 많은 투자를 하게 되면 다른 자녀에게는 상대적으로 적은 투자를 할 수밖에 없다. 뿐만 아니라, 성장하여 용돈, 학비, 결혼 비용, 유산 상속 등에서도 공정한 분배가 이루어지지 않는다고 생각될 때 형제자매간에 갈등이 생길 수 있다.

또한, 형제서열에 따라 분배되는 양에 대한 생각이 다를 수 있다. 장남은 자신의 큰 역할에 비례하여 많은 분배를 기대하는 반면, 다른 형제자매는 똑같은 자녀로서 균등한 분배를 기대한다면 갈등이 생기게 될 것이다.

C H A P T E R **08**

직장에서의 인간관계

01 직업의 기능

사람들은 왜 일을 하는 것일까? 돈을 벌기 위하여, 안식처를 마련하기 위하여, 생활에 필요한 또 다른 것을 마련하기 위하여 등등 여러 가지 이유가 있다. 비록 그 수가 적을지라도 사회에 기여하기 위해서라고 말하는 사람도 있다. 그러나 "일하는 것을 좋아하기 때문에 일한다."라고 말하는 것이 올바른 대답일 것이다. 우리는 직장에서 일하는 자체가 즐겁고 또 다른 사람과 같이 일한다는 것이 즐겁다. 또 인정하고 싶지는 않지만 다른 사람이 하지 못하는 일을 성취했을 때는 행복하기조차 하다.

우리는 경쟁적이고 다른 동료들보다 훨씬 월등해지기 위해 노력한다. 직업이 자신에게 꼭 알맞은 것이라고 말하기는 어렵다. 직장에 나가고 싶지 않을 때도 있다. 그러나 궁극적으로 일생에서 할 수 있는 다른 많은 일보다 직장에서 일하는 것이 더욱 즐거운 것이다.

직업이란 단순히 생활비를 버는 것보다 훨씬 더 중요한 역할을 한다는 것은 사실이다. 직장은 사람들로 하여금 광범위한 세계를 여러 가지 면에서 경험할 수 있도록 해 준다.

[그림 8-1] 직장에서의 인간관계

1) 경제적 기능

우리는 생활비만 얻기 위해 일하는가? 돈이 없이는 살아가기 불가능한 세상에서 일이 수입을 가져다주는 것은 매우 큰 보상이다. 그러나 만족스럽다고 느끼는 최소의 부를 축적한 이후에도 일을 계속하는 사람에게는 돈이 일하는 근본적인 이유가 되지는 않는다.

일이란 그 자체가 중요하다는 청교도적 직업윤리관(Puritan work ethic)을 잇는 미국인은 생활비를 버는 단순한 행위 자체도 가치 있는 것이며, 만족감도 느끼게 해준다고 생각한다. 청교도적 직업관은 미국에 경제적인 성공을 가져왔다.

또한, 일이란 개인의 특정한 욕구와 관련된 개인적인 만족을 제공하기도 한다(Repetti, 1987). 예를 들면, 직업은 개인이 가지는 정체감의 근원이 된다. 우리는 처음 만난 사람에게 이름과 고향을 묻고 난 후에는 대개 직업에 관해 묻는다. 그것은 그 사람이 어떤 사람인지를 판단하는 자료가 된다. 더욱 중요한 것은 사람은 직업을 통해서 '나는 변호사요', '나는 대학교수요', '나는 상인이요'와 같이 자신을 정의해 버리려는 경향이 있다.

2) 사회적 기능

일은 또한 개인의 사회생활에도 영향을 미친다. 많은 시간을 직장에서 보내기 때문에 중요한 인간관계가 발달하게 되고 직장에서 맺은 우정은 직장 외의 분야까지 확장된다. 우리는 직장을 벗어났을 때에도 직장 상사를 저녁 식사에 초대한다든지, 크리스마스 파티를 해야 한다든지 하는 직장과 관련된 공식적인 사회생활이 있다. 직업과 가치관의 관련을 조사한 연구에 의하면 사업가는 정치적 · 경제적 가치를 강조하는 반면에, 대학교수나 고등학교 교사는 특히 사회적 · 종교적 가치에 관심을 가진다고 밝히고 있다(Huntley & Davis, 1983).

이와 같은 연구 결과는 직업과 그 직업에 종사하는 사람들의 관심이나 가치 사이에는 상관관계가 있음을 나타낸다. 물론, 이러한 결과가 특정한 가치를 지닌 유사한 사람들이 동일한 직업을 선택했기 때문인지, 아니면 같은 직장에서 일한 결과 비슷한 가치관을 지니게 되었는지는 속단하기 어렵다. 그럼에도 불구하고 같은 직장에서 일할 경우 공유할 수 있는 것과 공유할 수 없는 것이 있는 것은 명백한 사실이다.

3) 직업의 사회적 위상

직업의 본질은 타인이 우리 사회적 역할을 평가하는 위상(status)에도 중요한 영향을 미친다. 〈표 8-1〉의 직업에 따른 사회적 위상에서 보는 바와 같이 여러 종류의 직종에 포함된 위상은 서로 다르다.

〈표 8-1〉 직업에 따른 사회적 위상

직업	점수	직업	점수
의사	82	은행원	50
대학교수	78	전기 기사	49
법관	76	경찰관	48
치과의사	74	보험 사원	47
은행 간부	72	비서	46
비행기 조종사	70	항공관계사	43
성직자	69	우편배달부	42
사회사업가	66	농장주	41
중등학교 교사	63	음식점 지배인	39
간호원	62	자동차 수리 기술자	37
약사	61	제판 기술자	34
초등학교 교사	60	점원	29
회계사	56	주유소 직원	22
화가	56	식당 종업원	20
도서관 사서	55	세탁소 경영	17
배우	55	환경미화원	17
장의사	52	(빌딩)청소원	16
운동선수	51	안내인	15
기자	51	구두닦이	12

출처: 이위환 · 김용주(2009).

의사나 대학교수는 높은 위상을 가진 데 비하여 수위나 구두닦이는 낮은 위상을 가지고 있다. 또한, 직업의 위상과 그 직업에 종사하는 사람의 직장에 대한 태도에는 높은 상관이 있다.

높은 위상의 직업에 종사한 사람일수록 다시 그 직업을 택하겠다고 말하며(Yankelovich, 1974), 가장의 직업에 따라 그 가족의 위상도 큰 영향을 받는다. 인간은 일정한 직업을 근거로 해서 사회적 역할을 갖게 되고 사회 구성원으로서의 사명과 기여를 다 하기 때문이다.

직업이란 단순히 먹고살기 위한 경제적 수단만이 아니란 점을 알아야 한다. 직업을 천직 혹은 성직이라고 말하는 것도 바로 인간이 직업을 갖는 것이 하나님으로부터 맡겨진 성스러운 일이라는 점과 직분을 가진 존재로서의 사명감을 뜻한다.

4) 직업선택의 시기

긴즈버그(Ginzverg, 1972)는 직업선택에는 3단계의 시기가 있다고 주장했다.

(1) 환상적 시기

환상적 시기(fantasy period)는 11살 때까지 계속되며, 자신의 능력이나 탁월성, 훈련과 그 직업을 가질 가능성 유무에 의하여 직업을 생각하기보다는 자신의 욕망에 의하여 직업을 생각하는 시기이다. 우리나라의 경우는 부모의 욕망이 많이 작용한다. 경찰, 군인, 야구선수와 같이 조직화된 직업이나 부모가 선호하는 판사나 검사가 되고 싶다고 하는 것이 대표적 예이다.

(2) 시험적 시기

11살에서 18세까지를 시험적 시기(tentative period)라고 하며, 직업선택에 대한 현실적 측면을 고려하게 된다. 각 직업에 따른 특성이 있다는 것을 알게 되고 자기의 능력, 가치 목표 등이 적절한가를 고려해 본다.

이 시기에는 자신의 능력과 흥미에 대한 관심이 집중되지만, 아직도 자신의 강점과 약점을 완전히 파악하는 것은 불가능하므로 직업에 대한 막연한 선정으로 끝나 버린다.

(3) 현실적 시기

고등학교 졸업 시기인 18세 이후에는 현실적 시기(realistic period)에 접어든다. 이 시기에는 실질적인 일의 경험을 쌓거나, 특수한 직업의 기본이 되는 훈련을 통해 특수한 직업을 선택할 수 있는 직업 분야를 좁혀가다가 마침내 특정한 직업을 선택하게 된다.

그러나 특정한 직업이나 직장을 결정한 후에도 그 선택을 변경하거나 처음의 선택을 완전히 바꾸는 경우도 많이 볼 수 있다. 현실적 시기에 이루어진 결정은 한평생의 직업이 되는 것이 보편적이나 어떤 사람은 직업선택의 과정이 중년기에 가서야 완전히 끝나기도 한다.

긴즈버그의 직업 선택에 대한 이론은 많은 후속연구에서 지지를 받고 있고 고등학교 졸업 후부터 2년 동안 진행된 장기간의 종단적 연구에서 직업에 관한 지배적인 발달 경향은 이상향적인 직업관에서 고3이 되었을 때는 매우 현실적인 직업관으로 바뀌게 되었다고 밝히고 있다(Gribbon & Lohnes, 1965).

긴즈버그의 직업 선택에 대한 모델은 직업의식에 대한 발달단계를 정확히 밝혀내고 있으나 실제로 직업이나 직장을 선택하는 데 관련된 요인에 관하여는 언급이 없다. 그렇다면, 직업에 대한 흥미나 열정에 영향을 미치는 요인은 무엇일까?

5) 직업선택의 요인

(1) 부모의 기대

가장 중요한 요인은 아동의 직업적 성공에 대한 부모의 동기이다. 일반적으로 가정의 지적 · 사회적 · 경제적 위상과는 관계없이 부모가 자녀에 대한 열망이 높으면 높을수록 자녀의 성공에 대한 갈망도 높아진다. 부모의 직업에 대한 위상과 태도 역시 중요한 요인이 된다. 부모가 높은 위상의 직업과 그에 대한 긍정적 태도를 가지고 있을 때 아동 역시 높은 위상의 직업을 선택하려고 하며, 또 직업에 대한 긍정적 태도를 갖는다. 반면에 부모가 낮은 위상의 직업과 그에 대한 부정적인 태도를 갖고 있을 때 아동은 직업에 대한 열망이 낮다(Marini, 1978).

(2) 동료의 영향

동료 또한 직업 선택과 직업적 열망에 많은 영향을 미친다. 여자 청소년에 관한 연구는 확실하지는 않지만 남자 청소년의 직업적 열망은 친구들의 직업에 대한 열망과 관계가 깊다(Marini, 1978). 친구들이 높은 직업적 목표를 가진 남자 소년은 이들 목표에 영향을 받는다. 반면에 친구들이 낮은 직업적 열망을 가진 경우 이들 역시 낮은 직업적 열망을 보여 준다.

(3) 개인의 성격

마지막으로 직업과 직장의 선정에는 개인의 성격이 큰 작용을 한다. 놀랄 것도 없이 높은 지능을 가진 사람은 높은 직업적 열망을 가진다. 직업의 선택에서 그들은 자신의 능력, 흥미, 그 일을 할 수 있는 기회의 여부 등을 고려하여 매우 현실적으로 직업을 결정한다.

02 구직면접

면접은 구직에서 가장 긴장되는 부분이지만, 그만큼 성공에 대한 기회도 많다. 무엇보다 이력서 이상으로 당신을 드러내 보일 수 있다. 오로지 당신의 면접관이 현명한 선택과 채용을 하도록 할 수 있다.

물론, 면접관이 다른 현명한 선택을 할 수도 있다. 모든 지원자는 대체로 대등하다. 모든 사람은 유사한 배경과 재능 및 관심을 갖고 있다. 이력서를 제출한 어느 누구도 그 일을 해낼 수 있다. 면접관의 책무는 가장 우수한 상대를 선발 · 결정하는 것이다. 요컨대 당신의 언행이 채용 여부를 좌우할 것이다.

바로 그것이 정신적 압박이다. 그 압박감 때문에 초조해지기 쉽다. 면접관은 당신이 약간 초조하기를 기대한다. 초조해하지 않는다면 그것은 비정상이다. 일단 면접이 진행되면 그들은 또한 당신의 초조함을 가라앉혀 줄 것이다.

[그림 8-2] 구직면접

그래도 마음이 차분해지지 않으면 느긋한 것처럼 보이도록 하라. 느긋한 표정을 지으면 확신이 있다는 인상을 준다. 자신에게 확신을 불어넣고 다른 사람들에게 확신에 찬 모습을 보여 주기 위해, 철저하게 면접의 3단계—면접 전 단계, 면접, 면접완료 후—를 준비해야 한다.

1) 면접 전 행동요령

면접을 잘 준비한다는 것은 구직의 성공 여부를 결정하는 것으로 먼 길을 가는 것과 같다. 원하는 직장을 구하려면 다음을 반드시 명심하라.

(1) 조사를 행하라.

입사하고 싶은 직장이나 조직에 대해 많이 알면 알수록 면접관에게 점수를 얻을 방법은 더 많아진다. 직원 중 누군가에게 회사소개 책자, 카탈로그 등을 부탁하거나 현재 또는 과거의 직원들에게 관련 정보를 물어보라. 더 많은 것을 찾아낼수록 면접관들이 찾으려고 하는 것에 대해 더 많은 정보를 얻게 될 것이다. 당신의 경험 관련 부분들을 그들의 필요와 욕구에 맞게 고쳐 만드는 것이 좋을 뿐만 아니라, 또한 질문을 해야 할 경우 다른 지원자들보다도 더 지각이 있고 수준 높은 질문을 할 수 있다.

중요한 것은 이러한 접근방법은 예행연습 같은 것이 아니라는 것이다. 훌륭한 질문을 할 수 있는 능력과 지식을 대화에서 보여 주어라. 제기하고자 하는 요점을 정해 면접 시 그 리스트를 가지고 가라. 그리고 대기 시간 동안 그것을 보고 검토하라. 면접이 일단 시작되면 참고하지 마라.

(2) 친구와 함께 연습하라.

당신이 면접 시에 예상되는 질문들을 친구에게 시켜서 해 보라. 그러한 방법으로, 면접관의 관점에서 당신의 반응을 생각해 보라. 면접관들은 지원자들이 당당한 것을 좋아한다. 면접 시 예상되는 몇 가지 질문이 있다.

- 당신은 자기 자신에 대해 어떻게 생각하십니까?
- 왜 이 직업을 원하시죠?
- 왜 전 직장을 그만두셨나요?

이러한 질문에 확고한 견해를 밝혀라. 즉, 종전의 사장이나 회사에 대해 헐뜯지 말고, "그 위치에서 저의 능력을 발휘하는 데 한계가 있었습니다."라고 말하라.

- 우리 회사에 대해 알고 싶은 것은 무엇입니까?
- 당신이 함께 일하고 싶어 하는 사람들에게 당신은 무엇을 기대합니까?
- 5년 후에 당신은 어느 위치에 있을 것 같습니까?
- 당신의 주요 강점은 무엇인가요?

- 가장 큰 약점은 무엇이죠?

거짓말하라. 장점으로 평가될 수 있는 부정적인 것을 말하라. '저는 지나칠 정도로 일을 진지하게 처리합니다.' 또는 '저는 성취욕이 너무 강합니다' 등을 그 예로 들 수 있다.

- 당신은 갈등을 어떻게 해결하나요?
- 가장 도전하고 싶은 것은 무엇입니까?
- 당신이 좌절감을 느끼는 것은 무엇인가요?

교과서적으로 들릴 것 같은 것은 말하지 마라. 즉, 긍정적인 것으로 될 수 있는 부정적인 것을 말하라.

- 과거에 상급자들과 잘 지내왔습니까?
- 여가 시간은 어떻게 보내십니까?

마지막 질문을 눈여겨보라. 또 다른 의미가 섞여 있는 것이다. 당신이 업무와 관련 없는 것을 한다고 말하면, 그들은 당신이 흥미 있는 것에만 시간을 보낸다고 생각할 것이다.

(3) 단정한 복장을 하라.

외모가 직장을 구해 주는 것은 아니지만, 그것은 플러스가 된다. 그러므로 튀지 않게 하라. 정장 차림을 하되 보수적으로 하라. 즉, 자연스러운 색상의 옷, 구두, 단정하고 자연스러운 헤어 스타일을 하라. 야한 장신구는 패용하지 마라.

(4) 체계적으로 하라.

면접 시 이력서 사본이 없는 면접관을 위해 여분의 사본을 지참하고, 이름, 주소, 전화번호 등이 기재된 신원조회서 사본 및 필기도구를 지참하라. 무엇이 필요하게 될지 모른다.

(5) 면접 장소에 혼자 가급적 빨리 도착하라.

기상 조건, 교통체증 그리고 지리가 낯설어 늦을 수도 있다. 면접 장소에 도착하면 안내자나 비서에게 따뜻하게 인사하라. 그들의 영향력도 과소평가할 수 없다. 대기 시간 동안 준비해 온 노트나 질문 등을 훑어보면서 시간을 보내라.

2) 면접 시 행동요령

대부분의 면접관은 지원자가 마음에 안 들면 처음 5분 정도 자신이 말한다고 한다. 그러한 중요한 순간에 할 수 있는 행동으로 바람직한 것들은 다음과 같다.

(1) 얌전하게 보여라.

당신의 복장이 아니라 행동이다. 따뜻하고 굳게 악수를 해라. 그들의 이름을 기억하고—이름을 들었을 때 또렷이 반복해라.—앉으라고 할 때까지 앉지 마라. 열정적으로 임하되 너무 지나치지 않게 하고, 부정적인 마음을 떨쳐 버리고 편안한 상태로 임해라.

(2) 동료처럼 행동하라.

면접관들은 면접이 진행되는 동안 당신 편에 서서 호의적으로 행동하지 않는다. 공손하게 면접을 시작하는 것은 시작부터 당신을 은밀히 떠보려는 것이다. 면접관들은 당신이 필사적으로 직장을 구하려 한다고 생각한다. 또한, 당신도 면접을 구두시험 정도로 생각해서는 안 된다. 면접관들이 함께 일할 수 있는 사람을 찾는 것과 마찬가지로, 당신도 앞으로 함께 일하고 싶은 경영자를 찾아라.

[그림 8-3] 면접

(3) 경청하라.

서둘러 너무 많은 것을 이야기하지 말라. 시선을 마주쳐 가며 듣는 데 집중해라. 누군가 얘기하면 수긍하는 뜻을 나타내라. 고개를 끄덕거린다든지, "예, 저도 좋아합니다."와 같이 말해라.

(4) 질문하라.

장점을 전달할 수 있는 기회를 이용하라. 그러나 반드시 그 회사에 대해 아주 많은 것을 알고 있다는 것을 보여 주는 질문을 해라. 이것이 그들에게 얼마나 관심이 있는가를 보여 주는 것이다.

(5) 급여 관계는 가급적 피하라.

직무를 받을 때까지 급여에 대한 얘기는 뒷전으로 미루는 게 좋다. 당신은 그때 가면 더 많은 힘을 갖게 되어 복지혜택, 퇴직계획, 주식인수권, 보너스, 이익분배계획, 수당 등에 대해 요구하기 위해 당신의 비중을 이용할 수 있다.

그러나 면접 전에 지원하고자 하는 직위와 비슷한 위치에 있는 사람의 평균적인 급여 정도는 알고 있어야 한다. 당신이 면접 시 급여 얘기를 한다면, 당신이 구직에 급급하다는 인상을 줄 수도 있다.

[그림 8-4] 면접

(6) 권장되지 않는 것은 피하라.

거의 예외 없이 면접관들도 다음과 같은 질문은 하지 않는 게 상식이다.

- 당신의 결혼 여부
- 당신의 자녀의 수
- 부양가족 수
- 연령
- 임신 중인지 아니면 계획 중인지 여부
- 산아제한에 대한 당신의 입장
- 배우자의 직업
- 출생지
- 건강 상태
- 정부로부터 받는 복지혜택에 관한 것
- 종교
- 범죄 및 구속 전력
- 개인 신용 상태
- 클럽이나 조직의 회원 여부

이러한 것 중에서 한 가지 질문을 받거나 대답해야 한다고 생각되면 다음과 같이 피해 나가라.

질문으로 답하라. 예를 들어, 당신의 가족이 당신의 여행을 반대하느냐고 물으면, "이 직장은 얼마나 많은 여행을 해야 합니까?"라고 물을 수 있다. 질문으로 답하라. 예를 들어 아이를 만족스럽게 잘 돌보냐고 물으면, "나의 사생활이 업무를 방해하지는 않는다."라고 말하고, "면접관은 그런 문제를 어떻게 해결합니까?"라고 질문하라. 그가 탁아소를 선정해 줄 수도 있지 않을까?

면접관에게 도전하라. 이것은 단지 마지막 호소로써 이루어져야만 하며, 또한 아주 재치 있게 함으로써 면접관이 어쩌지 못 하도록 하는 것이다. 예를 들어, "면접관이 아이를 가질 계획입니까?"라고 질문하면, "이 직업에 모성이 필요하다면요."라고 응답할 수 있을 것이다.

03 경영자의 기대

새로운 직원을 채용하는 데 있어서 경영자가 갖는 몇 가지 기본적인 기대에는 어떤 것이 있는지를 살펴보자.

1) 능력(competence)과 기술(skill)

직원 채용과 관련된 일차적인 필수요건은 직무수행에 필요한 능력과 기술이다. 학교에서 배운 지식과 현장에서 실제로 적용하는 지식 사이에는 상당한 차(差, gap)가 있을 수 있다. 그렇다 하더라도 경영자는 피고용인에게서 자신이 부여받은 직무를 수행하는 데 필요한 기본적인 기술을 구비하기를 기대한다. 물론, 직종에 따라서는 요구되는 필수요건이 다를 것이기 때문에 기본적인 기술을 한정하기는 어렵다. 예를 들어, 법률 서기에게 요구되는 기술은 상업 미술가에게 요구되는 기술과는 다르다. 가령 법률서기가 법률전문용어, 사업법규 등은 물론 일반적인 서기의 기술을 지녀야 한다면, 상업 미술가는 사진술, 설계기술에 관한 전문지식은 물론 일반적인 예술과 도안에 관한 지식을 지녀야 한다. 그리고 두 직종 모두에 걸쳐 나름대로의 계속적인 정교한 다듬질과 전문화가 있어야 할 것이다.

고용시장 내의 경쟁에서 일차적으로 채용되는 사람은 마땅히 갖추어야 할 기본적인 기술 이상의 것을 갖추도록 나름대로 준비를 해 온 사람이다. 최상의 기술을 소지한 학생은 자신의 직무를 이해할 수 있고, 또한 새로운 직무에 임해서도 자신감을 갖고 이를 수행할 수 있다.

기업이 요구하는 것은 직무수행에 필요한 기본적인 기술(raw skills)과 주어진 시간 내에 적절한 수준까지 직무를 숙달하는 능력이다. 기업은 직무에 적합한 기술 수준을 요구한다. 그래서 완전히 계발된 기술을 필요로 하는 상황이 아니라면, 배운 것을 학습하고 이해하는 능력을 갖추고 과오를 되풀이하지 않는 사람을 요구한다.

2) 주도성

주도성이란 자기 스스로 강한 동기를 갖고 타인의 계속적인 감독을 필요로 하지 않으며, 기대 이상으로 직무를 수행하는 사람, 즉 '솔선수범하는 사람(self-starter)'에 의해 연출되는 자질(quality)을 말한다. 사업을 하거나 기업을 운영하는 사람은 직장의 문제에 직면해서 도전적이고 창조적인 안목을 발휘하는 사람을 찾고자 한다.

사업계의 지도자들과 대화를 하게 되면, 주도성에 대한 이들의 공통적인 반응은 "더 많은 피고용인이 주도성을 발휘해 준다면 우리 모두는 더 행복하게 될 것입니다." 등과 같은 것이다. 기업은 도전적이고 기대 이상으로 직무를 수행하는, 즉 정상적인 직무수행 수준을 능가하는 사람을 찾고 있다.

3) 회사에 대한 충성심

경영자는 회사에 대한 종업원의 충성심(company loyalty)을 기대한다. 이러한 충성심은 회사의 제복을 착용함으로써 표현되기도 한다. 스포츠 경기를 하는 경우에 자신이 입은 통일된 운동복의 색깔을 통해서 특정한 팀의 한 구성원으로서 자신을 인식하게 된다. 직원들이 반드시 제복을 입을 필요는 없지만, 이런 제복을 입은 상태에서의 그들의 행위, 말, 행동 등은 자기 회사에 대한 충성심을 돋보이게 해 준다.

충성심은 말로만 하는 것이 아니다. 자기 회사에 대하여 긍지를 느끼지 못하고 회사와 그 회사의 생산품을 하찮은 것으로 생각한다면, 이는 자신이 인식하든 인식하지 못하든 간에 충성심이 없다는 표현에 해당한다. 이렇게 되면 자기 자신이 그 회사에 계속 머물러 있을 것인가 하고 의문을 제기하는 것은 당연하다.

4) 적절한 용모

사람의 인격은 용모에서부터 나타난다는 말이 있다. 대부분의 경영자는 조직 구성원들이 그 직장의 분위기와 이미지에 걸맞은 외관을 갖추어 주기를 희망한다. 경영자는 근무하고 있는 직원들이 '회사의 이미지'를 반영한다고 느끼기 때문에, 직원들이 현명한 판단을 하여 깔끔하고 단정한 용모를 하고 직무에 임해 주기를 기대한다. 대부분의 인사정책편람을 보면 엄격한 복장 규정을 설정하지 않고 있지만, 대신에 '간편한 복장', '점잖은 복장', '청결과 단정', '취향에 맞는 복장', '요란한 복장은 삼가' 등과 같이 일반적인 지침을 정해 놓고 있다.

어떤 경우에는 사람이 하고 있는 일의 형태에 따라 입어야 하는 복장의 형태가 결정되기도 한다. 공장에서 입는 복장이나 안전을 요하는 데서 입는 복장은 일부의 사람만이 입는 것이고, 어떤 지역에서는 안전사고 예방을 위해 장발 머리를 권장하며, 반면에 안전 문제 때문에 보석을 몸에 휴대하는 것을 금지하기도 한다.

특정한 '최신의 유행' 형태의 복장은 어떤 형태의 직장에서는 허용되나 다른 직장에서는 전혀 허용되지 않는 경우가 있다. 그리고 자신이 거주하고 있는 지역의 위치나 도시의 상황에 따라 복장의 형태는 상당한 영향을 받는다. 좋은 취향을 가진 개인으로서 사람들은 또한 자기 자신과 자신이 다니고 있는 회사에 어떤 복장이 적합한가에 관해 자신의 판단력을 동원해야만 한다.

5) 태도

태도란 '평상시에 자신의 행위나 행동에 영향을 주는 관념(ideas)의 군이나 학습된 성향'이라 할 수 있다. 이는 다른 모든 특성에 중복되어 나타나고 영향을 주는 다른 어떤 특성보다도 빈번히 거론되는 특성이다. 업무와 관련하여 인간이 갖는 정신적인 마음의 자세, 경향성, 그리고 태도 등은 대인관계 및 직무수행에 결정적인 영향요인임을 우리는 이미 학습한 바 있다.

모든 조직은 부가적인 책임을 지려는 바람을 강하게 가지고 있는 사람과 회사 내에서 직무수행의 효과성에 영향을 주는 개인적인 편견을 갖지 않는 사람을 원한다.

[그림 8-5] 직장 인간관계

조직이 원하는 사람은 ① 수용적인 태도로 배우며 자신의 직무를 수행하는 사람, ② 자발적으로 직장의 규칙을 준수하는 사람, ③ 동료 직원에 대한 관심을 갖고 그들과 동고동락하려는 사람 등일 것이다.

조직 구성원은 책임감과 전문적인 자질을 갖고 자신의 업무에 임해야 한다. 이러한 태도는 직무수행과 승진에 크게 기여한다. 또한, 근면과 변화를 수용하려는 자세도 아주 중요하다. 타인과 협동하고 타인을 존중하는 태도, 업무와 관련된 높은 수준의 성실성과 우리의식, 공동이익에 기여하는 과업수행에 있어서의 온당한 융통성 등을 발휘할 수 있는 사람이어야 한다.

인간이 갖는 태도는 자신이 수행하는 업무의 모든 영역에 영향을 미친다. 그래서 자신이 하고 있는 업무를 중요하지 않은 것으로 생각하는 태도는 자신의 업무수행, 주도성, 용모, 타인과의 관계 등 모든 영역에 반영될 것이다.

04 직장에서의 스트레스 관리

1) 스트레스의 원인

많은 사람에게 스트레스를 일으키는 원인을 물어보면 여러 가지를 열거한다. 스트레스를 야기시키는 것을 스트레스의 영향 요인 또는 스트레스 원(stressors)이라고 한다. 스트레스 주요 원인은 쉽게 조직 외적 요인, 조직적 요인, 집단적 요인과 개인적 요인으로 나눌 수 있다. 이러한 요인은 사람에게 동기를 부여하는 긍정적인 스

[그림 8-6] 직장 스트레스

트레스가 될 수도 있고, 노력을 분산시키는 부정적인 스트레스가 될 수도 있다. 그러나 스트레스는 대체로 조직과 구성원들에게 건설적 혹은 파괴적인 결과를 낳는다. 이러한 결과는 단기적으로 쉽게 감소될 수도 있지만 장기간에 걸쳐 지속될 수도 있다(임영제 외, 1990).

(1) 조직 외적 요인

직무 스트레스에 대한 대부분의 분석이 조직 외적 요인의 중요성을 무시하고 있지만, 점차 조직 외적 요인이 지극히 중요한 영향을 미친다는 인식이 확대되고 있다. 조직에 대한 개방적 관점을 취한다면, 직무 스트레스가 단지 직무 시간 동안에 조직 내에서 일어나는 사건에 국한되지 않는다는 것이 명확해진다. 조직 외적 스트레스 원에는 사회 기술적 변화, 가족 문제, 이주 문제, 경제적 · 재정적 상황, 인종과 사회적 계층 문제 및 거주지나 지역사회의 상태 등이 포함된다.

(2) 조직적 요인

조직 외부에서 일어나는 잠재적 스트레스 외에도 조직 자체와 관련된 스트레스가 있다. 조직은 개인과 집단으로 구성되어 있지만, 이를 거시적 관점에서 볼 때에는 조직정책과 구조적 · 물리적인 여러 가지 조건이 스트레스 원인이 된다. 또한, 스트레스의 원인은 조직 수준에 따라 상이하게 나타난다. 관리자는 주로 단기간에 재정적 수익을 올려야 하거나, 경쟁 업체들과의 경쟁에 대한 위협 등으로부터 스트레스를 받으며, 감독자는 상품의 질, 고객에 대한 서비스, 잦은 회의와 감독책임 등에 대한 압력으로부터 스트레스를 받고, 일반 구성원은 낮은 지위와 자원 부족, 그리고 무과실에 대한 요구 등으로부터 스트레스가 온다.

(3) 집단적 요인

집단적 스트레스는 집단응집력의 결여, 사회적 후원의 결여, 개인 대 개인 간 및 집단 간 갈등의 세 가지 분야로 분류할 수 있다.

❶ 집단응집력의 결여

집단응집력은 조직 구성원, 특히 하위계층의 구성원에게 매우 중요하다. 따라서 감독자의 제한이나 동료의 방해로 인하여 조직의 응집력이 떨어진다면, 이것은 조직 구성원에게 스트레스를 유발하는 결과를 가져온다.

❷ 사회적 후원의 결여

사회적 후원이란 친구나 가족, 직장 동료나 관리자가 보여주는 걱정, 존경 그리고 관심을 의미한다. 또한, 사회적 후원의 초점이 업무일 수도 있고 가벼운 농담과 같은 사회적 교환관계일 수도 있다. 사회적 후원은 개인이 심각한 스트레스에 직면할 경우에 자기가 혼자가 아니라는 감정을 갖게 함으로써 스트레스에 대처하는 데 큰 힘이 된다. 반대로, 사회적 후원이 개인에게 결여되면, 사람은 소외감을 느끼게 되는데, 일상생활에서 대부분의 스트레스는 바로 이러한 소외감으로부터 나온다.

❸ 개인 대 개인, 개인 간 및 집단 간 갈등

갈등이란 개념적으로 스트레스와 매우 밀접하게 관련이 되어 있다. 보통 개인적 목표나 동기부여, 가치와 같은 개인 내적 차원과 집단 내에서 구성원들 간에 업무와 대우 등의 형평성에서 개인 간 갈등이 유발할 수 있으며, 집단 간에 서로 양립되지 않고 적대적인 관계나 행동에서 관련되기도 한다. 그러한 갈등은 개인에게 상당한 스트레스를 가져오는 요인으로 작용한다.

❹ 개인적 요인

개인적 스트레스 요인에 대해서는 역할특성(역할갈등, 역할모호성, 역할과중과 역할 미발휘), 개인적 특성(성향), 생활과 경력의 변화 등 많은 것을 들 수 있다. 개인적 스트레스 요인을 극복하기 위해서는 무엇보다 자기 자신의 성격의 경향성, 즉 성향(disposition)을 파악해 두는 것이 필요하다. 자기 자신의 성향을 파악해 두면

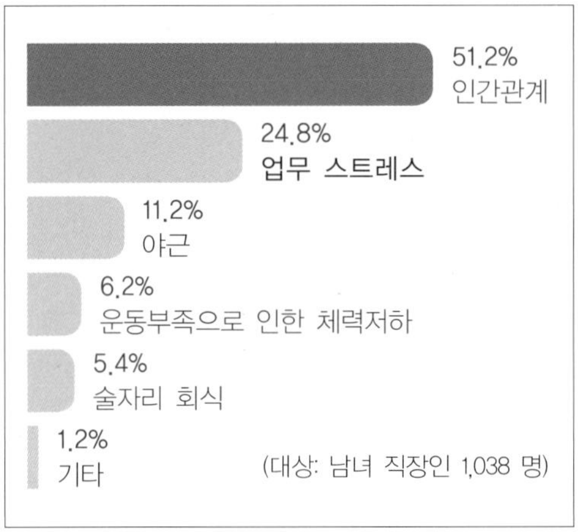

[그림 8-7] 스트레스 원인

출처: MBC 에브리원(2014. 5. 2.~2014. 5. 14.).

평소에도 자신의 스트레스 수준을 알 수 있으며, 부정적 스트레스의 영향으로부터 생길 수 있는 취약성을 어느 정도 감지할 수 있기 때문이다. 예컨대, 성향을 A 유형과 B 유형으로 나눈다면, A 유형은 야심적이고, 경쟁적이며, 시간에 쫓겨 서두르는 성급한 사람으로 B 유형에 비해 심장마비에 걸릴 확률이 월등히 높게 나타난다. 반면, B 유형은 이완되어 있고, 야망도 적고, 시간에 쫓기지도 않는 느긋한 사람으로 A유형에 비해 스트레스에 노출될 확률이 낮다.

2) 직장에서 대인관계 스트레스

직업인으로서 직장생활을 하다 보면 여러 가지 직업 스트레스를 경험하게 된다. 직업 스트레스는 크게 업무 스트레스와 구성원 간 인간관계 스트레스로 나누어진다(이위환 · 김용주, 2009).

(1) 업무 스트레스

[그림 8-8] 업무 스트레스

업무 스트레스는 자신에게 주어진 직책과 관련된 업무를 수행하는 과정에서 경험하는 다양한 스트레스를 의미한다. 예를 들면, 과중한 업무, 업무를 완수해야 하는 정해진 기일에 대한 시간 압박, 업무성과에 대한 책임, 또한 업무성과에 대한 부정적 평가와 업무실적에 대한 불공정, 열악한 업무환경 등이 대체로 직장인의 업무 스트레스에 속한다.

(2) 구성원 간 인간관계 스트레스

인간관계 스트레스는 업무보다는 직장 구성원과의 인간관계에서 경험하는 다양한 스트레스를 의미한다. 앞에서 살펴보았듯이, 대부분의 직장은 윗사람인 상사와 동료 직원, 그리고 부하 직원과 타 부서의 직원 등의 복잡한 인간관계 구조로 구성되어 있다. 이렇게 다양한 직장 구성원과 사무적 또는 개인적 관계를 맺는 과정에서 여러 가지 갈등을 경험하게 되는데, 이를 흔히 직장에서의 인간관계 스트레스라고 한다. 대부분의 직장인이 직장에 불만을 느끼고 전직이나 이직을 고려하는 주요한 이유 중 하나는 직장에서 느끼는 인간관계의 갈등과 스트레스 때문인 경우가 많다. 이러한 인간관계 스트레스는 직무에 대한 동기를 저하시키고, 업무수행의 효율성을 떨어뜨리는 것으로, 이는 업무에 대한 스트레스를 야기시키는 요인이 되기도 한다. 이렇듯, 인간관계 스트레스가 개인의 업무수행과 정신건강에 심각한 손상을 가져올 경우, 이는 직장에서 인간관계 부적응을 나타내는 것으로 볼 수 있다.

(3) 직원들과의 인간관계 스트레스

직장에서 느끼는 인간관계 스트레스는 매우 다양하다. 이러한 스트레스는 직장의 인간관계와 분위기, 직장 구성원의 특성, 직장에서의 위치 등에 따라 그 내용이 다르다. 새로운 직업 세계로 나서는 젊은이가 직장에서 받는 인간관계 스트레스를 살펴보면 다음과 같다.

첫째, 입사 후 직장에서 새로운 인간관계를 형성하는 과정에서 여러 가지 스트레스를 경험할 수 있다. 변화된 상황에서 낯선 사람들과 새로운 인간관계를 맺는 것은 누구에게나 부담스러운 일이다. 특히, 대학의 자유로운 분위기에서 생활하다가 직장의 위계적인 인간관계 구조에 적응하는 것은 쉬운 일이 아니다. 직장에서 상사와의 인간관계 구조나 특성을 잘 파악하여 적절한 행동을 보이는 것이 중요하다. 또한, 직장 선배와 상사에 대한 예의 바른 태도와 직장 적응을 위한 열성적 태도를 나타내는 일은 아주 중요하다. 아울러 직장에서 바라는 기대에 어긋나지 않도록 규칙을 잘 준수하는 것도 중요하다. 어떤 직장이든 고용주나 직장 상사는 부하 직원에게 여러 가지 암묵적 기대를 지니고 있다. 그러므로 이러한 기대를 잘 파악하여 그에 어긋나지 않도록 노력하는 것이 필요하다. 흔히 부적절한 옷차림새, 근무시간의 어김, 예의 없는 말투, 지나치게 개인주의적인 행동 등 미숙한 처신은 직장에서의 인간관계 적응에 어려움을 초래할 수 있다.

둘째, 대부분의 직장에서는 상사와 부하 직원 간의 갈등이 많다. 직장은 임무 수행을 위한 위계적 조직사회이기 때문에 업무를 지시하는 상사와 이를 수행하는 부하 간 갈등이 생겨나기 쉽다. 상사에 대해 느끼는 부하 직원의 주요한 불만은 부당하고 무리한 업무를 강요하는 상사, 평소 업무 지시나 언행에 있어서 부하를 비인격적으로 대하는 상사, 부하 직원의 능력을 무시하고 업무수행에 대한 정당한 평가나 보상을 해 주지 않는 상사, 특정한 부하 직원을 편애하거나 홀대하는 상사 등이다. 이에 반해 부하 직원에 대해 상사가 느끼는 주요한 불만 사항은 지시한 일을 제대로 수행하지 못하는 부하, 조직에 대한 소속감 없이 개별적으로 행동하는 부하 등이다. 흔히 상사에게 불만을 지닌 부하 직원은 직접적으로 불만을 표현하기 어렵기 때문에 업무를 소홀히 하거나 다른 일에서 이의를 제기하는 등 간접적으로 불만을 표현하는 경우가 많다. 상사 역시 부하 직원의 이러한 태도에 불만을 느끼게 되어 더욱 비판적인 행동을 보이게 됨으로써 상사와 부하 직원의 관계가 점점 더 악화되는 악순환을 형성할 수 있다.

셋째, 동료 직원과의 갈등이다. 동료 직원은 흔히 나이나 직위가 비슷하기 때문에 매우 친밀한 동료관계를 맺을 수 있지만, 갈등을 초래할 소지도 크다. 동료 직원은 흔히 상사의 업무 지시를 공동으로 수행하는 경우가 많기 때문에 업무를 배분하고 수행하는 과정에서 업무가 공정하게 배분되지 않거나 업무를 수행하는 스타일에 차이가 있을 경우 여러 가지 갈등이 생길 수 있다. 또한, 동료 직원은 협력자인 동시에 경쟁자이기도 하다. 승진은 직장인에게 커다란 보상이다. 그러나 승진할 수 있는 직위는 제한되어 있으므로 소수의 우수한 직원만 승진할 수밖에 없다. 따라서 동료 직원과의 상대적 평가에 의해 자신의 업무성적이 평가되고 승진 여부가 결정되는 경우가 많다. 동료 직원의 우수한 업무성적은 자신의 승진 가능성이 감소함을 의미할 수 있다. 이러한 관계로 인해 흔히 동료 직원들은 상사에게 자신의 능력을 증명하고 업무수행이나 상사와의 개인적인 유대관계를 형성하기 위해 충성행동을 경쟁적으로 하게 된다. 이런 과정에서 동료 직원과의 인간관계에 갈등이 생겨나게 된다. 뿐만 아니라, 타 부서 직원과의 갈등 역시 직장에서 경험하는 스트레스가 될 수 있다. 업무를 수행하는 데는 흔히 타부서의 도움과 협조가 필요하다. 이렇듯 타 부서 직원과의 관계에서 갈등이 유발할 수 있으며, 이러한 갈등으로 인해 부서 간의 협조가 잘 이루어지지 않는 경우도 흔히 볼 수 있다.

넷째, 직장문화나 직장 분위기에 적응하지 못하여 어려움을 겪는 사람도 있다. 직장에는 직장 구성원 간 인간관계에 영향을 미치는 나름대로의 독특한 문화나 분위기가 있다. 예를 들어, 어떤 직장은 직원 간의 위계질서가 매우 권위적이고 공격적인 경우도 있고, 어떤 직장은 직원 간의 정서적인 유대를 형성하기 위해 회식, 술자리, 오락, 유흥 등의 자리를 자주 마련하여 모든 직원이 이에 참여하기를 강조하는 경우도 있다. 이러한 직장의 분위기가 개인의 성격이나 가치에 맞지 않으면 적응하기 어려우며 스트레스 요인이 될 수 있다.

05 직장인의 기본자세

집단에 속한 사람은 자신이 속해 있는 집단의 규범을 지켜야 한다. 직장에서의 개인은 다른 사람과의 관계를 고려하지 않으면 안 되는 전체적인 개인, 즉 인간관계적 존재이며, 이러한 이유로 직장에는 구성원 간의 인간관계를 규정하는 공동체 규범이 존재한다. 직장에는 직장인 상호 간에 지켜야 할 행동규칙과 규범, 직장인으로서 갖춰야 할 자세가 있다. 직장인이 갖춰야 할 기본적인 자세와 태도에 대해 살펴보면 다음과 같다(김혜숙 외, 2008).

1) 인사

인사는 인간관계를 형성하는 비밀의 문이다. 인사의 시작과 끝은 항상 눈을 마주치며 미소로 마무리한다. 상급자에게는 인사말을 덧붙임과 아울러 허리를 굽혀 정중하게 해야 하며, 동료와는 가벼운 목례와 아울러 안부를 묻는 등 관심을 갖고 인사에 임한다. 하급자에게는 웃는 얼굴로 사랑과 격려와 관심의 표현이 깃든 인사가 필요하다.

2) 말씨

상대방을 배려하는 말과 정성이 담긴 언어를 사용해야 한다. 밝은 음성, 분명한 발음으로 상대방이 쉽게 잘 알아들을 수 있도록 해야 한다. 그리고 상대방의 말을 들을 때는 친근하게, 주의를 잘 집중하여, 공감하면서 관심을 가지고, 상대방의 얼굴을 바라보며 상대방 입장에서 생각하고 이해하면서 듣도록 한다.

3) 출퇴근, 지각 · 조퇴

출근은 적어도 출근 시간 15분 전까지 하여 근무에 필요한 준비를 하고 주위 사람들에게 밝고 친절한 인사로 업무를 시작하도록 한다. 직장에서의 아침 시간은 매우 중요하다. 아침 조회나 회의 등을 통해 상사로부터 업무에 대한 지시나 명령을 받고 부서 간 업무 협의를 하기 때문이다. 지각이나 조퇴를 할 경우에는 업무 수행에 문제가 생기지 않도록 책임감 있게 조치를 해 주어야 한다.

하루 일과가 끝나면 책상 주변을 잘 정리 정돈해 두고, 반대로 근무시간이 끝나기 전부터 퇴근 준비를 서두르는 것은 바람직하지 않다. 오늘 한 일을 점검하고 내일 해야 할 일을 메모해 둔 후에 퇴근하도록 한다. 그리고 상사에게 필요한 보고를 하고 퇴근하는 것도 잊어서는 안 된다.

4) 업무태도

확고한 책임감과 자신감으로 일을 처리하며, 업무에 대한 진행 과정은 수시로 보고한다. 지시받은 업무는 위에서 묻기 전에 보고하고, 상사의 지시 사항은 진지하게 듣고 정확하게 파악하는 것이 중요하다. 메모를 생활화하는 것은 매우 좋은 태도이며, 서류를 보고하거나 결재를 받을 때는 반드시 결재판에 넣어서 올리는 습관을 갖도록 한다.

실수는 한 번으로 그치도록 노력하여야 하고, 변명하지 않고 솔직히 잘못을 시인하고 고치는 것이 중요하다. 특히, 업무와 관련하여 실수, 사고 등이 발생하면 즉시 보고한다. 결과 보고는 정확하게 하되 미진한 점을 감추려 하지 않는 태도가 중요하다.

직장이 즐거운 곳, 보람 있는 곳이 되게 하려면, 나 자신이 먼저 변화된 직장인으로서의 모습이 필요하며, 자신만을 중시하는 이기주의적 태도를 버리고 나와 직장 동료들, 직장 모두가 함께 성장하고 발전할 수 있도록 서로 신뢰하고 협력하는 태도가 무엇보다 중요하다.

5) 휴먼 네트워크(human network)를 잘 관리하라.

기업 경영에서 '좋은 인간관계'는 '좋은 거래'로 이어지는 경우가 많으므로 인맥이 넓은 사람은 대접받기 마련이다. 넓은 인적 네트워크는 경험과 정보를 얻는 데 도움이 될 뿐만 아니라, 이직을 위한 좋은 기회를 제공하기도 한다. 인맥을 만들 때는 그저 많은 분야에서 사람을 아는 것이 아니라, 경력과 관련해서 목적성을 가지고 해야 한다.

6) 잦은 이직은 피하라.

이직은 충분한 준비가 바탕이 돼야 한다. 자신의 가치를 높이려고 연수나 유학을 간다는 이유로 함부로 사표를 쓴 뒤 현업에 다시 돌아오면 감각을 되찾기가 간단치 않다. 급한 마음에 쉽게 취업을 결정하면 결국은 다시 그만두는 경우가 많아 작은 이직 경력만 남는다. 진정한 프로는 일하면서 공부하는 것이다.

7) 영어는 기본이다.

30대 중반에 영어로 프리젠테이션(presentation)을 할 수 있는 사람과 그렇지 못한 사람의 연봉의 차이는 최소한 1,000만 원은 될 것이다. 개척하는 자만이 연봉을 높일 수 있는 것이 현실이다.

8) 아침형 인간이 되라.

교육장과 강의실에서 맨 앞줄에 앉은 사람과 둘째 줄에 앉은 사람의 능력이 같을 수 없다. 출퇴근 시간이 다른 것만큼 인생의 품질이 달라진다. 어려운 현실을 극복하려면 그만큼 시간과 노력이 필요하다. 성공한 사람, 그리고 억대의 연봉을 받는 사람들의 공통점은 남들보다 적게 자고, 바쁜 시간을 쪼개 한 달에 두세 권 이상의 책을 읽는 부지런함이다.

9) 자신감을 가져라.

끊임없이 변화와 도전을 추구하는 직장인이 인정받는 시대이다. 잘못된 부분은 과감히 인정하고 수정해야 하며, 잘하는 부분은 더욱 개발한다. 현재 성과에 도취하지 말고 10~20년 후를 꼼꼼히 기획하고 전략을 세워야 한다. 또한, 학연과 지연 등을 과감히 버리고 '오로지 능력 있는 자만이 살아남는다'는 현실을 봐야 한다.

10) 원만한 인간관계는 훗날 '좋은 거래'로 이어진다.

사회가 '평생직장' 개념에서 '평생직업'으로 바뀌면서 경력개발을 준비하는 시기는 20대로 앞당겨졌다. 그러므로, 현재 자신이 경력관리를 어떻게 얼마나 하고 있는지를 점검하는 것에서 출발해야 한다. 평상시의 하루 일과와 일주일 생활을 기록함으로써 경력관리를 위해 얼마만큼의 시간을 투자하는지를 따져 보고 혹시 시간을 낭비하는 요소는 없는지를 고민해야 한다. 다음으로 1, 3, 5, 7, 10년 후의 모습을 그려야 한다. 이때 자기가 하고 싶은 일보다는 기업과 시장에서 원하는 일을 찾는 것이 중요하다.

다른 사람에 비해 잘할 수 있고, 희소가치가 있고 성장 가능성이 있는 업무를 찾아야 한다. 많은 직장인은 기업이 원하는 것보다는 자신이 하고 싶은 일에 집착해 기업으로부터 외면당한다.

30대의 원만한 인간관계와 '인맥관리'는 다양한 분야에서 그저 아는 사람을 만드는 것이 아니라 경력관리를 염두에 두고 실천해야 한다. 기업경영에서 '좋은 관계'는 '좋은 거래'로 이어지는 사례가 아주 많으므로 30대의 좋은 인맥관리는 40대의 업무 활동 범위를 넓히는 기반이 된다.

11) 회사에 대한 불평을 멈춰라.

우선 회사에 대한 불평을 멈춰라. 예를 들어, 사용하고 있는 사무용품이 낡았고, 사내 헬스클럽이 없다고 불평하는 것은 당신에 대한 평가를 떨어뜨릴 뿐이다. 직장에서 불평은 가장 마지막 순간에 하는 것이다. 만약, 해결해야 할 문제가 생기면 불평하지 말고 해결을 해라. 이때도 사실에 기초한 정보를 파악해 관련자를 찾아 잘 설명해야 한다.

C H A P T E R **09**

친구와의 인간관계

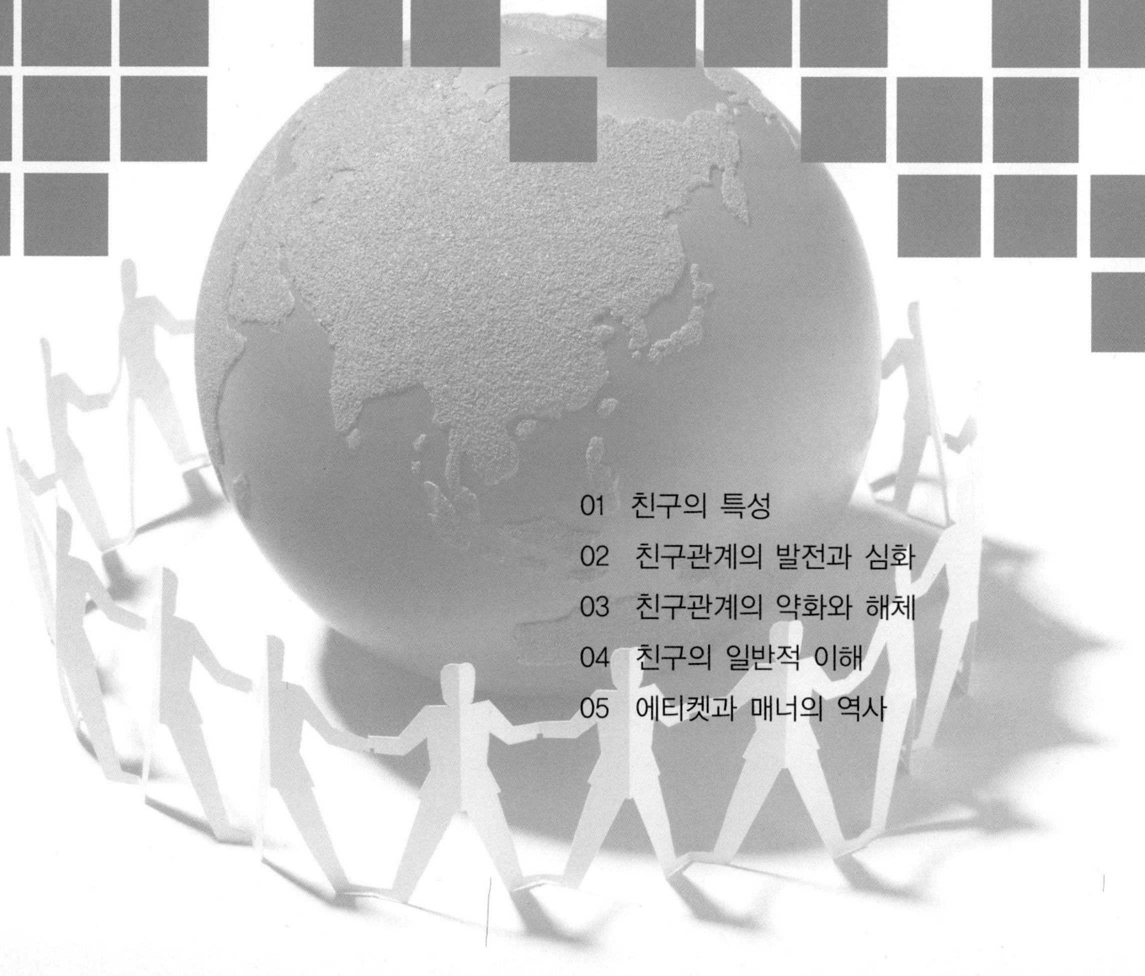

01 친구의 특성

02 친구관계의 발전과 심화

03 친구관계의 약화와 해체

04 친구의 일반적 이해

05 에티켓과 매너의 역사

01 친구의 특성

친구는 인생의 다른 동반자인 가족, 연인, 직장동료와는 구분된다. 친구관계는 대등한 위치의 인간관계이다. 친구관계는 흔히 나이나 출신 지역, 출신 학교나 학력 그리고 사회적 신분 등에 있어서 비슷한 사람과 맺는 친밀한 관계이다. 드물게 이러한 속성에 현저한 차이가 있는 사람 간에도 친구관계가 형성될 수 있지만, 친구관계는 수직적 관계보다는 수평적 관계의 속성을 지닌다. 이러한 점이 친구관계가 상사와 부하의 관계, 스승과 제자의 관계, 부모와 자녀의 관계와 구분된다. 인간관계에서 가장 민주적인 관계를 경험하는 것이 친구관계이다.

02 친구관계의 발전과 심화

인생의 시기마다 다양한 친구를 만나게 되지만, 어떤 친구는 피상적인 관계에 머무르는 반면 어떤 친구는 매우 깊고 친밀한 관계로 발전한다. 친구관계에서는 대상의 선택뿐만 아니라 친구관계를 심화시켜 친밀하고 깊이 있는 관계로 발전시키는 것이 중요하다. 친구관계의 깊이를 알아보기 위해 흔히 던지는 물음들이 있다. '매우 사적인 고민을 털어놓고 의논할 수 있는 친구가 있는가?', '내가 개인적인 곤경에 처했을 때 자신의 일처럼 도와줄 수 있는 친구가 있는가?', '사전 양해 없이 불쑥 방문해도 개의치 않을 친구가 있는가?', '다양한 취미와 오락을 함께 즐길 수 있는 편안한 친구가 있는가?' 등의 물음에 "그렇다."라고 자신 있게 대답할 수 있는 사람은 행복한 사람이다. 현대인은 많은 사람을 알고 지내지만 깊이 있는 친구관계로 발전시키지 못하는 경향이 있다. 그래서 많은 사람이 진정한 친구를 원한다.

그러나 친밀한 친구관계를 형성하는 일은 쉽지 않다. 과연, 친구관계는 어떻게 깊어지는 것일까? 친구 간의 상호작용에는 여러 가지의 활동이 이루어지고 그 속에서 다양한 심리적 체험을 하게 된다. 친구관계는 이러한 상호작용의 내용과 질에 따라 그 관계가 심화되거나 소원해지기도 한다. 친밀하고 깊이 있는 친구관계를 형성하기 위해서는 이를 발전시키고 심화시키는 요인에 대한 이해가 필요하다.

1) 친구관계의 발전단계

인간관계는 시간이 흐름에 따라 발전한다. 처음에는 낯설던 사람이 만남의 횟수가 증가하면서 점차 친밀감을 느끼게 된다. 이렇게 친밀감이 증진되어 깊은 우정으로 발전된다. 인간관계의 발전 정도는 친밀감의 정도에 의해 평가된다. 휴스턴과 레빙거(Huston & Levinger, 1978)는 인간관계의 친밀성이 두 사람 사이의 상호의존성 정도에 따라 결정된다고 주장한다.

2) 친구관계의 발전 및 심화 요인

만남의 횟수가 많아지고 교제의 기간이 길어진다고 해서 친구관계가 깊어지는 것은 아니다. 어떤 친구는 수년간 사귀어 왔지만, 그에 대해서 아는 것이 없고 왠지 친밀감과 신뢰감을 느끼기 어렵다. 친구와의 만남에서 어떤 교류가 이루어지느냐는 점이 친구관계의 발전에 중요하다. 친구관계를 비롯한 인간관계를 심화시키는 중요한 요인으로는 자기공개, 정서적 지지와 공감, 현실적 도움의 교환, 즐거운 체험의 공유 등을 들 수 있다.

(1) 자기공개

인간관계의 심화를 위해서는 자신을 상대방에게 잘 알리는 동시에 상대방을 잘 이해하는 것이 중요하다. 서로에 대해서 깊이 알수록 서로에 대한 친밀감과 신뢰가 깊어진다. 인간관계에서 자신에 관한 정보를 타인에게 알리는 것을 자기공개

(self-disclosure)라고 하며, 이는 인간관계가 심화되는 중요한 요인으로 알려져 있다(Jourard, 1964). 자기공개를 많이 할수록 친밀해지며, 친한 사이일수록 자기공개가 증가한다.

타인에게 자기공개를 해 나가는 과정은 상당히 섬세한 과정으로서 정교한 규칙에 의해서 '누구에게 무엇을 어떤 단계에서 공개할 것인가'가 결정된다. 인간은 자신을 공감적으로 잘 이해해 주는 사람에게 자기공개를 많이 하게 된다. 자기공개는 상호적인 경향이 있어서 한 사람이 자기공개를 하면 상대방도 자기공개를 증가시킨다.

(2) 정서적 지지와 공감

자신을 잘 이해하고 지지해 주는 친구에게는 편안함과 신뢰감을 느끼게 된다. "힘들 때 힘이 되어 주는 친구가 좋은 친구"라는 말이 있듯이, 어려움에 부닥쳤을 때 정서적 위로와 지지를 보내 주는 친구에게서 우정을 느끼게 된다. 정서적 지지(emotional support)는 상대방에 대한 칭찬, 격려, 공감, 위안 등을 통해서 정서적으로 도움을 주는 행동을 말한다. 특히, 공감은 상대방이 느끼는 감정을 함께 느끼고 전달해 주는 것으로 상대방에 대한 깊은 이해를 반영한다. 이러한 정서적 지지와 공감은 인간관계를 유지하고 심화시키는 중요한 요인이다.

정서적 지지와 공감은 상대방의 자기공개를 촉진한다. 자신에 관한 비밀스러운 고민을 이야기했을 때, 상대방이 이를 잘 이해하지 못하고 공감하지 못한다면 더 깊은 자기공개는 이루어지지 않는다. 또한, 자기공개가 이루어지지 않는다면 정서적 지지와 공감을 보여 줄 기회를 얻기 어렵다. 예를 들어, 자신의 어려움이나 고민을 절대 이야기하지 않는 사람에게는 정서적 지지와 공감을 보여 주기 어렵다. 또한, 자기공개의 교환을 통해 상대방에 대한 깊은 이해를 지니고 있을 때, 상대방이 처한 어려움에 대해서 좀 더 쉽게 공감할 수 있게 된다. 이처럼 자기공개와 정서적 지지는 상호 촉진적인 관계를 지니면서 인간관계를 심화시킨다.

(3) 현실적 도움의 교환

현실적 도움을 주고받는 친구관계는 심화되는 경향이 있다. "풍요로울 때는 벗들이 우리를 알아보고, 역경에 처했을 때는 우리가 벗들을 알아본다."라는 말이 있듯이, 특히 어려움에 처했을 때 정서적 지지뿐 아니라 현실적인 도움을 주는 친구에게 우정을 느끼게 된다. 현실적인 도움은 재정적 또는 물질적 도움뿐만 아니라 정보의 제공과 교환을 포함한다.

우리는 살아가면서 다른 사람의 도움이 필요할 때가 많다. 이때 도움을 요청할 수 있고 도움을 받을 수 있는 친구가 있다면, 삶의 커다란 힘이 된다. 사회적 기능이 분화되어 있는 현대사회에서는 친구가 정서적 지지뿐만 아니라 현실적인 도움을 주고받을 수 있는 가장 중요한 대상이 된다.

인간관계는 대부분 교환적인 속성을 지닌다. 따라서 현실적 도움 역시 주고받는 균형적인 교환이 중요하다. 현실적인 도움을 일방적으로 주거나 받기만 하는 인간관계는 유지되기 어렵다. 현실적인 도움의 내용과 형태는 다르더라도 서로 균형 있게 도움을 주고받을 때 상호 의존성이 깊어지고 친구관계는 더욱 공고해진다.

(4) 즐거운 체험의 공유

즐거움과 유쾌함을 함께 나눌 수 있는 사람은 자꾸 만나게 된다. 취미나 관심사가 같은 사람들끼리 서로 나누는 재미와 즐거움은 인간관계를 유지하는 주요한 원천이 된다. 여기서 즐거움이란 반드시 향락적 쾌락만을 의미하는 것은 아니다. 가치관, 인생관, 종교관 등이 같은 사람들은 대화를 통해서 서로의 생각에 대한 공감과 지지를 받기 때문에 자신의 사고방식과 신념에 대한 확인을 받게 되면서 만남이 즐거울 수 있다.

03 친구관계의 약화와 해체

친구관계의 주요한 특성은 구속력이 약하다는 것이다. 따라서 친구관계는 쉽게 약화되고 해체될 수 있다. “한 친구를 얻는 데는 오래 걸리지만, 잃는 데는 잠시다.”라는 존 릴리(John Lyly)의 말이 있듯이, 친구관계는 쉽게 와해될 수 있다. 한때 절친했던 친구와 멀어진 경험을 누구나 한 번쯤은 가지고 있을 것이다. 때로는 배신감을 느끼며 서로 경원하는 사이가 되기도 한다. 과연 어떤 요인들이 친구관계를 약화시키고 해체시키는 것일까?

1) 접촉과 관심의 감소

일반적으로 직장을 갖고 가족을 형성하게 되면 친구에 대한 관심이 감소하게 된다. 뿐만 아니라, 현대사회와 같이 바쁜 생활 속에서는 같은 도시에 사는 친구와도 자주 만나기가 쉽지 않다. 서양 속담에 “보지 않으면 마음도 멀어진다(Out of sight, out of mind).”라는 말이 있듯이, 과거에 절친했던 친구도 만남의 빈도가 뜸해지면서 서로 소원해지고 서먹해지는 경우가 많다. 이사, 전학, 전근과 같이 물리적 거리가 멀어지거나 바쁜 일이나 업무로 인해 시간적 여유를 갖지 못하여 서로에 대한 관심과 만남의 횟수가 감소하게 된다. 일반적으로 친밀한 관계를 유지하기 위해서는 시간적 · 물리적 · 심리적 투자가 필요하다. 그러나 인간은 누구나 이러한 투자에 한계가 있기 때문에 친밀한 관계를 유지할 수 있는 사람의 수에는 제한이 있다. 일반적으로 평생 동안 100명 이상의 사람과 친밀한 인간관계를 맺기 어렵다는 주장도 있다. 따라서 새로운 사람과 친밀해지면 그 사람과의 관계에 시간적 · 심리적 투자가 이루어지기 때문에 기존의 친밀한 관계는 상대적으로 소원해지기 마련이다. 따라서 특별한 갈등도 없이 만남의 횟수가 서서히 감소하면서 서로에 대한 관심도 줄게 되어 친밀한 인간관계가 소원해지게 된다.

또한, 사회생활을 하면서 각기 직업 분야나 사회적 지위에 차이가 생기게 된다.

따라서 서로에 대한 이질감이 증가하는 반면, 화제나 관심사의 공통영역은 감소하게 된다. 이러한 여러 사회적 요인이 친구관계를 약화시키는 요인으로 작용할 수 있다. 로빈(Rodin, 1982)은 친구에게 호감을 느끼는 기준이 변화할 때 친구관계가 약화된다고 주장한다. 친구에게 바라고 기대하는 점은 나이나 경험 수준에 따라 변화한다. 그 결과, 과거에는 매우 호감과 매력을 느꼈던 친구에게서 더 이상 그러한 긍정적 감정을 느끼기 어렵게 되고 새로운 친구를 찾게 되는 것이다.

2) 갈등해결의 실패

원활한 교류가 이루어지는 친구 사이에는 크고 작은 갈등이 있기 마련이다. 이러한 갈등을 효과적으로 해결하지 못하여 갈등과 불만이 증폭되면 친구관계는 와해된다. 친구관계를 와해시키는 것은 갈등 그 자체라기보다는 갈등을 해결하려는 노력이 실패하는 경우이다. 흔히 갈등을 원만하게 해결하지 못하면 오히려 감정적 대립이 격화되어 갈등이 확대되는 경우가 많다. 이처럼, 갈등이 도저히 해결하기 어려운 상태로 증폭되면 친밀한 인간관계가 와해된다.

인간관계에서 갈등은 해결방식에 따라 관계가 훼손될 수도 있고 촉진될 수도 있다. 인간관계의 갈등과 불만에 대응하는 방식은 크게 네 가지가 있다. 첫째, 정식으로 그 관계를 떠나는 것이다. 둘째, 상대방을 비판하고 문제를 무시하며 관계가 와해되도록 방치하는 것이다. 셋째, 문제를 토의하고 외부의 도움을 구하고 변화를 시도하는 방법이다. 넷째, 기다리면서 개선을 희망하는 방식이다. 이 네 가지 반응방식은 그 문제가 생기기 전의 관계에 대한 만족도, 관계에 투자한 양(예: 시간, 재산 등), 가능한 대안의 질 등에 좌우된다. 일반적으로 관계에 대한 만족도가 높고 투자의 양이 많으면 세 번째와 네 번째 반응양식을 택하는 경향이 있다. 그러나 관계의 만족도나 투자의 양이 적고 또한 대안이 될 수 있는 다른 관계가 존재할 때는 첫 번째와 두 번째 반응양식을 택하게 되고 결과적으로 관계가 종결된다.

3) 친구에 대한 실망

친구 사이의 우정과 의리를 오래도록 유지하는 일은 결코 쉽지 않다. 친한 친구 사이에는 서로에 대한 기대와 믿음이 존재한다. 이러한 기대를 서로 잘 충족시키는 것이 친구관계의 유지에 중요하다. 친구에 대한 기대와 믿음이 깨지게 되면 친구관계에 위기가 발생한다. 친구에 대한 기대와 신뢰가 깨졌을 때 느끼게 되는 실망과 배신감은 매우 고통스러운 것이다.

아가일과 헨더슨(Argyle & Henderson, 1984)은 친구에 대한 기대의 좌절이 우정을 약화시키는 주요한 요인이라고 보았다. 그들은 사람들에게 과거 친구에 대한 기대가 어긋나서 우정이 깨진 경우를 조사하였다. 그 결과, 우정을 약화시키는 중요한 요인은 친구의 질투와 비판, 다른 사람과의 관계에 대한 인내 부족, 서로의 비밀을 누설함, 곤경에 처했을 때 자발적으로 도와주지 않음, 공개적으로 잔소리하거나 비난함, 신뢰나 긍정적 존중 및 정서적 지지를 보여 주지 않음 등이었다. 이런 경우에 느끼게 되는 실망과 배신감은 분노와 적개심으로 발전되어 친구 사이가 적대적인 관계로 바뀌는 경우를 주변에서 종종 보게 된다.

4) 이해관계의 대립

"친구를 잃지 않는 최상의 길은, 친구에게 아무 빚도 지지 않고 아무것도 빌려주지 않는 것이다."라는 말이 있듯이, 친구 사이에 이해관계가 개입되면 갈등이 초래되기 쉽다. 아무리 친한 친구라도 함께 자취를 하거나 사업을 하게 되면 원수가 되어 헤어지게 되는 경우를 종종 볼 수 있다. 함께 자취나 사업을 하게 되면 생활비나 사업자금과 같은 재정의 부담 문제, 식사 준비나 사업 활동 등 업무의 분담 문제, 이윤의 배분 문제 등 제한된 자원을 놓고 서로 양보하기 힘든 대립적인 갈등 상황이 많이 생겨나기 때문이다. 뿐만 아니라, 장학금이나 조교 자리를 놓고 경쟁해야 할 경우나 애인을 놓고 경쟁해야 하는 경우처럼 이해관계가 얽힌 경쟁관계에 들어가게 되면 친구관계는 위기에 처한다.

이렇게 친구관계를 약화 또는 악화시키는 여러 가지 심리적인 요인이 있다. 사회적 비교이론에서 주장하듯이, 친구관계에서는 서로를 비교함으로써 자신의 위치와 상태를 평가하게 된다. 그래서 친구는 나이, 학력, 직업, 사회적 지위 등에 있어서 유사성과 공통점을 갖는 경우가 많다. 친구관계에는 우정을 나누는 우호적인 요소와 더불어 서로를 비교하는 경쟁적인 요소가 포함되어 있다. 친구의 출세와 성공은 상대적으로 나의 쇠락과 실패를 의미할 수 있다. 따라서 친구관계에는 시기와 질투가 암초로 작용할 수 있다. 자신의 성공과 출세를 지나치게 자랑하고 과시하는 경우에는 다른 친구들로 하여금 열등감을 느끼게 하거나 시기와 질투 감정을 유발하여 배척을 당하게 된다. 또 친구의 성공과 출세를 축하하고 격려하기보다 이를 과소평가하고 부인하려는 사람은 역시 친구를 잃기 쉽다.

(1) 친구와의 관계

① 일과 관련되지 않은 주제로 동료와 언쟁을 한 적이 있는가?

사회적 이슈뿐 아니라, 심지어 스포츠 스타에 대해서도 자신의 의견을 과도하게 피력하지 마라. 당신에 대해 좋지 않은 편견을 심어 주거나, 당신이 그들에 대해 편견을 갖게 된다.

② 직장에서 누군가를 칭찬한 것이 언제였는가?

칭찬은 당신이 다른 사람들에게 용기를 주는 영향력 있는 사람이라는 인상을 심어 준다. 사람에게는 누구나 장단점이 있다. 상대의 장점에 먼저 관심을 갖고 칭찬하라. 당신의 마음까지 기쁠 것이다.

③ 동료들에게 회사에 대해 좋게 말하고 있는가?

회사를 미워하고 있다면, 비록 말하지 않아도 그 느낌이 동료에게 전해진다. 이에 대해 지불해야 하는 대가는 아주 크다는 것을 명심하라.

④ 나는 동료들에게 긍정적 영향을 끼치고 있는가?

당신의 긍정적인 에너지를 동료나 회사에 퍼뜨린다면, 결국 상사의 귀에까지 들어간다. 이는 어려운 시기에 회사의 분위기를 전환시키고, 당신의 일자리를 보호해 줄 것이다.

⑤ 내 말로 인해 누군가 상처받은 적이 있는가?

예의 바른 언어를 사용하라. 회사가 어려운 시기가 되면, 사생활도 깨끗하고 명랑하고 예의 바른 동료와 당신 중 누구를 선택할지 자문해 보라.

04 친구의 일반적 이해

우리는 친구를 일반적으로 사귀기도, 만나기도 쉽지 않다고 한다. 어떻게 하면 친구들과 함께 평생 행복하게 살 수 있을 것인가.

친구가 왜 중요한가? 친구가 있지만, 점점 줄어드는 시기이다. 간단하게 아프거나 주위에 어려움에 처한 친구들이 점점 많아진다. 이런 일들이 문득문득 생겨나기 시작하다가, 나이가 많아지게 됨에 따라 만나지 않게 되거나, 아니면 이사를 이유로 멀어지게 되거나, 아니면 질병이나 사망 또는 직장의 이동이라는 과정을 통해서 예전 10대, 20대에는 줄어들 것이라고 생각하지 못했던 친구의 영역이 좁아진다는 것을 알게 된다. 이것은 나를 지탱해 주는 기억들이 하나둘씩 사라져 가는 것이고, 동시에 이 친구들이 어떻게 변해갈지 누구도 예측할 수 없는 시기를 갖게 되는 것이다.

그러면 우리는 친구를 어떻게 바라봐야 될 것인가? 친구라는 것에 대해서 어떤 식으로 접근해야 될 것인가? 최근에 우리는 SNS가 활발한 시대에 살고 있다. 20세 이상의 단톡방 평균 개수가 8개가 넘는다. 그 8개 가운데 나는 과연 얼마나 주도를 하고 있으며 어느 정도 인기가 많은 친구인가, 그중에서 내가 믿을 만한 친구는 있는가? 생각해 보면 그런 경우는 아주 드물다.

우리의 친구는 두가지 영역으로 나누어진다. 하나는, 생애 주기 상에 나타나는 친구, 그리고 또 다른 하나는 지역을 중심으로 나타나는 공간 중심으로의 친구이다. 어렸을 때 만난 친구가 같이 늙어 가고, 중·고등학교 동창들과 동창회에서 계속 만나거나, 이런 식으로 함께 늙어 가는 친구들을 생애 주기 관점에서 봤을 때의 친구라고 한다. 이 개념에서 친구라는 것이 양적 측면이 아니라 질적 측면이 중요하다는 것이 확연하게 드러난다. 정말 나를 위로하고 아껴 주고 나를 사랑하고 서로 기댈 수 있는 친구는 얼마 남지 않는다. 중년 이후에는 생애 주기의 친구도 좋지만 지역 중심의 친구도 중요하다. 지역 중심의 친구는 예를 들면, 모임에서 만난 친구, 공간을 중심으로 특별한 목적을 중심으로 한 친구들을 뜻한다.

우리는 친구를 어떻게 생각할 것인가? 친구라는 개념이 새롭게 정의되어야 하고, 친구는 지금부터 새롭게 영역이 나누어져야 한다. 한 연구에서 나이가 들어서도 자신이 친구가 많고 친구를 잘 관리한다는 20대, 30대, 40대를 각각 10명씩 모아서 개인 인터뷰를 진행하였다. 놀랍게도 개인마다 친구라고 생각하는 정의가 모두 달랐다. 그러나 공통적으로 자신의 스토리 안에서 자신의 친구와의 연결점을 찾았다. 이를테면, 자신의 은인을 친구라고 생각하는 사람, 어린 시절 오랜 시간을 함께한 사람을 친구라고 생각하는 사람, 자신에게 돈까지 빌려줄 수 있는 사람을 친구라고 생각하는 사람 등등. 자신의 욕구를 충족시켜 주는 사람을 자신의 친구라고 생각할 가능성이 높다는 것을 밝혀냈다.

매슬로(Maslow)의 5단계 욕구 이론은 내가 처해 있는 욕구의 상황을 충족시켜 주는 사람을 친구라고 생각한다. 그 가운데서도 지속적으로 오래가는 친구들, 정말 친구라고 말하는 사람들의 특징은 믿음직스러운 친구가 아니라 유쾌한 친구였다. 즐거운 친구를 중심으로 관계망이 형성된다. 인간은 즐거움을 찾는 존재이므로, 즐거움을 찾는 존재로서의 가장 오랜 관계를 맺는 사람을 친구라고 하는 것이 아닐까? 많은 사람들이 나이가 들어가면서도 함께 있을 때 기분이 좋은 사람과 지내기를 원한다.

우리는 어떻게 친구를 사귈 것인가? 친구는 가족과 다르다. 다만, 정서적 핏줄로 연결되어 있는 것이 친구다. '나한테 돈을 빌려주는 사람이 친구인 것이 아니라, 나와 함께 돈을 빌리러 가는 사람이 친구다.'라는 얘기가 있다. 그만큼 우리가 가지고 있는 인생의 절박함이 많아지는 시기가 이 시기인 것이다. 그 절박한 시기에 나와 함께 돈을 빌리러 가 주는 친구는 아무리 찾아도 없기 때문이다. 친구는 과거/ 현재/

미래에 따라 세 가지로 나눌 수 있다. 첫번째는 내 지난 세월을 함께 나눴던 친구(과거의 친구)이다. 이 친구들은 반드시 지켜야할 친구, 앞으로도 이어질 친구, 놓아서는 안 되는 친구, 자주 연락해야 하고 잘해 줘야 하며 만났을 때 안 좋은 소리는 절대 하면 안 된다. 두번째는 옛날엔 안 만났었는데 최근에 친구가 된 사람들(현재의 친구)이다. 중년 이후가 되면 친구들이 귀해지고 절실해지고 찾아야 하는 시기이기 때문에 현재의 내 지갑의 현금과 같은 존재가 현재의 친구라고 할 수 있다. 직장 동료, 동아리, 종교 단체 어떤 형식에서 만났던 상관없이 이 친구들은 향후 앞으로 나와 미래를 만들어 갈 친구들이다. 과거를 만들어 왔던 친구들과는 또 다른 개념이긴 하지만 과거의 내 친구들도 나의 미래를 만들어 갈 친구들이고, 현재의 친구들도 나의 미래를 만들어 갈 친구들이다. 마지막으로 미래에 창조될 친구들은 자신이 잘나고 훌륭해서 생긴 친구가 아니라 내 옛날에 있던 친구들과 현재의 친구들이 만들어 내는 창출의 결과들이다. 과거와 현재의 관계망을 통해서 새롭게 만들어지는 것이다. 그래서 옛날의 친구, 현재의 친구, 미래의 친구를 3중정서의 연금이라고 한다. 새롭게 사귈 친구는 새로운 나를 만드는 것이다. 친구를 통해 삶의 기쁨을 느낄 수 있다. 친구는 가족과는 결이 다르다. 가족에게 얘기하지 못하는 것을 친구와 나누는 게 친구들이 가지는 고유한 특성이다. 그 고유한 특성을 가지는 친구를 세 겹으로 가지게 된다면 안전한 방패망이 될 수 있다.

청년기 이후는 거절이 많아지는 시기이다. 선뜻 누군가에게 손을 내밀기 어렵고, 거절할까 두려워 전화도 망설이게 된다. 이 시기에 나를 만나 주는 친구가 가장 좋은 친구이다. 이렇게 좋은 친구와 만날 때는 반드시 인증 샷을 찍어야 한다. 친구를 만날 때마다 찍어야 한다. 또한 초대에 응해야 한다. 아무리 내가 속상하고 어려운 일이 있어도 내 사과를 받아 주는 사람이 나에게는 정말 고마운 은인으로 느껴지는 것처럼, 친구가 나에게 만남의 제안을 하면, 불가피한 일이 아니라면 무조건 가는 것이 좋다.

미국에서 했던 여러 연구들을 보면, 중년 이상이 좋은 친구들이라고 여기는 사람들의 특징은 배려, 연민, 나눔, 유머 그리고 초대의 응함이었다.

05 에티켓과 매너의 역사

1) 에티켓의 의미

에티켓은 행동의 기준이며, 매너는 그것을 행동으로 나타내는 방법이다. 노인에게 자리를 양보해야 한다는 룰은 에티켓이고, 자리를 양보하는 행위는 매너다. 남의 방에 들어가기 전 노크를 해야 한다는 것은 에티켓이고, 노크를 하는 행위는 매너이다.

매너의 어원은 'Manuarius'라는 라틴어에서 생겨났다. Manus와 Arius라는 말의 합성어인데, Manus는 영어의 Hand란 뜻으로 사람의 손이라는 의미 외에 사람의 행동 · 습관 등의 뜻을 내포하고 있으며, Arius는 More at manual, More by the manual로 방식 · 방법의 의미를 지니고 있다. 따라서 매너는 사람마다 갖고 있는 독특한 습관, 몸가짐으로 해석할 수 있다. 매너의 기본 개념은 상대방을 존중해 주는 데 있으며, 이는 상대방에게 불편이나 폐를 끼치지 않고 편하게 대하는 것을 뜻한다(민혜성 · 이승연, 2007: 17).

매너의 역사를 추적해 연구한 엘리아스(Norbert Elias, 1897~1990)에 의하면 매너는 서양사에서 다음과 같은 네 단계를 통해 발전해 왔다.

① 중세 단계: 봉건적 대영주의 궁정에서 영주와 기사 사이의 의존 관계에서 형성된 봉건적 '궁정 예절'이 지배하는 단계이다. 이 단계는 권력이 분권화된 만큼 폭력 수단, 즉 통제 수단도 분산되어 본능적 충동에 대한 통제가 후대보다 약하다.

② 절대주의 시대 단계: 17세기 절대주의적 · 귀족적 궁정사회에서 왕과 귀족과 부르주아지 사이의 의존 관계에서 형성되는 절대주의적 궁정 예절 단계이다. 이 단계는 왕권이 강화되고 중앙집권이 이루어지면서 왕에 의한 '폭력의 독점화'가 달성되어, 전통적 봉건귀족은 왕과 제후의 하인이 되고 부르주아지는 봉

건귀족의 경쟁자로 등장해, 봉건귀족은 세련된 행동양식을 발전시키고 사회적 제재를 내면화한다. 그리하여 이 단계는 행동양식에 있어 '세련과 모델 형성 및 규제의 최초 절정기'가 된다.

③ 부르주아지의 전파 단계: 18~19세기 절대주의적 궁정양식이 지속되면서 부르주아지에게 전파되고 또 부르주아지의 영향을 받는 문명의 완성 단계이다. 이 단계는 왕과 귀족 부르주아지가 상호의존적이 되고, 앞 단계의 귀족과 부르주아지의 차별적 특징이 감소해, 매너의 '민주화'가 이루어진다.

④ 전문 부르주아 산업사회 단계: 노동하는 지배층인 부르주아지가 사회적 상호의존망 속에서 더 불분명하고, 더 비개인적인 강박, 분업, 시장 경쟁 등과 같은 압력을 통해 직능을 수행하는 과정 속에서 고도의 자제를 하는 단계이다. 현대사회는 고도의 자제 속에 수영장, 해수욕장 등 특정 시간과 공간에서 육체적 행동 표현 수치의 경계가 낮아진다(유희수, 2001: 14-17).

이와 같은 엘리아스(Elias)의 주장을 받아들인다면, 중세 이래 현대까지 서양사의 전개는 문명화 과정이었고, 그것은 바로 본능적 충동을 억압하고 자기 규제적인 행동방식인 매너의 세련화 과정이었다. 서양 세력이 팽창해 세계적으로 서구적 규범이 확산되고, 비서구 사회도 전통사회에서 근대사회로 이행하고 일정 부분 서구적 가치와 규범을 받아들이게 되고, 교통과 통신의 발달로 세계화가 진행되는 오늘날, 이제 매너는 세계인의 문명화된 행동양식의 잣대로 자리 잡았다.

2) 일상생활 속의 에티켓과 매너

일상생활 속에서 우리는 자유롭게 활동하지만, 우리가 하는 행동은 에티켓 또는 매너란 기준에서 평가의 대상이 된다. 에티켓과 그것을 상황에 맞게 잘 지키는 매너는 우리를 매력 있는 존재로 만들어 주고, 인생에서 성공하는 데 큰 영향을 준다.

그러므로 우리는 예절 바른 행동으로 매력 있는 사람이 되고 성공하는 사람이 되도록 노력할 필요가 있지만, 다른 한편 형식의 노예가 되어 흔히 말하는 매너리즘에 빠져서는 안 된다. 대인 관계에서 매너리즘에 빠지지 않고 예의를 갖추는 길은 상대방에 대한 존중심을 바탕으로 한 배려와 친절에 있다. 우리는 누구나 개별적으로 일상생활에서 행할 매너를 익혀야 하고, 나아가 세계화 시대를 맞이하여 글로벌 에티켓도 알아 두어야 한다.

에티켓과 매너에 대해 한 책은 다음과 같이 범주화해 설명하고 있는데, 가장 교과서적인 소개로 보인다(민혜성 · 이승연, 2007).

〈표 9-1〉 에티켓과 매너의 범주

범주	항목
에티켓과 매너의 기초	에티켓, 매너
용모 관련 매너	얼굴 표정, 자세, 첫인상, 이미지, 복장 관련 매너
커뮤니케이션 매너	대화의 매너, 전화 통화 매너
개인 간 사교 매너	인사, 악수, 소개, 명함 교환, 호칭, 서열, 방문 관련 매너
숙식에서의 매너	호텔, 레스토랑, 식탁, 여행, 파티, 와인 관련 매너
일상생활 매너	애경사 시 매너, 공연 매너, 교통수단 이용 매너
인터뷰 관련 매너	이력서 작성, 자기소개서 작성, 면접 요령

일상생활 속에서 가장 기본이 된다고 할 수 있는 대표적인 몇 가지 매너를 소개하면 다음과 같다.

3) 상석과 서열에 관련된 매너

매너와 에티켓은 기본적으로 상대방을 존중하고 배려하는 행위이다. 그러므로 자신과 상대방과의 관계에서 상대를 윗사람으로 예우하거나, 존경받는 위치에 있는 많은 사람을 수행하여 안내할 때는 '상석'에 대한 올바른 지식이 필요하다. 가장 대표적인 경우를 살펴보면 다음과 같다.

(1) 걷거나 서고, 앉을 때의 상석

걷거나, 서 있을 때, 앉을 때는 우측이 상석이다. 그러므로 연장자나 여성과 걸을 때 또는 서 있을 때는 자신이 왼쪽에 위치해야 한다. 그리고 앉을 때는 연장자나 여성에게 우측 의자를 권한다. 회의실 같은 곳에서는 문에서 먼 쪽이 상석이다. 응접실의 3인용 소파의 경우는 문에서 먼 쪽이 제1상석, 반대쪽이 제2상석, 가운데가 말석이다. 다중이 걸을 때는 앞자리가, 서거나 앉을 때에는 앞자리 중앙이 상석이다. 엄격한 의전이 요구되지 아니할 때에는 다소 순서에 융통성이 있을 수 있으나, 의전이 예민하게 받아들여지는 상황에서는 의전서열을 정확히 알고서 처신하고 안내할 필요가 있다.

(2) 승차할 때의 상석

승차할 때의 상석은 직접 운전할 경우, 운전기사가 운전할 경우, 지프차를 승차하는 경우가 다르다. 직접 운전하는 차에 승차하는 경우, 주인이 운전을 하고 운전자석 옆 좌석이 1번 상석, 제1상석 바로 뒷좌석이 2번 상석, 운전자석 뒷좌석이 제3상석, 2번 상석과 3번 상석 사이가 말석이다. 운전기사가 운전할 때 승차하는 경우, 운전기사의 대각선 뒷좌석이 제1상석, 운전기사의 바로 뒷좌석이 제2상석, 1번 상석과 2번 상석 사이가 3번 상석, 운전기사 옆 좌석이 말석이다. 지프차의 경우, 운전기사 옆 좌석이 1번 상석이고, 1번 상석 뒷좌석이 2번 상석, 운전기사 뒷좌석이 3번 상석이다.

승차할 때 상석을 가리는 것도 중요한 에티켓이지만, 승차 에티켓 또한 중요하다. 한국에서 차를 탈 때 윗사람이나 여성이 먼저 타고, 내릴 때 아랫사람이나 남성이 먼저 내려 문을 열어 주는 에티켓은 일상화된 듯하다. 그러나 아직도 남편이 운전하는데 부인은 운전석의 대각선 뒷좌석에 앉아 남편을 운전기사로 만드는 해프닝이 발생되는데, 무식한 승차 에티켓 또는 남편에 대한 보수 행동으로 오해받을 수 있으므로 주의할 필요가 있다. 또 여성이 차를 탈 때 먼저 앉은 다음 가지런히 다리를 모아 차 속으로 들여놓고, 내릴 때에는 좌석에 앉은 상태에서 먼저 다리를 내놓은 후 좌석에서 일어나는 것은 에티켓을 넘어 우아한 행동으로 보인다.

(3) 엘리베이터와 에스컬레이터 탑승 때의 상석

엘리베이터는 정문 앞에서 보아 왼쪽 뒤편이 제1상석이고 오른쪽 뒤편이 제2상석이며, 조작기가 있는 앞쪽이 말석이다. 탑승은 윗사람과 여성 또는 손님이 먼저 타도록 하고 먼저 내리도록 하는 것이 예의이다. 에스컬레이터는 올라갈 때에는 윗사람과 여성이 먼저 타고, 내려갈 때에는 아랫사람과 남성이 먼저 타므로, 위쪽에 있는 계단이 상석이다. 이런 공간상 상하 관념은 안전을 기준으로 윗사람과 여성에 대한 배려와 베풀어야 할 봉사의 차원에서 수렴된 것으로 보인다.

(4) 테이블에서의 상석

테이블의 좌석 배치는 주최자가 가운데 앉고 맞은편에 주빈을 앉히는 프랑스식, 양 끝에 주빈과 주최자가 앉는 영미식이 있다. 테이블에서 상석은 주빈이 앉는 자리가 되고, 특히 레스토랑에서 상석은 앉았을 때 전망이 좋은 자리를 최상의 자리로 친다. 창가인 경우 낮에는 외부의 전망이 보이고 밤에는 야경이 아름답게 보이는 자리, 스테이지나 플로어 쇼를 볼 경우 스테이지가 잘 보이는 자리, 등받이가 있어 더 편한 자리 등이 상석이다. 레스토랑에서도 레이디퍼스트는 기본 에티켓이다. 남성은 고령자, 연장자, 윗사람, 그리고 여성이 먼저 착석하도록 기다리거나 보조해 주어야 한다.

4) 방문/사교 예절

(1) 사전 약속과 약속 시간 준수

우리가 남의 사무실을 방문할 때에는 사전에 약속을 하게 마련이다. 약속을 할 때는 상대방의 스케줄을 먼저 물어보는 것이 예의이며, 방문 시 여유 있게 약속 시간보다 5~10분 미리 도착해서 응접실에서 기다리는 것 또한 예의이다. 너무 일찍 도착한 경우는 바로 방문하지 말고 주변에서 만나 처리할 업무에 대해 생각을 정리하고 5~10분 전쯤 도착하는 것도 지혜로운 처신이다. 약속을 취소하거나 변경할 때는 물론, 약속 시간보다 늦게 될 경우 미리 전화를 해서 양해를 구하는 것 또한 기본 예의이다. 여기서 약속 시간의 준수가 신뢰 관계 구축에 크게 도움이 된 사례를 하나 소개한다. 고위 공직을 역임했던 A박사의 경험이다. 그는 외국의 공관에 부임해 오랜 기간 근무하면서 성공적으로 업무를 수행했다. 성공적으로 업무를 수행하게 된 비결은 아마도 A박사가 갖춘 전문 지식, 성실성, 용기, 지혜 등 뛰어난 자질 때문이었을 것이나, 놀랍게도 본인은 주재국 파트너와의 신뢰 관계를 기반으로 한 업무상 협조를 지적하는 것이었다.

부임해서, 주재국 파트너와 약속을 하고 처음 만나게 되었습니다. 그런데 초면임에도 불구하고 파트너가 나를 홀대하는 것이었습니다. 한편으로 불쾌하기도 했지만, 향후 업무 수행에 그의 협조를 받는 것이 절대적으로 필요해서 만남을 피할 수도 없는 사람이었습니다. 그래서 그가 그런 태도를 보인 이유를 조사해 보았습니다. 조사 결과 나의 전임자기 약속을 잘 지키지 않아서 그는 우리나라 사람을 불신하고 있었고, 그 여파로 나를 홀대했던 거였습니다. 나는 그가 홀대하건 말건 업무상 그 파트너와 만나야 했고, 평소 시간 약속의 준수가 신뢰 구축의 첫걸음이란 신조를 가지고 있었으므로 항상 약속 시간을 제대로 지켰습니다. 그렇게 세 번째 만남을 가진 후, 파트너는 "한국에 선생 같은 분이 또 있습니까?"라고 말하면서, 성심성의껏 업무 처리에 협조해 주었습니다. 감사하게도, 그 후 죽 그 분으로부터 업무상 크고 작은 도움을 많이 받았습니다.

(2) 소개/악수의 예절

사람을 소개하고 소개받을 때에는 모두 의자에서 서로 일어나는 것이 예의이다. 소개는 남성을 여성에게, 손아랫사람을 손윗사람에게, 덜 중요한 사람을 더 중요한 사람에게 먼저 소개한다. 이제 우리나라에서도 처음 만났을 때 인사는 악수로 하는 것이 보편화된 듯하다. 악수는 여성이 남성에게, 윗사람이 아랫사람에게, 기혼자가 미혼자에게, 상급자가 하급자에게 청하는 것이 에티켓이다. 악수할 때 손은 잡으면서 시선은 상대방을 응시하지 않고 딴눈을 파는 데 이는 결례이다. 장갑을 끼고 있는 사람은 악수를 할 때 악수하는 손의 장갑을 벗어야 한다. 여기에 예외는 있다. 여성이 정장을 하고 긴 장갑을 끼었을 경우 또는 겨울철 옥외에서 장갑을 끼고 있을 때에는 벗지 않아도 된다. 또 행사장, 결혼식장, 장례식장 등에서 의전용 장갑을 낀 경우에는 악수를 하기 위해 장갑을 벗지 않아도 된다.

(3) 명함 교환의 예절

명함은 상대방을 알고 자신을 알리는 기본 자료이므로 효과적으로 활용될 수 있다(김학수, 2007: 80-83), 사교에서 서로 인사하고 남을 소개받을 때에는 명함을 주고받는 것이 예의이다. 그러므로 상대방으로부터 명함을 받기만 하고 주지 않는 것은 결례이므로, 항상 명함을 소지하는 것이 좋다. 또한 명함을 받자마자 호주머니에 집어넣는 것, 만지작거리는 것, 명함에다 메모를 하는 것도 예의가 아니다. 다만 여러 사람으로부터 여러 장의 명함을 받았을 경우, 테이블 위에 차례로 놓고 소개받은 사람을 확인한 후 보관하는 것은 예의에 벗어나지 않는다.

(4) 영접/배웅 예절

사무실을 방문한 손님을 맞이하고 보낼 때, 일반적으로 문간에서 영접하거나 작별 인사를 한다. 이것이 예의에 어긋나는 것은 아니나, 가급적 엘리베이터 있는 곳에서, 그리고 필요한 경우 탑승하는 승용차까지 가서 맞이하거나 환송하는 것이 극진한 접대임은 두말할 나위가 없다.

5) 식탁에서의 예절(양식 식사)

세계에 많은 나라가 있고 나라마다 고유한 식습관이 있으므로, 식탁에서의 예절은 나라마다의 예절을 살펴야 하나, 대표적으로 양식 식사만을 다룬다. 한국, 일본, 중국 레스토랑에서의 에티켓은 개별 학습 과제로 남겨 둔다.

(1) 복장과 착석

고급 양식 식당은 예약을 하고 가는데, 복장은 남성은 넥타이를 맨 양복 정장을 입는 것이 에티켓이고 여성은 분위기를 해치지 않는 복장이면 자유롭다. 식당에 도착해선 안내를 받아 착석하며, 외투는 옷걸이에 걸고, 여성의 핸드백이나 장갑은 무릎 위, 허리 뒤 의자 또는 식탁 아래에 둘 수 있으나, 절대로 식탁 위에 올려놓아서는 안 된다.

(2) 식기의 확인

양식 식탁에 음식은 미리 차려지지 않고 순서대로 나오지만, 식기는 미리 놓여 있다. 자리에 앉은 후 자신이 사용할 식기를 확인할 필요가 있는데, 좁은 테이블에 빽빽하게 좌석이 배치된 경우 옆 사람의 식기를 잡는 해프닝이 발생하기 때문이다. 정면에 냅킨이 올려져 있는 접시가 있고 접시에 요리가 올려진다. 그 접시의 우측에는 요리용 나이프와 수프용 스푼이 놓여 있고, 좌측에는 요리용 포크가 놓여 있다. 이 나이프와 포크는 각각 3개씩 놓여 있고, 요리가 더 있을 경우 웨이터가 추가로 가져다 준다. 접시의 상부에는 디저트용 나이프, 포크, 스푼이 있다. 또한 오른쪽 나이프 위쪽에는 물 잔이나 와인 잔이, 왼쪽 포크 위쪽으로는 핑거볼, 샐러드 접시, 버터를 담은 그릇, 빵 접시가 놓인다. 그러므로 식사할 때 '좌빵-우물'이란 약어처럼 빵과 샐러드는 자신의 왼쪽 것을 먹고 음료는 오른쪽 것을 마신다.

(3) 냅킨의 사용

냅킨은 앉자마자 펴지 말고 손님들이 모두 착석한 후 이야기를 나누며 자연스럽게 함께 편다. 냅킨은 음식물이 옷에 떨어지는 것을 방지하는 것이 일차적 용도이지만, 식사 중 물이나 술을 마시기 전 입술을 닦을 때 또는 핑거볼을 쓰고 손가락을 닦을 때도 쓴다. 하지만 땀을 닦을 때나 실수로 테이블 위에 쏟은 물이나 술을 닦을 때는 사용하지 않는다. 땀은 손수건으로 닦고, 쏟은 물이나 술은 웨이터가 처리하도록 하면 된다. 식사를 마치지 않고 식사 중 자리를 뜰 때는 냅킨을 의자 위에 올려놓아야 한다. 테이블 위에 올려놓으면 식사를 마쳤다는 표시가 되기 때문이다. 식사 후에는 대충 접어 식탁 위에 올려놓는다.

(4) 나이프와 포크의 사용

양식 식탁에서 중앙의 접시 왼쪽에 포크, 오른쪽에 나이프가 각각 3개씩 놓여 있는데, 나이프와 포크는 메뉴 순서에 따라 차례대로 바깥에 있는 것부터 안쪽에 있는 것의 순서로 사용한다. 나이프와 포크는 연장자가 먼저 잡은 후에, 부부 동반인 경우에는 안주인이 먼저 식사를 시작한 후에 집어 들고 식사를 시작한다. 고기는 왼쪽 부분부터 잘라 먹는다. 실수로 나이프나 포크를 떨어트렸을 경우 직접 줍지 않고 웨이터를 불러 집도록 하고, 새것을 가져다 달라고 한다. 식사 도중에 나이프와 포크를 접시 위에 내려놓을 때는 '八'자 모양으로 놓되, 나이프는 칼날이 자기 몸쪽으로 향하도록 하고 포크는 엎어 놓는다. 식사가 끝났을 경우에는 접시 가장자리에 '11'자 모양으로 나이프와 포크를 나란히 놓는다.

CHAPTER 10

이성과의 인간관계

01 성역할 사회화

[그림 10-1] 성역할 사회화

성역할의 많은 부분은 타고나는 것이 아니라 사회화에 의해 획득된다는 관점이 지지를 받고 있다. 따라서 성역할은 사회문제적 요인에 의해 영향을 받으며 변화하기도 한다. 현재 우리 사회는 남녀 간 평등을 위해 여러모로 모색하고 있지만, 여전히 각종 사회제도나 대중매체는 고정된 성역할을 강화시키는 역할을 하고 있다. 여기서는 성역할 사회화를 강화하는 가족, 학교와 같은 사회제도와 서적, 대중매체를 중심으로 살펴보도록 하겠다.

1) 가족

가족은 자녀가 태어나는 순간부터 그 사회의 가치와 규범을 전수하는 일차적인 장소이다. 부모는 자녀의 성별에 따른 다른 기대치와 태도, 행동을 보임으로써 자녀를 다르게 취급하고 사회화시킨다.

우선 아이의 성별에 따라 유아복의 색깔과 모양도 변한다. 여아의 경우, 주로 분홍빛의 예쁘고 주름이 많은 귀여운 옷과 아기용품이 사용되는 반면, 남아의 경우 하늘빛의 단정하고 간단한 옷과 용품이 많이 발견된다. 이는 아이의 활동과는 관계없이 가족을 비롯한 주위 사람들이 아이의 성별을 어떻게 인식하고 또 기대하고 있는가를 반영한다. 남아는 좀 더 적극적이고 활동적인 측면을, 여아는 수동적이거나 귀엽고 예쁜 모습을 사람들이 기대하기 때문이다. 이름 또한 마찬가지다. 여아는 지영, 수정, 미영 등 주로 예쁘고 부르기 쉬운 이름을 갖고 있는 데 반해, 남아는 훨씬 다양하고 독특한 형태의 이름을 갖는 경우가 많다.

이렇듯 부모의 양육태도와 행동에 의해 전통적인 성역할이 알게 모르게 자녀에게 전달되는 또 다른 방식으로는 성별에 따른 장난감 선택이 있다. 대개 여아는 집에서 어머니가 하는 행동을 모방하도록 기대된다. 즉, 어머니가 집에서 밥하고 빨래하고 집 안 청소와 아이를 돌보는 행동은 여아의 장난감에도 그대로 적용된다. 그래서 여아가 주로 가지고 노는 장난감은 인형, 소꿉놀이기구, 화장품 등이고 주로 집안에서 놀이가 이루어진다. 한 연구에 의하면, 여아가 인형과 보내는 시간이 어머니가 아이와 보내는 시간보다 더 길다고 한다(Richardson, 1980). 이러한 인형놀이는 말할 것도 없이 여아에게 엄마 역할을 자연스럽게 강화하는 기회를 제공한다.

[그림 10-2] 성역할

한편, 부모는 남아에게 보다 적극적이고 활발한 행동을 기대하고 장려한다. 그런 만큼 남아에게 주어지는 장난감도 자동차, 비행기, 공, 블록 등 동적이고 생각을 필요로 하는 것이 주류를 이룬다. 남아는 이런 장난감을 가지고 놀면서 장래 자기가 해야 할 일을 준비하게 된다. 물론, 남아가 주로 노는 공간은 집 밖이며, 아버지의 역할을 모방하게 된다.

이와 같이 어른이 고안한 장난감의 세계도 분명하게 분리된 성별을 반영한다. 성별로 분리된 사회화의 과정은 남아에게 더욱 엄격하게 적용되는 경향이 있다. 예를 들어, 남아는 전통적으로 여아의 놀이로 생각되는 인형놀이나 소꿉놀이를 하는 것을 매우 부자연스럽게 여긴다. 여기에는 이런 놀이에 대한 주위 어른들의 편견과 밀접한 연관이 있다. 어른들은 남아가 그런 놀이를 하는 경우 성정체성의 위기로 생각하는 경향이 있다.

2) 학교

현대사회에서 우리는 오랜 기간을 공식적인 교육을 받으며 지내게 된다. 학교는 부모 외의 다른 성인에 의해 합법적인 사회화가 일어나는 장소이다. 그런 만큼 부모는 학교를 중요한 제도로 인정하고 아동에게 그 중요성을 강조한다. 학령기가 되면서 아동의 시간은 학교교육을 중심으로 짜이게 된다. 학교수업에 맞추어 아침에 일어나고, 수업이 끝난 후에는 숙제나 과제물을 챙겨야 하며, 학년에 따른 과외활동을 선택한다. 대부분의 부모는 학교의 합법적인 교육과정과 훈련, 교육목표 등에 동조하고 자녀를 맡긴다.

3) 서적

아동의 서적 또한 사회 문화적 가치를 사회화하는 중요한 자원이 되고 있다. 자녀교육을 중시하는 우리 사회에서 아동을 위한 서적은 정규교육이 시작되기 이전부터 사용되고 있는데, 서적 대부분이 지속적으로 성 고정관념을 제시하고 있는 것으로 밝혀졌다. 아동도서에서 나타난 성역할을 분석한 한 연구에 의하면 미취학 아동을 위한 동화책에서 성별로 다음과 같은 세 가지 중요한 차이점이 있다고 지적한다(Weitzman et al., 1972).

첫째, 이야기나 그림에서 남성이 등장하는 빈도가 여성보다 10배나 높게 나타나고 있다. 여기에 성별로 구분된 동물까지 합치면 남성과 여성의 비율이 95:1이 된다고 한다. 특히, 성별화된 동물은 여성성과 남성성이 그대로 적용되고 있다. 토끼나 고양이같이 연약하고 귀여운 동물은 여성으로, 곰이나 사자와 같이 크고 강한 동물은 어김없이 남성으로 묘사된다.

둘째, 여성과 남성의 활동이 다르게 나타난다. 여성의 활동은 약하고 수동적으로 묘사되는 반면, 남성의 활동은 강하고 활발하게 그려지고 있다. 예를 들어, 백설 공주는 마녀의 농간에 의해 숲속에 버려지지만 일곱 난쟁이의 도움으로 즐겁게 가사노동을 하며 지내는 순종적이고 저항 없는 존재로 묘사되고 있다. 그러나 톰 소여는

배를 타고 나무를 오르며, 어려운 사건을 해결하는 적극적이고 독립적인 존재로 그려진다.

4) 대중매체

대중매체는 현재의 정형화된 성역할을 사회화하는 권력기관 중 하나이다. 대중매체는 신문, 잡지, 광고, TV 등으로 분류되는데 아동이나 성인 모두에게 접근이 용이할 뿐만 아니라 반복적인 이미지 노출로 수용자의 가치관과 태도에 커다란 영향을 주는 것으로 인식되고 있다.

TV 프로그램에서 나타나는 성차별을 분석해 보면 여성보다 남성이 많이 등장하고 있으며, 역할이나 직업도 정형화된 모습을 나타내고 있다. 여성은 여전히 애정 결혼, 가정을 중시하는 모습을 나타내고 있는 반면 남성은 다양한 직종에서 전문성과 권력을 지닌 인물로 묘사되고 있다.

최근 들어 일일 연속극에서 여주인공과 남주인공의 역할이 변화되는 사례도 종종 보이고 있지만 지속적인 인기를 누리던 드라마의 경우는 대부분 가부장적 대가족의 가치관과 결혼 이데올로기를 벗어나지 못하고 있다는 지적도 있다(한국여성단체협의회, 1996).

한편, 소비 광고를 분석한 이영자(2000)의 연구에 의하면 소비 광고는 여성의 성역할, 외모지향적 성향, 성적 대상화를 강조할 뿐만 아니라 이것을 기꺼이 수용하여 즐기는 여성상을 제시하고 있다. 이렇게 상업주의에 의해 다양하게 묘사되는 여성의 이미지는 실은 여성의 굴레를 교묘하게 가중시키는 역할을 하고 나아가 페미니즘이 추구하는 성 평등적 이데올로기를 왜곡하거나 오도하도록 하여 여성의 의식을 더욱 식민지화할 가능성이 있다.

02 배우자 선택

1) 배우자 선택의 의의

대부분의 사람에게 배우자 선택은 일생의 가장 중요한 선택 중 하나이다. 성인기 이후의 개인과 가족의 삶의 질은 이러한 배우자 선택에서 상당한 영향을 받는다. 당사자의 불행뿐만 아니라 일생 동안의 생애과정, 자녀, 친족관계 등에 영향을 미치므로 누구를 배우자로 선택하느냐의 문제는 중대한 관심사가 아닐 수 없다(김명자, 1993). 결혼에 따라 배우자와의 사회적 관계망(시가와 처가)도 새로이 형성되고, 자녀 출산 이후 가족의 삶은 자녀에 의해서 상당 부분 결정되기도 한다.

거시적으로 보면, 결혼하여 가족을 형성하는 것은 사회적 욕구의 하나를 충족시키는 것이다. 즉, 가족은 인간의 생명을 길러내는 곳이고, 인간이 매일같이 생활하는 데 필요한 물질적 · 정서적 조건을 일차적으로 충족시켜 준다(서선희, 2002). 가족은 그 가족 내에서 발생하는 문제가 있음에도 불구하고, 긴 안목에서 볼 때 혈연으로 맺어진 공동체라는 특성 때문에 친밀하고 지속적인 인간관계가 가능하며, 포괄적인 심리적 안정과 정서적 지지가 제공될 수 있는 곳이다(서선희, 2002). 이러한 점에서 결혼해서 가족을 형성하는 것이 현대사회에서도 여전히 중요하다.

이러한 배우자 선택의 중요성은 현대사회에서 더욱 커진다. 과거의 결혼은 부모와 가문의 영향력으로 이루어진 중매혼이 대부분이었지만, 지금은 본인의 자유의사가 증가하는 배우자 선택이 이루어지고 있기 때문이다.

2) 배우자 선택에 영향을 미치는 요인

(1) 문화인류학적 요인

'문화'를 사람들이 주위의 환경에 적응하여 살아가는 종합적인 생활방식(lifestyle)이라고 정의한다면, 이러한 문화는 결혼과 관련하여 배우자를 선택하는 방식을 반드시 규정하기 마련이다. 대부분의 사회에서는 아무나 하고 결혼할 수 없으며, 배우자를 선택하는 기준을 마련해 놓고 있다. 가장 크고 보편적인 범주는 내혼과 외혼이다. 내혼은 자기가 소속한 집단(계층, 인종 등), 친족집단 혹은 살고 있는 지역 내에서 배우자를 선택하는 제도이다(한상복, 1985). 외혼은 이와 반대로 자기가 살고 있는 지역, 혈연으로 속한 집단에서 벗어나서, 그 이외의 집단과 혼인을 하는 것이다. 외혼은 특히 근친상간금지제도(incest taboo) 때문에 생겨나게 되었다는 것이 문화인류학자들의 이론이다(한상복, 1985).

모든 인류사회에서는 일정 범위의 가까운 혈족과 친족 간에 결혼과 성관계를 금지하는 제도를 가지고 있다. 왜 이런 제도를 갖추게 되었는지 설명하는 유력한 이론 중 하나는 협동이론이다(한상복, 1985). 이 이론에 따르면, 근친상간금지제도는 환경에 적응하기 위한 하나의 방편으로서 채택되었다는 것이다.

지금처럼 풍요로운 생활을 누리지 못했던 과거에는, 의식주의 해결이 매우 중요한 인류생활의 과제였다. 천재지변과 같은 자연의 도전과 주변의 침략과 전쟁 등 숱한 고난에 대비하기 위해서는 주위의 이웃 부족과 동맹을 맺어 공동으로 대처하는 것이 가장 현명한 방법 중 하나였다. 서로 부족한 자원을 서로 교환하고 외부의 침입에 대비하는 것이 전체 집단의 생존에 매우 유리하였다.

(2) 신체적 매력

남녀가 서로 데이트하는 과정에서부터 최종적으로 배우자로 선택할 때까지 신체적 매력은 하나의 중요한 요인이다. 초기에 데이트가 이루어질 때 신체적 매력은 중요한 역할을 한다. 특히, 젊은 남성의 경우, 데이트 상대를 선택하는 데 있어서 신체적 매력은 하나의 중요한 기준이 된다. 또한, 신체적 매력은 후광효과(halo effect)를 가지기도 한다(이기숙 외, 1998). 이 효과는 신체적인 매력이 있는 사람은 다른 좋은 특성도 가졌을 것이라고 믿는 경향을 말한다. 즉, 신체적으로 매력이 있으면 뛰어난 실력과 좋은 성품을 갖추고 있을 것이라고 기대하는 성향이다. 이러한 경향은 자연히 행복한 결혼생활을 기대하는 심리와 연결된다.

(3) 종교

배우자 선택에서 종교를 믿는 대부분의 사람은 타 종교를 믿는 사람과의 결혼을 반대하고 되도록 같은 종교를 믿는 사람을 찾는다. 이는 종교가 부부가 서로 적응해 가고 가족생활을 영위해 나가는 데 있어서 기본적인 가치관이나 생활태도에 영향을 미치기 때문이다(유영주, 2004). 또한, 타 종교인과의 결혼은 신앙적인 헌신을 약화시키고, 부부간의 생활과 시가와의 관계에서 갈등을 자주 일으킨다고 보기 때문이다(이기숙 외, 1998).

(4) 연령

연령도 배우자를 선택하는 하나의 중요한 기준이다. 우리 사회에서 연령은 주로 배우자 선택에 있어서 하나의 내면화된 규범으로써 작용을 한다. 즉, 남자가 여자보다 3~4살 많게 서로 짝이 맺어져야 한다는 것이 보편적으로 받아들여지는 사회적 규칙이자 통념이다. 이외에도 연령에 관한 사회적 통념은 몇 가지가 더 있다. 나이 차이가 작게 나거나 동갑보다는 나이 차이가 제법 나는 경우가 부부 금실이 좋다거나, 동갑은 서로 궁합을 맞출 필요가 없다는 것 등이다.

앞의 두 통념은 다분히 남성 위주의 관념으로, 남자가 나이가 많고 상대방이 여동생처럼 여겨질 때 남자의 이해와 관용의 폭이 넓어질 수 있다는 데 초점을 맞춘 것이다. 동갑이 좋다는 후자의 경우, 부부가 서로 친구처럼 느껴져 친밀감이 더 생긴다는 데에 강조점을 둔 관점이다.

(5) 사회계층

배우자는 사회계층상 위치가 비슷한 사람들끼리 이루어지는 경우가 많다. 이는 사회계층상 같은 집단에 속하게 되면, 접촉의 기회도 많아지고 비슷한 가치관과 생활방식을 가지게 되어 서로가 친화력을 가지기 때문이다(유영주, 2004). 상류층에 가까울수록 그들만의 생활방식을 향유하기 때문에 이러한 동류집단 간의 배우자 선택은 더욱 빈번하다. 상류층의 경우, 이러한 배우자 선택의 경향은 자기 집단의 사회적 지위를 계속해서 유지하고 과시하는 하나의 중요한 수단이자 통로가 된다.

(6) 근접성

근접성, 즉 지리적으로 가깝다는 것은 서로 좋아하게 될 수 있는 기본적인 조건 중 하나이다. 왜냐하면, 근접성은 서로 가까운 곳에서 살고 있으면서 만날 수 있는 기회를 만들어 주기 때문이다. 즉, 빈번히 만나게 되는 많은 사람 중에서 특별히 매력이 있고 호감이 가는 상대를 발견하게 되는 기회를 근접성이 만들어 주기 때문이다. 이러한 기회가 만들어진 이후에는 좋아하는 상대방을 만나서 즐거운 상호작용을 하게 되리라는 기대심리가 더욱 친근감을 상승시킨다(이위환 · 김용주, 2009). 이러한 의미에서 배우자 선택에 있어서 근접성은 기본적이고도 중요한 조건이다.

03 배우자 선택 이론

이성 간의 관계가 어떻게 성립되어 유지 · 발달 또는 해체되는가에 초점을 맞춘 배우자 선택 이론들이 1970년대에 새롭게 등장하여 가족학 분야의 이론 정립에 커다란 디딤돌이 되었다. 이 중에서 케르코프(Kerkoff)와 데이비스(Davis)의 여과망 이론(Filter Theory), 머스테인(Murstin)의 자극-가치-역할이론, 루이스(Lewis)의 결혼전 이인(二人)체제 형성이론과 같은 단계모델이 배우자선택과정을 설명하는 주요 관점으로 받아들여졌다. 특히, 머스테인의 SVR 이론은 1980년대에도 여전히 인기가 있어서 여러 연구자에 의해 계속 검증되고 있다. 또한, 1980년대 이후 특정한 배우자 선택 과정에서 의사소통을 강조하는 순환적 인과모델이 등장하여 주의를 끌고 있다.

1) 여과망 이론(Filter theory)

여과망 이론을 처음 소개했던 케르코프와 데이비스의 연구 이후 우드리(Udry, 1971)는 모든 가능한 데이트 상대와 관계를 맺기 시작한 후 한 사람을 선택하여 결혼에 이르기까지 6개의 여과망을 거치게 된다고 설명하고 있다. 즉, 처음에는 여러 사람과 교제를 하다가 점차 그 대상이 좁혀지고 제한되어 마지막에는 한 사람을 선택하게 된다고 하였다(김명자, 2006).

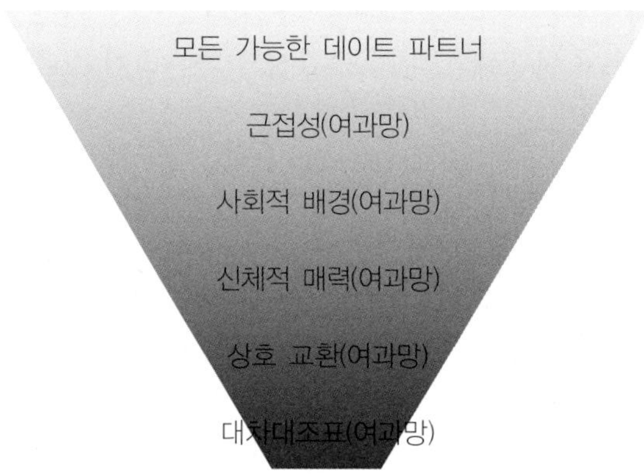

[그림 10-3] 여과망 이론

2) 수레바퀴 이론(Wheel theory)

리스(Reiss, 1980)는 두 사람의 상호관계가 ① 라포(rapport), ② 자기노출(self-revelation), ③ 상호 의존(mutual-dependency)의 습관체계, ④ 상호 보충(Intimacy need fulfillment)의 과정에 의해 발전되는 것으로 보았다. 이 이론은 배우자 선택이라고 하기보다는 두 사람의 사랑이 어떻게 진전되어지는지를 잘 보여 준다. 이 이론에서 말하는 라포란 서로에게 안심과 휴식하는 느낌을 갖게 하는 것이며, 서로 자신에 대해 이야기하고 싶고 상대방에 대해 알고 싶은 상태를 말한다. 자기노출은 자기를 나타내는 것을 말하며, 상호 의존의 습관단계로 이끄는데, 이 단계에서는 상호 관계를 확고하며, 영속적인 관계로 발전시킨다. 그럼으로써 두 사람 각자에게 필요한 면을 서로 보충시키는 관계로 발전된다고 본다.

다시 말해, 처음 만난 두 사람이 상호 사회 문화적인 배경이 비슷할 경우, 인생관 등 중요 문제에 대한 가치관이 비슷하므로 원활한 의사소통이 가능하고 공감대 형성이 용이하여 라포 형성이 잘 된다는 것이다. 이처럼 라포 형성이 잘 이루어진 두 사람은 자연스럽게 자신의 경험, 견해, 느낌 등 자기표현을 하면서 충분한 대화를 하게 되어 상호 이해가 깊어진다. 상호 이해가 깊어진 이들은 협동적으로 어떤 일을 수행하고 경험을 나누면서 함께 감정을 나누고 상호 의존하게 되며, 서로를 필요로 한다. 이때 상호 보충의 관계는 상호 이해를 위해 경험과 신뢰감을 나누면서 각자에게 필요한 면을 보충하게 된다(김명자, 2006).

3) 자극-가치-역할 이론(Stimulus-Value-Role theory, SVR 이론)

여과망 이론을 보완하여 SVR 이론을 제안한 머스테인(1972, 1980)은 배우자 선택과정을 3단계로 설명하고 있다.

(1) 자극단계(Stimulus stage)

여기서 말하는 자극이란 매력에 의한 것을 의미한다. 상대방의 신체적 · 사회적 · 정신적 속성을 알게 됨으로써 끌리기 시작한, 즉 상호작용 전에 관찰 가능한 상대방의 자질을 평가하여 매력을 발견하며, 이 매력은 상대방이 소유한 자원과 가능성의 교환에 달려 있다. 각자가 소유하고 있는 자산, 예를 들어 외모, 사회성, 지적인 면에 대한 상대방의 평가를 기초로 하여 이루어진다. 이 자극단계에서는 쌍방이 가지고 있는 자원을 비교하는데, 이때 상대방으로부터 얼마만큼의 보상을 받느냐에 따라 그 관계가 지속되고 깊어진다(김명자, 2006).

(2) 가치단계(Value stage)

그들은 서로 가지고 있는 자신의 가치가 서로에게 적합할 수 있는가를 평가한다. 인생에 대한 태도, 성역할, 결혼 등에 관한 가치를 비교하여 모순되지 않고 용납할 수 있는가를 살펴본다.

(3) 역할단계(Role stage)

어떤 사람은 자극단계 혹은 가치단계를 기초로 결혼하지만 대부분의 사람은 역할단계로 넘어온다. 그들에게는 가치의 유사성만으로는 충분하지 않다. 즉, 역할이 서로에게 적합할 수 있을 것인지 그 여부를 확인하는 것이 필요하다. 여기에서 역할이란 남편으로서 혹은 아내로서 지녀야 할 역할을 말한다. 또한, 남편이 아내에게 잘 대해 주는 역할이나, 가족의 경제적 안정을 유지하기 위한 활동적 역할 등 여러 종류의 역할이 있을 것인데 그러한 가능성이 어떠한 것이냐를 보는 것이다. 그러므로 역할단계에서는 자신과 미래의 배우자가 마주하고 기대를 협상하며, 기대를 만족시키도록 타협한다.

세 단계를 성공적으로 거치면 일반적으로 결혼에 도달한다. 그러나 어느 단계에서든지 서로에게 맞지 않으면 두 사람의 관계는 그 단계에 머무르거나 종결되며, 다음 단계나 결혼으로 진전되지 않는다.

4) 순환적 인과 모델(Circular-causal model)

이 이론에서는 두 사람의 관계가 고정적인 것이 아니라 변화하는 힘을 가지고 있고, 두 사람에 의해 공유된 지식과 점점 생겨나고 있는 전념을 중요하게 여긴다. 두 사람 간의 관계가 발전하는 것은 여과망 이론에서 설명하듯이 걸맞은 상대를 고르거나 여과망을 통해 이루어지는 것뿐만 아니라 의사소통의 결과로서 이루어진다고 강조한다.

이 이론은 친밀한 관계는 시간의 흐름에 따라 두 사람을 하나로 만들도록 그들이 가지고 있는 믿음, 태도, 상대방에 대한 가치를 변형시킨다고 가정한다. 이에 비해 여과망 이론에서는 배우자를 선택할 때 인종, 종교, 신체적 매력, 연령, 교육, 사회 경제적 지위 등 인구론적으로 자기와 잘 맞는 사람 중에서 선택한다고 하였다. 두 사람의 믿음, 태도, 가치의 유사성은 여과망 이론가들에 의해 중요한 점으로 일신되었다. 하지만 이러한 단계모델들은 두 사람 간의 유사성이 어떻게 친근감을 형성하게 하는지 설명하지 못한다. 즉, 여과망 이론은 두 사람의 관계가 발전하기 위해서는 두 사람의 특성이 서로에게 얼마나 적합하냐에 따라 의존한다고 가정한다. 대부분의 경우 이러한 특성은 비교적 고정적이고 변화하지 않으며, 상대방에 지각에 따라 변화되지 않는다. 여과망 이론에서의 의사소통 기능은 표현적인 특성을 가지고 있다. 다시 말해 인구론적 특성과 상대방의 믿음, 가치, 태도에 관한 정보를 들추어 낸다.

그러나 순환적 인과모델을 주장하는 사람들은 두 사람 사이의 의사소통은 그들의 지각에 영향을 미치고 상대방에게 전념하도록 영향을 미친다고 한다. 이 이론에서의 의사소통은 설득적이며, 상호의존 발달의 매개체로 이용된다. 의사소통은 두 사람 간의 공유된 지식체계를 형성하며, 이 지식체계는 직접적으로 상대방의 인구론적 정보에 의미와 중요성을 부여한다.

이와 같은 개념에서 보면 배경요소만큼 두 사람의 관계를 발전시키는 데 결정적인 역할을 하는 것은 두 사람 간의 의사소통 교환이다. 예를 들어, 대화를 통해 점차 비슷해진 두 사람의 세계관은 연령이나 사회 경제적 지위에 중요성을 감소시킬지도 모른다.

이 모델은 믿음, 태도, 가치와 같은 인지적 요소를 역동적인 것, 즉 다른 사람과의 의사소통을 통해 변화되기 쉬운 것으로 생각한다. 그러므로 믿음, 태도, 가치와 현실을 해석하는 개인의 인지구조는 상대방이 가지고 있는 다른 견해에 의해 조절된다.

04 배우자 선택을 위한 고려 사항

배우자를 선택하고 결혼하여 한 가족을 이룬다는 것은 인생에서 가장 중요한 선택 중 하나이다. 이러한 선택은 인생의 주기 중에서 청년기에 이루어져 그 이후의 삶의 질을 결정하게 된다고 하여도 과언이 아니다. 과거에는 중매혼이 대부분이었고 배우자가 부모의 의지대로 선택되었기 때문에 생애과정의 많은 부분은 부모와 전체적인 가족집단에 의해서 결정되었고, 주어진 배우자와 가족구조 안에서 운명적으로 살 수밖에 없었다(옥선화 · 정민자, 1993; 이선우 외, 1992).

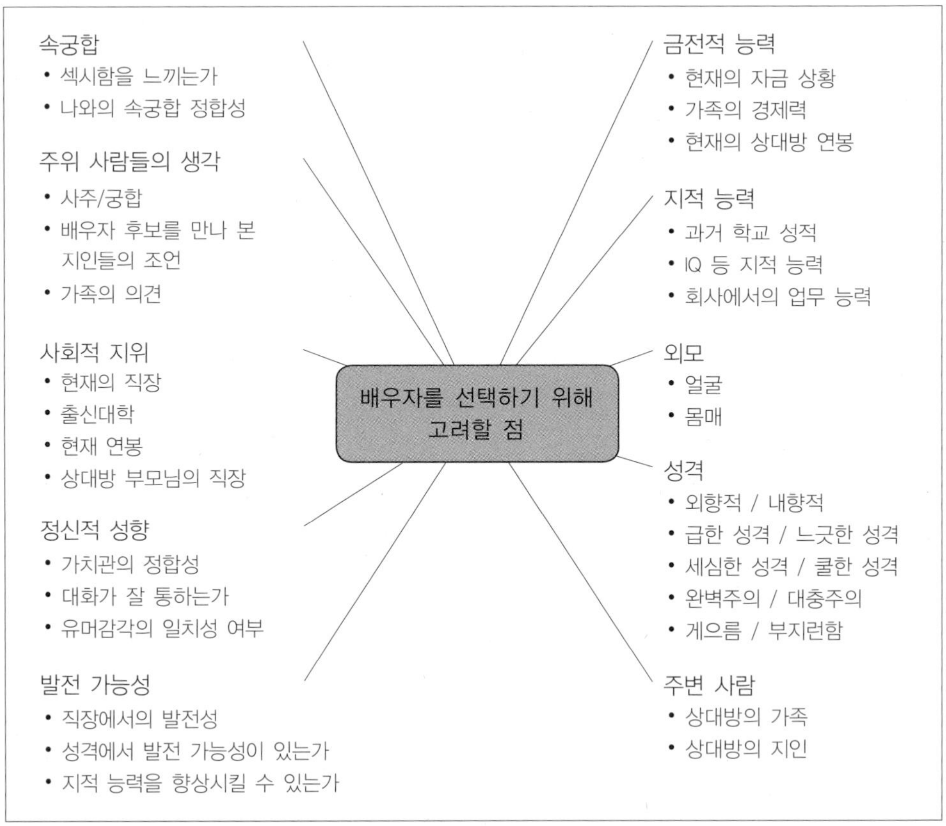

[그림 10-4] 배우자 선택 시 고려 사항

출처: 옥선화 · 정민자(1993).

① 충분한 이성교제의 기회와 교제기간을 갖도록 하여 상대방의 내면적인 면을 이해하고 상호 협력하는 관계로 발전할 수 있어야 한다. 충분한 교제기간도 중요한데 이는 서로를 이해하고 파악한 후에 결혼하는 것이 결혼 적응에 도움이 되기 때문이다. 이러한 이해에 필요한 교제기간이 요구된다.

② 결혼은 현실이라는 점을 이해해야 한다. 사랑하여 결혼하기 때문에 다양한 책임과 의무를 실행해야 한다. 그러므로 결혼은 사랑한다는 감정만으로는 충분하지 않다.

③ 신체적 매력보다는 인생관, 가족관, 성격, 그리고 습관 등의 내면적 요인들이 본인과 상호 조화를 이룰 수 있는지를 보아야 한다. 특히, 상대방의 나쁜 습관을 가지고 있는지 면밀히 관찰하는 것도 필요하다. 결혼 후 부부간의 적응에 문제를 일으키는 커플의 경우를 보면, 남성의 경우는 나약하고 의존적인 특성을 가지고 있고, 여성의 경우는 자기주장(독선적인 자기주장, 즉 상대방에 대한 이해 부족에 기인한 자기주장)이 강한 것이 특징이다(이시형, 1999). 특히, 남성의 경우, 정신적으로 나약하고 충동적인 것이 특징 중의 하나인데, 이런 사람은 쉽게 탐닉 행동(바람피우는 것, 과음, 도박)과 같은 쾌락의 세계로 빠져든다(이시형, 1999). 여성의 경우, 허영심과 낭비벽이 대표적인 나쁜 습관의 예이다. 이런 습관은 이성교제 시 발견하기 어렵지만 결혼 후 심각한 문제를 일으키므로 상대방의 행동을 잘 관찰하는 것이 중요하다.

④ 친구 및 부모의 지지가 무시되어서는 안 된다. 부모를 비롯하여 주위 사람들이 반대한다면 시간을 두고 다시 한번 생각해 보아야 한다. 부모의 반대가 비합리적이라면 그때에는 부모를 납득할 수 있도록 노력해야 한다.

⑤ 상대방을 변화시키려고 생각하기보다는 상호 적응하는 노력이 필요하다. 사람의 성격은 변하기 어려우므로 성격을 고쳐보겠다는 시도보다는 상대방의 성격을 수용할 수 있는가를 생각한다.

⑥ 한 사람을 배우자로 선택한다는 것은 좋은 점만 보고 결정한다는 것이 아니라 상대방의 약점, 부족한 면도 수용한다는 의미이다. 따라서 상대방에게 완벽함을 기대하지 않는 현실적인 안목과 지혜가 필요하다. 이와 동시에 본인의 성장

과정에서 경험하였던 어려움으로 인해 지나치게 집착하는 점이 없는가도 살펴보아야 한다. 예를 들어, 아버지의 주벽으로 어려움을 겪은 경우, 배우자를 선택할 때에는 혹시 이러한 특성을 가지지 않았는가에 초점을 맞추게 된다. 그러나 이런 경우, 다른 성격적 결함을 잘 파악하지 못하는 경우가 종종 있다.

⑦ 배우자 선택은 인간관계의 적응을 의미하므로, 결국 본인의 정서적 · 심리적 성숙이 중요한 요인이다. 성숙됨은 배우자를 선택하는 하나의 기준이자 갖추어야 할 조건이므로 그 구체적인 내용을 알아보는 것이 도움이 될 것이다. 결혼은 현실임이 분명한 사실이므로, 수많은 어려움과 갈등을 슬기롭게 해결하기 위해서는 성숙됨을 갖추는 것이 중요하다.

05 사랑의 종결

낭만적 사랑이 언제나 영원한 사랑이나 결혼으로 맺어지는 것은 아니다. 뜨겁게 사랑하던 연인도 여러 가지 이유로 헤어지게 되는데, 사랑의 기쁨만큼 사랑의 상처도 깊게 남는다.

아픈 실연을 더욱 고통스럽게 하는 요인들이 있다. 첫사랑인 경우, 예상치 못한 채(일방적으로) 갑자기 실연당한 경우, 상대방이 다른 사람을 사랑하게 되어 거부당한 경우, 거부당한 이유가 자신의 성격이나 능력, 외모 등 내적 조건 때문인 경우, 두 사람 관계가 주변에 잘 알려진 경우, 친구나 가족이 없는 외로운 사람인 경우 등은 실연의 고통을 더욱 크게 할 수 이는 요인들이다(권석만, 2013).

1) 실연의 유형

실연은 사랑의 종결 또는 해체를 의미하며, 그 유형도 여러 가지이다.

첫째, 사랑하던 연인이 일방적으로 관계의 종결을 통보하는 '일방적 실연'은 짝사랑의 결과일 수도 있고 더 나은 애정 상대의 출현으로 버림받는 경우일 수도 있다. '일방적 실연'의 결과로 거부당한 쪽은 깊은 자존감의 상처와 더불어 우울감, 복수심, 분노 등을 경험하게 된다.

둘째, '합의된 실연'은 서로 합의하고 관계를 종결하는 경우로 사랑하는 과정에서 생긴 갈등을 효과적으로 해결하지 못함으로써 애정이 식어 헤어지게 되는 경우가 많다. 이러한 경우에는 상대에 대한 불만이 있어 헤어지는 것이기 때문에 상대적으로 고통이 적지만 아쉬움이나 후회가 남기도 한다.

셋째, '강요된 실연'은 외부적인 요인으로 관계가 중단되는 경우로, 부모의 반대나 한쪽의 죽음 등으로 사랑을 이루지 못하는 것을 예로 들 수 있다. 이러한 경우 그리움과 아쉬움이 더욱 커져 관계가 중단되더라도 상대에 대한 사랑의 감정은 더 강해질 수 있다. 주변의 반대는 연인 간의 결속을 더욱 강화시키게 되는데, 이를 '로미오와 줄리엣 효과'라고 한다(권석만, 2013).

2) 실연의 후유증

실연은 사랑의 상실로 사람마다, 유형마다 다를 수는 있겠지만, 여러 가지 심리적 후유증을 남길 수 있다. 상실경험으로 인해 정서적으로는 슬픔과 우울감이 나타난다. 헤어진 연인에 대한 미련과 후회, 거부당한 분노와 적개심과 복수심이 복합적으로 나타나기도 한다. 인지적인 기능도 저하되는데, 기억력과 판단력도 일시적으로 저하되고 산만해져 정신집중이 안 됨으로써 업무수행능력이 떨어진다.

또한, 자신에 대한 부정적인 생각에 휩싸이고 사랑에 대해서도 비관적으로 되어 삶이 무의미하게 느껴지기도 한다. 행동상으로는 의욕과 흥미가 저하됨으로써 활동성이 떨어지고 대인관계가 위축된다. 식욕은 저하되고 술이나 담배가 늘어 무절제한 생활에 빠지기 쉽고, 불면증, 두통, 소화불량,

[그림 10-5] 실연

생리불순 등 신체적 증상과 건강에 이상이 나타날 수 있다(권석만, 2013). 극단적인 경우에는 사회적 부적응과 폭력, 자살 등의 역기능적 행동이 나타날 수도 있으며, 성급한 치유수단으로 충동적인 연애나 결혼을 하기도 한다.

실연의 후유증을 줄이기 위해 어떤 사람은 방어적 방법을 취하기도 한다. 예를 들어, 어떤 사람은 실연당할 조짐이 보이면 먼저 상대와의 관계를 끊는다. 이는 거부당하는 것보다 거부하는 것이 아픔이 덜하기 때문이다. 또한, 상대방의 가치를 평가하는 이솝우화의 '신포도와 여우' 방식을 취하는 사람도 있다. 한때 사랑했던 사람이지만 결함 많은 인간으로 평가함으로써 자기 합리화를 통해 실연의 아픔을 줄인다.

마지막으로, 다른 이성과 애정관계를 맺음으로써 도피하는 방식이다. 고독감과 고통을 피하기 위해 별로 끌리지 않는 상대와 만나기도 한다. 이러한 방어적 노력은 의식적, 또는 무의식적으로 이루어진다.

3) 실연의 극복

실연의 고통에서 벗어나는 것은 쉬운 일이 아니다. 실연을 당한 사람은 아픔에서 벗어나지도, 다시 사랑할 수도 없을 것이라고 생각하기 쉽다. 그러나 대부분의 사람은 실연의 아픔을 극복하며, 일반적으로 세 단계를 거친다.

첫 단계는 충격과 고통의 시기로 실연 직후의 슬픔, 우울, 미련, 분노 등의 감정에 휩쓸리는 고통스러운 시간이다.

두 번째 단계는 치유의 시기로 여러 가지 노력(예: 여행, 일)을 통해 실연의 상처가 서서히 아물게 된다.

세 번째 단계는 성숙의 시기로 실연의 아픔을 극복하며, 자기반성을 하고 한층 성숙해지며, 사랑에 대해 새로운 시각을 갖게 된다. 이러한 일련의 단계를 통해 보다 성숙한 이성관계를 위한 밑거름을 마련하게 된다.

실연의 상처를 극적으로 치유하는 묘약은 없다. 하지만 실연의 상처가 다소 빨리 아물도록 돕는 몇 가지 방법은 있다(권석만, 2013).

첫째, 충분히 아파하고 슬퍼하되 장기화되는 것은 주의해야 한다. 아픔과 슬픔은 정상적인 반응이며, 치유의 과정임을 이해한다.

둘째, 가능하면 1~2주 정도 일상에서 벗어나 여행을 하거나 새로운 일을 해 보는 것도 좋다. 환경의 변화는 일상의 업무 부담에서 벗어나게 하며 기분을 전환시킨다.

셋째, 실연의 원인과 과정을 생각하며 반성을 통해 교훈을 얻는다. 비현실적 기대나 환상은 없었는지 생각해 본다.

실연 극복의 과정은 가족의 죽음을 극복하는 과정과 유사하다. 둘 다 상실의 경험이기 때문이다. 애도의 과정을 통해 상실의 현실로 받아들이면 고통은 견딜 수 있는 수준이 되며, 충분히 아파한 후에는 일상의 궤도로 돌아와 본연의 인간관계와 일에 복귀할 수 있게 된다.

CHAPTER 11

부적응적 인간관계의 성격장애

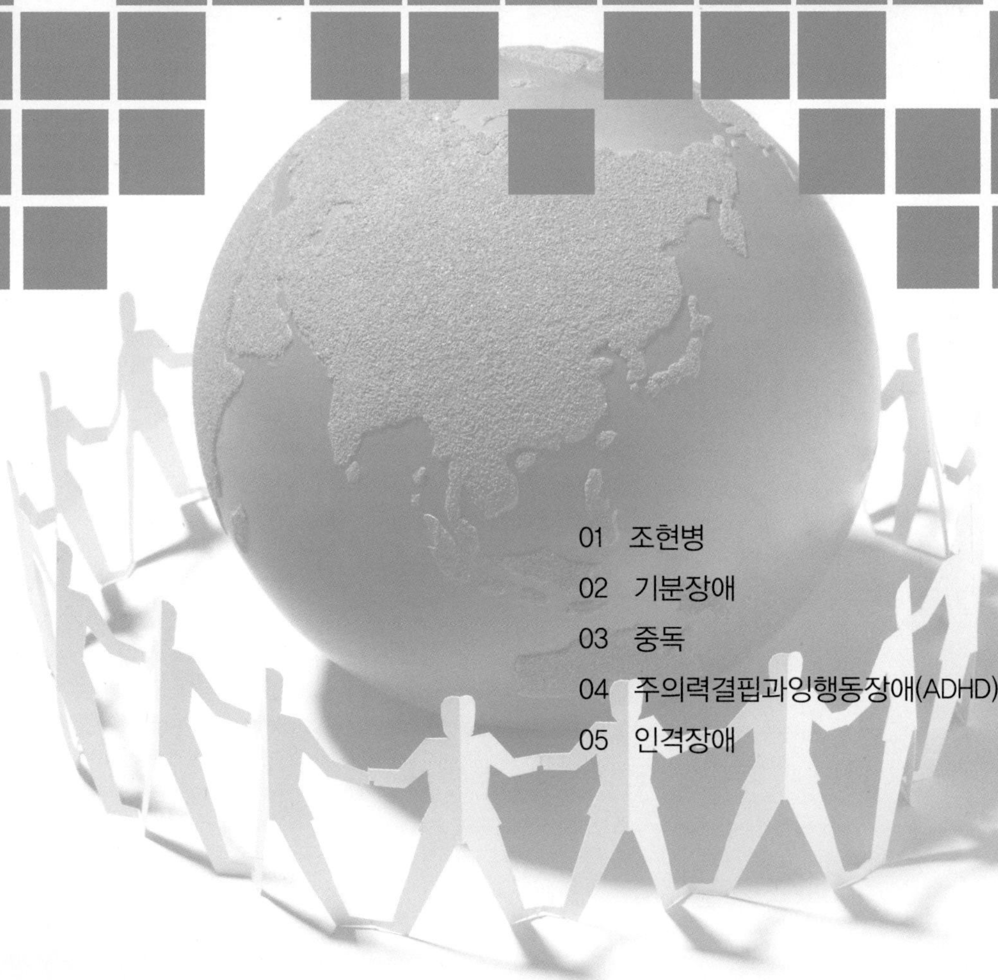

01 조현병

1) 조현병의 개념

[그림 11-1] 조현병

조현병(schizophrenia)은 뇌의 기질적 이상이 없는 상태에서 사고, 감정, 지각, 행동 등 인격의 다양한 측면에서 이상이 생겨 망상이나 환각, 혼란스러운 사고와 행동을 포함하는 여러 가지 부적응적 증상을 보이는 주요 정신질환이다. 조현병은 초기에 적절하고 집중적인 정신의학적 치료를 통해 회복이 가능하지만, 치료가 늦어지면 만성화되어 심리사회적 부적응을 보이는 만성 정신장애로 발전하기도 한다.

조현병은 크레펠린(Kraepelin, 1899)이 여러 가지 증상군을 확인하여 조발성 치매라고 처음 명명하였다. 이 개념은 인지기능의 퇴화에 따른 기질적 장애를 가진다는 의미가 포함되어 있다고 할 수 있다. 이후 브로일러(Bleuler, 1923)가 처음으로 조현병이라는 진단명을 사용하였다.

(1) 다음 중 2개 이상의 증상이 한 달 이상 있어야 한다.

- 망상
- 환각
- 혼란스러운 언어(빈번하게 지리멸렬하거나 주제에서 벗어남)
- 전반적으로 혼란스러운 행동이나 긴장성 행동
- 음성증상, 즉 감정의 둔마, 무언증, 혹은 의욕 없음

(2) 사회적 · 직업적 기능장애

장애가 발생한 이후 상당 기간 동안 직업, 대인관계, 개인관리와 같은 한 가지 이상의 주요 영역에서 발병 전보다 두드러지게 기능이 현저하게 줄어든다(발병 시기가 청소년기 또는 아동기일 때 그 연령에서 기대되는 학업이나 직업적 성취를 달성하지 못함).

(3) 증상

조현병의 증상은 양성증상(positive symptom)과 음성증상(negative symptom)으로 구분된다. 양성증상에 사고(망상), 지각(환각), 언어 및 의사소통(와해된 언어), 그리고 행동장애(와해된 행동 및 긴장된 행동)가 포함된다. 음성증상은 정상적 일상생활이나 사회적 기능이 줄어드는 것으로 정서적 둔마, 무논리증, 무의욕증 등이 있다. 대표적 증상을 구체적으로 살펴보면 다음과 같다.

1 망상

망상(delusion)은 자신과 세상에 대한 잘못된 강한 신념이라고 정의할 수 있다. 이는 잘못된 추론에 근거한 왜곡된 신념으로 조현병의 경우 망상의 내용이 비체계적이고 비논리적인 경우가 많다.

- 피해망상(persecutory delusion): 특정한 개인이나 단체가 자신을 감시하거나 미행하며 피해를 주거나 해를 가할 것이라고 하는 생각을 말한다.
- 과대망상(grandiose delusion): 자신이 매우 중요한 능력과 임무를 지닌 특별한 인물(재림예수, 권력자 등)이라고 생각하는 것을 말한다.
- 관계망상(delusion of reference): 일상적인 일 또는 특별한 사건이 자신과 관련되어 있다고 믿는 생각을 말한다.
- 애정망상(erotomanic delusion): 특정한 사람이나 유명인(연예인 등)과 사랑하는 관계라고 믿는 것을 말한다.
- 신체망상(somatic delusion): 자신의 몸에 매우 심각한 질병이나 증상이 있다고 생각하는 것을 말한다.

2 환각

환각(hallucination)은 외부 자극이 없는데도 불구하고 감각적으로 지각을 하는 경우이며, 조현병의 경우 환청과 환시가 가장 흔하다.

- 환청(auditory hallucination): 아무런 자극이 없는데도 어떤 의미 있는 소리나 사람의 목소리가 들리는 것을 말한다.
- 환시(visual hallucination): 아무런 시각 자극이 없는데도 시각적 형태의 환각을 지각하는 것을 말한다.
- 환후(olfactory hallucination): 후각적 환각으로 피해망상과 관련하여 음식에서 독약 냄새가 난다거나 시체 썩는 냄새가 난다고 지각하는 경우가 있다.
- 환촉(tactile hallucination): 촉각적 환각으로 피부에 벌레가 기어 다닌다고 느끼는 등의 경우이다.
- 환미(tastful hallucination): 미각적 환각으로 독약이 들어 있어 밥맛이 쓰다고 느끼는 것과 같은 경우이다.

3 행동적 증상

- 와해된 행동과 말(disorganized behavior and speech): 상황에 맞는 목표 지향적 행동을 하지 못하고 상황이나 자신의 연령, 위치에 걸맞지 않은 엉뚱한 행동이나 말을 하는 경우를 말한다.
- 긴장성 행동(catatonic behavior): 긴장형 조현병에서 자주 보이는 증상으로 마치 몸이 굳은 것처럼 어떤 특정한 자세를 취하고 그대로 있는 경우를 말한다.

4 음성증상

- 정서적 둔마(affective flattening): 외부 자극에 대한 정서반응이 매우 느려져서 표정이 없고 무감각해 보이는 상태를 말한다.
- 무언어증(alogia): 언어반응이 없거나 매우 적어 간단한 대답만 하거나 언어반응이 없는 경우를 말한다.

- 무욕증(avolition): 아무런 의욕이 없어 보이는 상태로 평소의 목표지향적 행동을 하지 않고 대인관계나 사회활동에도 무관심해지는 것을 말한다.

(4) 조현병의 유형

조현병의 유형은 다음과 같이 다섯 가지로 나뉜다.

❶ 편집형

편집형(paranoid type)은 망상과 환청이 주로 나타나는 유형으로 조현병 환자 중에서 가장 많은 유형을 차지한다. 피해망상이나 관계망상이 두드러지며, 과대망상, 질투망상, 종교망상, 신체망상을 보이기도 한다. 이러한 망상의 내용에 따라 환청과 같은 환각이 함께 나타나는 경우가 흔하다.

❷ 해체형

해체형(disorganized type)은 주로 와해된 언어, 정서적 둔마, 부적절하거나 와해된 행동이 주요 증상으로 나타나는 유형이다. 이러한 유형은 예측할 수 없는 이상행동(예: 혼자 부적절하게 웃거나 울음, 반복적인 부적절한 동작을 함, 아무 데서나 소변을 봄)을 많이 하여 주변인들이 쉽게 알아차리게 된다.

❸ 긴장형

긴장형(catatonic type)은 마치 몸이 굳은 것처럼 어떤 특정한 자세를 취하고 그대로 있는 증상을 보이는 경우가 흔하다. 납굴증, 극단적 거부증, 함구증, 반향언어나 반향행동 등의 증상을 보이기도 한다.

❹ 잔류형

잔류형(residual type)은 만성화가 된 조현병 환자에게서 주로 나타나며, 이전에 한 번 이상 양성증상을 위주로 한 급성기가 지나가고 난 후 음성증상이 지속되는 경우이다.

(5) 조현병의 개입

위에서 살펴본 바와 같이 조현병은 다양한 원인이 복합적으로 작용하여 발병에 기여하는 것으로 보기 때문에 개입방법 또한 포괄적이고 통합적인 접근을 하는 것이 바람직하다. 아래는 입원 병동이나 지역사회 정신보건기관에서 정신보건전문가가 흔히 활용하는 개입방법으로 이에 대해 간단히 소개하겠다.

1 약물치료

조현병을 앓고 있는 사람은 지속적 약물치료가 필요하다. 정신병적 증상과 관련된 뇌 속의 신경전달물질체계의 균형을 되찾기 위한 목적으로 약물치료가 시행된다. 따라서 급성기에 망상이나 환각과 같은 양성증상을 보이는 경우에는 다른 심리사회적 개입에 우선하여 집중적 약물치료를 통해 증상을 완화시키는 것이 매우 중요하다. 조현병을 치료하기 위한 항정신성 약물(anti-psychotics)은 정신병적 증상에 대한 치료적 작용뿐만 아니라, 신체적 · 심리적 부작용을 동반한다. 따라서 부작용을 잘 알고 대처하는 것이 약물의 순응도를 높이고 치료의 효과를 거둘 수 있다.

같은 정신병적 증상을 억제하는 항생산성 항정신성 약물의 경우 근육의 긴장, 좌불안석감과 같은 추체외로 부작용(Expyramidal Side Effects : EPS)이 가장 흔하게 나타난다.

2 정신역동적 상담

프로이트를 중심으로 한 정신분석이론에 기초하여 심리적 역동과 방어기제 무의식의 탐구 등을 통해 문제나 증상을 파악하고 이를 토대로 상담자와의 일대일 관계 속에서 치료적 접근을 한다. 상담과정에서 자아와 방어기제 등을 탐색해 나가며, 이를 위해 자유연상, 꿈의 해석, 전이, 저항 등의 기법이 사용된다. 조현병의 경우 무의식적 문제에 직면시켜 분석과 통찰을 얻도록 하는 통찰적 심리상담보다는 상담자와의 관계에서 지지적 심리 상담이 주로 이루어진다. 이를 위해 상담자와 내담자는 의미 있는 관계를 형성하고 이러한 관계 속에서 갈등과 불안을 방어하는 자아 방어기능을 강화하고 돕는다. 또한, 상담자와의 건강한 관계 속에서 진정한 대상관계의 경험을 할 수 있도록 돕는다.

❸ 인지 행동적 접근

인지 행동적 접근이란 사고, 감정, 행동은 상호작용하여 밀접하게 연결되어 있다는 생각에 기초하여 인지적 접근과 행동적 접근을 동시에 시도한다. 엘리스(Ellis)의 합리적 정서치료(rational emotive therapy)를 예로 들면, 개인이 어려움을 갖게 되는 선행사건(Activating Event)이 발생하면 비합리적 신념(irrational beliefs)이 작용하여 부정적이고 치명적인 해석을 하게 되고, 결국 이로 인해 심각한 문제를 초래하는 감정 상태와 행동을 보이게 된다는 것이다. 따라서 인지 행동적 접근에서는 비합리적 신념에 대한 논박기법, 인지적 과제부여기법, 새로운 자기 진술문의 사용기법, 역할극, 시범 보이기, 유머 등 다양한 인지적 · 행동적 기법을 적용하여 합리적 신념과 행동을 유도한다.

❹ 사회기술훈련

사회기술훈련의 넓은 의미로는 조현병을 가진 사람이 사회생활이나 대인관계에서 필요한 모든 기술을 훈련하는 것이고, 좁은 의미로는 대인관계에서의 의사소통 기술을 훈련하는 것으로 정의할 수 있다.

❺ 가족치료와 가족교육

조현병을 가진 가족에 대한 가족치료는 가족 구성원 간의 역기능적 의사소통 문제와 부부 문제 등을 다룬다. 치료자는 조현병을 가진 사람과 그를 포함한 가족체계 안에서 가족의 다양한 문제의 원인을 찾고 가족치료이론과 기법을 적용하여 문제를 해결한다. 초기의 가족치료는 정신 역동적 측면에 초점을 두었고 이후에는 포스트 모더니즘을 배경으로 한 다양한 이론이 적용되고 있다.

가족교육은 가족을 대상으로 하여 질환에 대한 정확한 지식과 정보를 전달하고 이러한 이해를 바탕으로 심리적 죄책감을 감소시키는 것은 물론, 병에 대한 태도를 변화시키는 것을 목적으로 한다. 또한, 개별적 교육을 넘어서 가족 스스로 지지하는 모임을 만들어 정보 교환과 심리적 지지를 도모하고 가족 간의 협력체계를 형성하는 등의 형태로 발전하는 것이 도움이 된다. 이러한 가족 치료적 접근과 가족교육을 통하여 재발을 줄이고, 가족관계를 증진하는 데 기여할 수 있다.

02 기분장애

1) 기분장애의 이해

(1) 기분장애의 개념

흔히 '기분이 좋다' 또는 '기분이 나쁘다'는 표현을 한다. 일상생활이 어려울 만큼 기분이 가라앉아 고통스럽다면 이는 문제라고 할 수 있다. 반면, 기분이 지나치게 좋아지거나 들떠 있어서 불안정하거나 산만하고 자신이나 다른 사람들에게 피해가 갈 만큼의 언행을 한다면 이 또한 문제라고 할 수 있다. 이와 같이 기분이 지나치게 가라앉거나 지나치게 들떠 있는 상태가 지속되어 일상생활과 사회생활이 어려운 경우 이를 '기분장애'라고 하며, 우울장애와 양극성 장애로 나눌 수 있다.

(2) 기분장애의 원인

기분장애도 다른 정신장애와 마찬가지로 명확하게 밝혀진 발병원인은 없다. 따라서 심리적 · 사회적 원인 등을 포괄적으로 고려하여 발병을 이해하는 것이 바람직하다.

1 우울증의 원인

생물학적 원인으로 유전적 요인, 신경전달물질의 불균형, 뇌구조의 기능이상, 내분비계의 이상 등이 지적되고 있다. 단극성 우울증인 사람의 직계가족에서 우울증이 발생할 확률은 일반인보다 1.5~3배 정도 높다.

심리학적으로는 사랑하는 가족의 사망이나 심각한 질병과 같은 중대한 생활사건(major life events)의 발생, 가족 간의 다툼이나 사람들의 사소한 비난 등과 같은 일상적 생활사건(minor life events), 그리고 사회적 지지(social support)의 결핍 등이 우울증의 발병에 기여한다. 프로이트의 이론에 따르면 분노가 무의식적으로 자기에게 집중적으로 향하는 심리적 상태가 우울증이다. 행동주의 이론가들은 학습된 무력감(learned helplessness)이라는 표현을 하기도 한다. 이는 부정적 좌절 경험을 많이 한 사람은 무력감이 학습되어 우울감을 가지며, 상황을 변화시키려고 하지 않는다는 설명을 하기도 한다. 인지이론가들은 우울증이 부정적이고 비관적인 생각에서 비롯된다고 설명한다.

[그림 11-2] 우울증

2) 기분장애의 유형

기분장애는 우울장애(주요 우울장애, 기분부전장애), 양극성 장애(장애 I, 양극성 장애 II, 순화성 장애), 기타 기분장애 등으로 나뉜다.

(1) 우울장애

1 주요 우울장애

주요 우울장애(major depressive disorder)는 가장 심한 증세를 나타내는 우울증의 유형으로 조증 삽화, 혼재성 삽화, 또는 경조증 삽화의 과거력이 없는 상태에서 한 번 이상의 주요 우울증 삽화를 보이는 경우이다. 내인성 우울증(endogenous depression)과 반응성 우울증(reactive depression)으로 구분하기도 하는데, 내인성 우울증은 외적 원인이 없음에도 불구하고 우울 증상이 나타나는 경우이다. 반응성 우울증은 외적 원인이 충분히 작용하여 우울증이 나타나는 경우이다. 또한, 신경증적 우울증(neurotic depression)과 정신병적 우울증(psychotic depression)으로 구분하기도 한다. 신경증적 우울증은 무기력하고 우울하지만 현실판단능력이 유지되는 반면, 정신병적 우울증(psychotic depression)은 현실판단능력이 손상되는 경우이다. 이 외에도 산후 우울증(postpartum depression)과 계절의 변화에 따라 나타나는 계절성 우울증(seasonal depression)이 있다.

❷ 기분부전장애

기분부전장애(dysthymic disorder)는 주요 우울장애보다 덜 심각하지만 적어도 2년 이상 우울한 기분이 없는 날보다 있는 날이 더 많은 만성적 우울감이 있는 경우이다. 따라서 이러한 사람은 지나치게 조용하고 내성적인 성격을 가진 사람으로 인식되기도 한다.

(2) 양극성 장애

❶ 양극성 장애

양극성 장애 I (dipolar I disorder)은 조증과 우울증이 교대로 나타나거나 조증이 반복적으로 나타내는 장애이다. 팽창된 자존감, 과대 성향, 수면 욕구의 감소, 말이 많아지고 끊임없이 말하는 것, 사고의 비약, 산만함 등의 증상을 보인다. 재발 가능성이 높아 한 번 조증 상태를 나타낸 사람의 90% 이상이 앞으로 또 다른 기분장애를 나타내게 된다. 제1형 양극성 장애를 지닌 대다수의 사람은 기분장애 상태에서 회복되면 비교적 정상적인 상태로 돌아오지만 20~30%의 사람은 불안정한 기분이 지속되고 대인관계 및 직업적 활동에도 장애를 보인다.

03 중독

1) 중독의 원인

(1) 생물학적 요인

정신의학자들은 각종 중독증이 전혀 다른 것이 아니라 한 가지 정신병리현상의 여러 가지 모습일 가능성이 크다고 말한다. 즉, 주식중독, 경마중독, 게임중독에 연거푸 빠진 사람의 경우에는 다른 것에도 중독되기 쉽다는 것이다. 뇌 생리학적으로 중독은 시상하부와 편도핵 등이 속한 변연계의 이상 때문이다. 특히, 뇌에서 도파민, 베타 엔도르핀, 엔케팔린 등 쾌락과 진통을 맡는 물질이 나오는 '쾌락 시스템'에 문제가 생긴 것이다. 쾌락 시스템은 자신이 원하는 자극이 없으면 침묵하고, 특정 자극이 생기면 다량의 쾌락물질을 내보내 만족한다. 중독자는 이러한 쾌락 시스템의 고장으로 쾌감수용체의 수가 증가되고 늘어난 수용체가 지속적 공급을 요구하게 된다(갈망). 중독증은 뇌의 화학적 반응과 구조적 변화를 가져오는 뇌의 문제 때문이다.

(2) 유전적(가정적) 요인

병적 역기능 가정에는 여러 종류의 중독자로 가득 차 있다. 성 중독자는 적어도 한 명 이상의 다른 중독자가 있는 가정에서 나온다. 그런데 병적 역기능 가정의 주요 기능 중 한 가지를 말한다면 그것은 감정을 묻어 둔 채로 살고자 한다. 때문에 가족은 그러한 감정을 계속 묻어 두기 위해 무언가를 필요로 하게 된다. 가족은 이러한 상태를 계속 성공적으로 유지하기 위해 중독에 눈길을 돌린다. 감정으로부터 도피하거나 감정을 마비시키는 데 가장 적합한 것이 바로 '중독'이기 때문이다.

(3) 심리적 요인

사람들이 어떤 고통을 둔한 것으로 만드는 데 지름길이 되는 화학물질(마약 같은)을 남용할 때 중독은 일어난다. 그 행동은 도박과 성적 탐닉, 혹은 식사, 일, 낚시, 낱말 맞히기 게임, 쇼핑, 컴퓨터 앞에 앉아 있기, 텔레비전 시청과 같이 그 자체는 정상적인 것일 수도 있다. 그러나 정상적 행동도 관계를 유지하거나 복구하고, 중요한 마감 일자를 맞추고, 삶을 제대로 영위해 나가는 것과 같은, 우리가 직면한 다른 문제들의 불편함을 피하기 위하여 사용할 때는 파괴적인 것이 된다. 어떤 물질이나 행위도 중독이 될 수 있다. 중독의 척도는 그것이 통제할 수 없는 방식으로 반복되는 것인가에 달려 있지 않고 그것이 감정으로부터 도피하기 위한 수단인가에 달려 있다.

2) 중독의 종류

중독은 물질중독과 기타중독으로 나눌 수 있으며, 물질중독에는 약물중독과 알코올중독이 해당된다. 충동조절장애로서 도박중독과 기타 중독으로 인터넷중독, 성중독, 일중독 등에 대해 살펴보고자 한다.

(1) 알코올중독

알코올중독의 원인은 유전적 요인, 정신분석적 요인, 문화적 요인, 생물학적 요인으로 나눌 수 있다. 음주와 관련된 신체적 · 정신적 · 사회적 문제는 아주 다양하다. 그러나 알코올중독은 치료 가능하며, 사회복지사의 역할로서 직접 치료가 가능하다.

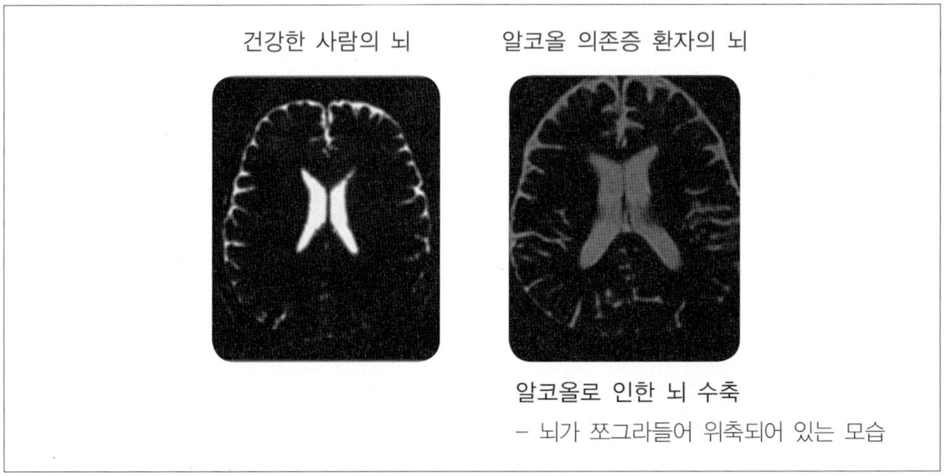

[그림 11-3] 알코올중독의 뇌

(2) 약물중독

과거 아편전쟁 이후 1960년대까지의 알코올 및 약물중독에서는 알코올과 아편 계열의 중독이 주 문제였었고 단 한시라도 약물을 사용하지 않을 경우 나타나는 심한 금단증상이 중독 진단의 주요 요인이었다. 1970년대 이후 과학의 발달과 함께 수많은 약이 개발되면서 LSD, 고농도의 대마초, 코카인, 크랙, 필로폰, 동물 마취제인 PCP, 본드나 시너와 같은 흡입제 등이 등장하면서 금단증상이 강해야만 위험한 약물이라고 했었던 과거의 고정관념이 깨지기 시작하였다. 위에 예시한 물질들은 금단증상이 강하다고 알려진 아편 계열이나 신경안정제보다도 인간을 더욱 심하게 황폐화시킨다는 것이 발견되었으며, 이러한 이유 때문에 과거에는 무시되었었던 중독이라는 개념이 1980년대 후반부터 등장하게 되었다.

일단 기분의 변화를 목적으로 술이나 약물 등을 사용하는 것이 전제조건이고, 중독을 가늠하는 가장 중요한 증상은 조절능력상실이다. 조절능력이 잘 되지 않을 때 나타나는 주요 3개 증상은 집착, 강박적 사용, 재발 등이다. 과거에는 내성이나 금단증상을 주요 증상으로 다루었었다. 술이나 신경안정제 및 아편 계열의 약이 주종을 이룰 때에는 내성이나 금단증상 등이 두드러지는 증상이었지만, 1980년대 이후 등장한 필로폰, 코카인, 흡입제 등은 내성이나 금단증상이 잘 생기지 않으면서도 인간에의 파괴효과는 술이나 아편 계열의 약들과 비교가 안 될 정도로 강력하여, 1980년대 이후 등장한 약물의 진단기준으로 내성이나 금단증상을 사용하는 것은 시대에 뒤지면서도 효용성이 떨어지게 되었다. 여기에서 등장한 중독의 핵심 증상이 바로 집착, 강박성, 재발 등이다(서울중독심리연구소, 2013).

(3) 도박중독

지난 수십 년에 걸쳐 병적 도박에 대한 개념에 변화가 있었다. 1985년과 1988년에 발표된 논문을 보면 병적 도박을 중독성 질환(addictive disorder)으로 행동하는 것(being in action)에의 중독으로 설명하고 있다. 행동하는 것(being in action)이란 내기하는 동안에 강한 흥분과 힘의 느낌, 희망적 예상 등의 자극상태를 경험하는 것을 의미한다. 1994년의 미국 정신의학 진단기준 제4판(DSM-IV)에서는 병적 도박을 충동조절장애의 범주에 넣고 있지만, 진단기준이 되는 증상을 살펴보면 물질의존의 진단기준들과 거의 유사하다.

1984~1987년 사이 커스터(Custer)는 병적 도박자의 임상 특징에 대해 병적 도박자는 따는 시기, 잃는 시기, 절망의 시기 등을 거친다는 질병의 3시기론을 서술하였다. 이 시기론이 모든 환자에게 적용되는 것은 아니다. 여성일수록 남편이 알코올중독이거나 구타하는 경우가 많고, 이러한 문제에 제대로 대처하지 못해, 만성적이고도 어쩔 수 없는 여러 문제에서 도피하는 수단으로 도박을 하는 경우가 많았다(서울중독심리연구소, 2013).

[그림 11-4] 도박중독증

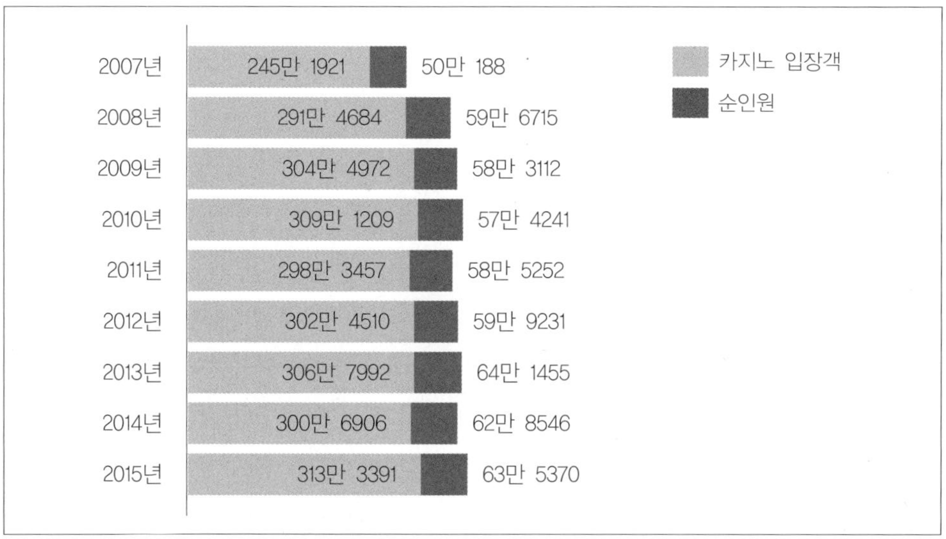

[그림 11-5] 강원랜드 입장객 증가

출처: 문제원(2016).

(4) 성중독

성중독이란 용어는 DSM-IV에서는 '달리 분류되지 않는 성적 장애'로 정의되고 있다. 성중독자의 특성은 고독, 권태, 우울함과 지루함에서 벗어나기 위해 보다 자극적인 것(공상, 행동)을 추구하며, 신경화학적 반응에 의하여 내성이 생긴 뇌에서는 도파민(항우울제 성분) 레벨을 더욱 높아지는 악순환이 계속된다. 또한, 알코올이나 니코틴, 약물중독이 함께 일어나는 경우가 많고, 인터넷의 역기능도 간과할 수 없다. 성중독은 과잉행동장애나 주의력결핍 등과도 높은 상관관계가 있다. 이미 더 심한 자극을 통해서만 만족을 얻는 의존성을 갖는다면, 자신의 통제력으로는 회복이 불가능하며 전문가의 도움이 필요하다.

모든 인간관계(특히 이성)의 친밀감을 성적 접촉에 의해서 해결하려는 이유는 대부분 어린 시절의 정신적 외상(trauma)과 관계가 깊다. 여기에는 성적 학대뿐만 아니라 유기(버림받음, 돌봄을 못 받음)가 중요한 요인이 된다. 정서적 · 영적 사랑이 결핍된 가벼운 성적 거래와 성관계는 청소년을 또 다른 성중독자로 만들 수 있다.

(5) 인터넷 중독

마약이나 도박이 주는 쾌락이 중독의 원인이듯이, 인터넷 중독 역시 인터넷이 제공하는 강화(쾌락)가 있어 —스트레스를 받고 해결될 때— 이것이 개인으로 하여금 인터넷에 중독되게 한다는 관점이다. 중독적 성향을 갖게 하는 인터넷의 특징으로 다행감, 익명성, 즉각적 만족, 광대한 정보 제공을 통한 자아팽창감, 역할놀이를 통한 환상 충족, 상대적으로 거리감을 둔 인간관계 형성, 공격성과 충동성의 발현 등이 거론된다. 이에 대해 다른 쪽에서는 모든 사람이 인터넷에 중독적으로 빠지는 것이 아니기 때문에 인터넷에 중독되는 사람이 어떤 성격적 특성이 중독의 원인이라고 주장한다.

[그림 11-6] 인터넷중독

(6) 일중독

자기과장 추구, 돈과 부에 대한 강박관념, 바가지 긁는 배우자로부터의 도피수단, 자기학대욕구 등이 일중독자의 동기이다. 그러나 어떤 이유 때문이건 일 외에는 자신을 지탱할 정신적 힘이 없는 상태이며, 참 쉼의(무의식화된) 경험을 하지 못했기 때문이다. 일중독의 근저에는 우울증적 요소를 가지고 있다.

일중독자는 첫째, 그들 나름대로의 독특한 시간개념을 가지고 있다. 둘째, 자유롭지 못하다. 셋째, 일에 대한 집념이다. 넷째, 자존감의 근원으로서 자기의 일에 온전히 의존한다. 다섯째, 일중독자는 일하려는 신경증적 욕구를 가지고 있다. 여섯째, 많은 중독이 도덕적으로 의심스러운 데 반해 도덕적으로 선하다. 일곱째, 금단증상이 있다. 여덟째, 일에 쓰는 에너지는 끝이 없다는 특성이 있다.

04 주의력결핍과잉행동장애(ADHD)

1) 주의력결핍과잉행동장애(ADHD)의 이해

(1) 주의력결핍과잉행동장애(ADHD)의 개념

주의력결핍과잉행동장애(Attention deficit Hyperactivity disorder: ADHD)는 주의산만, 과잉행동, 충동성을 위주로 하면서, 초기 아동기(7세 이전)에 발병하고, 여러 기능의 영역(학교, 가정 등)에 지장을 초래하는 매우 중요한 질병이다. 예전에는 산만하고 활동적인 아동을 처음에 단순히 버릇없이 키워져 자제력이 부족한 아이들로만 생각해 오다가 최근 들어 질환으로 이해하고, 개입이 필요하다고 인식하게 되었다.

〈표 11-1〉 성인 ADHD 체크리스트

1	일을 할 때 부주의하여 실수를 많이 하게 된다.	□
2	상황파악을 잘 하지 못하여 두 번 이상 묻게 된다.	□
3	정신적인 노력이 필요한 일이나 활동을 피하거나 싫어한다.	□
4	업무 중에 자기가 할 일을 자주 잊어버린다.	□
5	질문을 끝까지 듣지 않고 대답한다.	□
6	외부 자극에 쉽게 산만해진다.	□
7	업무나 일상 중에 물건을 자주 잃어버린다.	□
8	대인관계가 원만하지 못하며 만남을 기피한다.	□
9	감정 기복이 심하며 작은 자극에 분노가 폭발하기도 한다.	□
10	주위 환경을 잘 읽지 못하고 본인이 하고 싶은 말만 한다.	□
* 10개 항목 중 7개 이상이면 의료진과 상담이 필요하다.		

출처: 변한의원(http://www.okbyun.co.kr/).

(2) 주의력결핍과잉행동장애(ADHD)의 원인

ADHD의 정확한 원인은 아직 명확하게 밝혀져 있지 않다. 부적절한 양육, 생애 초기 경험의 중요성, 사회 경제적 여건의 중요성이 논의되고 있지만, 흔히 일반적으로 생각하는 것과 달리 그것이 원인에 미치는 정도는 비교적 적다. 오히려 뇌의 신경생물학적 원인이 더 결정적인 것으로 알려져 있다.

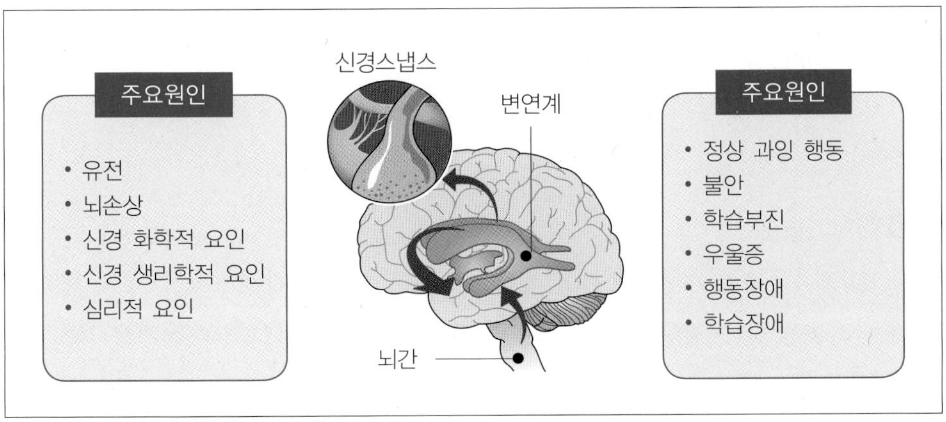

[그림 11-7] 주의력 결핍장애의 원인

(3) 주의력결핍과잉행동장애(ADHD)의 개입

❶ 약물치료

ADHD의 증상이 뚜렷하고, 중한 경우 우선적으로 약물치료를 시작하게 된다. 이는 약물(중추신경자극제)을 통하여 증상을 조절하는 것인데, 활동의 감소를 초래하고, 과제 수행에 호전을 보이게 되며, 차분하게 하고, 순응도를 증가시키는 단기간의 효과에 대해서는 논란의 여지가 없이 일치되어 왔다. 또한, 반항과 공격성을 감소시킬 뿐만 아니라, 부모나 교사에게 보다 긍정적으로 대하게 된다(홍강의, 1990). 하지만 약물에는 부작용이 존재한다. 대표적으로 나타나는 부작용은 수면장애, 식욕부진, 오심, 복통, 목마름, 구토 등이 있으며, 대부분은 수 주 안에 감소한다.

❷ 부모교육 및 상담

ADHD로 진단받는 대부분의 초등학생의 부모는 치료와 개입의 가장 커다란 역할을 할 수밖에 없다. 이에 부모가 질환을 얼마나 잘 이해하고, 적극적으로 개입하느냐에 치료의 성패가 달려있다고 해도 과언이 아니다. 부모들은 ADHD의 증상에 대해서 잘 이해할 수 있어야 하고, 누구보다도 아이의 행동과 증상을 객관적으로 평가할 수 있어야 한다. 하지만 부모의 입장에서 아이를 객관적으로 평가하는 것은 매우 어려운 일이다. 이에 지속적인 교육과 상담이 필요하다. 또한, 부모는 아동과의 갈등을 감소시키고, 긍정적인 상호 작용을 촉진할 수 있도록 지속적인 도움을 받는 것이 중요하다. 예를 들면, 행동수정요법, 타임아웃과 같은 처벌방법을 효과적으로 사용하는 것은 매우 중요한 훈련이며, 분명하고 효과적으로 지시할 수 있도록 하고, 아이의 자존감을 향상시켜 줄 수 있는 다양한 기법 등을 사용하는 것은 매우 중요한 치료적 개입이 된다.

❸ 사회기술훈련

ADHD 아동은 또래관계에서 실제적으로 문제가 많이 발생하고, 그로 인해서 적응에 어려움을 갖는 경우가 많다고 보여진다. 이에 부정적인 또래관계를 감소시키고, 친사회적인 행동의 증가를 도모하며, 일반적인 사회적 행동들을 높일 수 있는 사회기술훈련이 필요하다(홍강의, 1990).

사회기술훈련에는 자신의 감정을 표현하게 하고, 감정을 어떻게 전달하며, 상대방의 감정이 어떠한 것인지를 이해하는 과정도 필요하고, 문제 상황에 대한 해결방법 모색, 아동과의 문제 상황에 대한 해결방법 모색 등이 포함될 수 있다.

4 환경 변화로의 개입

ADHD 아동에게 산만함과 과잉행동에 대해서 지속적으로 지적을 하는 것보다 자극이 되는 상황을 차단해 주는 것이 효과적이다. 때로는 교사 옆에서 수업을 받게 할 수도 있고, 옆 친구와의 자리를 약간 떼어 놓을 수도 있으며, 참기 힘든 경우 일어서서 수업을 들을 수 있도록 허락한다던가, 학습과제를 부분적으로 나누어서 할 수 있도록 지도하는 것이 아동의 적응에 도움이 된다.

05 인격장애

1) 편집성(망상성) 인격장애

(1) 개념 및 특성

편집성 인격장애는 항상 긴장하고, 경계하는 행동을 보이는 방어행동과 대인관계에서 분노를 자주 폭발하며, 타인을 의심하는 태도를 나타내고, 투사적 행동과 태도를 잘 나타낸다. 지속적인 의심과 불신을 갖는 것이 특징으로 성인 초기에 시작된다. 통제력과 자율성 상실에 대한 두려움, 인지적 의심과 망상, 방어적 경계와 적대감이 항상 내재되어 있다. 또한, 이들은 화를 잘 내고 타인에게 적대적이며, 조

[그림 11-8] 편집성 인격장애

소나 기만, 배신 같은 것에 지나치게 분노하는 경향이 있다. 편집성 인격장애가 있는 환자는 근거 없는 주장이나 비난을 계속하기 때문에 이에 지친 환자의 가족이나 동료가 추천하여 치료를 받게 되는 경우가 많다. 예를 들어, 부정을 저질렀다는 근거 없는 비난에 지친 배우자가 강제로 치료를 받게 하게 하기 위하여 이혼하겠다고 위협하기도 한다. 자기 스스로 치료를 받겠다고 온 경우라도 환자는 자신이 정신과적 장애가 있다는 것을 믿으려고 하지 않는다. 이 환자들의 당면 문제는 다른 사람이 자신을 어떻게 학대하고 배신하였는가 하는 것뿐이다. 진단기준은 이들의 사고방식이 명백한 편집적 인지양식으로 개념화되는가이다. 편집성 인격장애의 사고방식은 감춰진 의미, 즉 드러난 상황에 숨겨져 있는 진실을 밝힐 수 있는 단서를 끊임없이 조사하는 것이다(Glen & Gabbard, 1994). 주요 특징은 다음과 같다.

첫째, 행동양상에서 나타나는 특징은 자신을 방어하고 주변을 경계한다. 실제 위험이 있든 없든 지나치게 과민한 상태이며, 타인에게 의지하는 것은 약하고 열등한 것이라 여기고 아무도 신뢰하지 않는다. 그 결과 외부의 영향과 통제에 완강히 저항한다.

둘째, 대인관계에서는 까다롭고 늘 시비조이며, 도발적이다. 타인의 진실성을 계속 확인하고 숨겨진 의미와 동기를 살핌으로써 다른 사람을 화나게 한다. 이렇게 다른 사람을 믿지 못하고 지나치게 방어적인 것은 타인을 향한 분노가 내재되어 있기 때문이다.

셋째, 인지양식에서는 의심이 많은 것이 특징이다. 의심과 의혹이 많고 냉소적이다. 평범한 사건을 자신에 대한 비판으로 받아들여 타인의 동기를 의심하고 때로는 피해망상을 갖기도 한다.

넷째, 정서적으로 까다롭고 화를 잘 내기 때문에 냉정하고 유머는 찾아보기 어렵다. 타인에게 이용당할지 모른다는 생각에 늘 불안해하고 본인의 삶에 대해 통제하지 못할까 봐 두려워한다. 항상 다른 사람이 자신을 배반하지 않을까라는 생각에 그 증거를 찾느라 지나치게 예민하고 긴장되어 있다.

다섯째, 자기 스스로 자신은 누구도 자신을 얕잡아 볼 수 없고, 불의를 용납하지 않는 사람으로 자신을 지각하고 있는 것으로 보인다. 자신의 잘못이나 실패를 받아들일 수 없기 때문에 투사과정을 통해 자신의 단점을 다른 사람에게 전가시키는 것으로 자존감을 유지한다.

(2) 원인

생물학적 요인과 환경적 요인으로 나눌 수 있다. 먼저 생물학적 요인을 살펴보면, 편집성 인격장애 환자의 가족 구성원을 대상으로 한 일부 연구에서 이들은 공통적으로 활성화 수준과 에너지 수준이 유의하게 높은 기질을 보인다고 주장한다.

환경적 요인은 부모의 성격특성과 양육태도가 원인이 될 수 있다. 부모 자신이 강한 분노감을 지니고 있는 경우 아이는 불합리한 부모의 엄청난 분노에 짓눌려 성장하면서 자신을 부모와 동일시함으로써 누적된 분노를 다른 사람에게 투사하게 되는 것이다. 가혹하고 학대적인 부모의 양육태도는 타인에 대한 깊은 불신을 학습하게 되고 아무도 신뢰하지 않으며, 자신만이 결정의 주체임을 확신한다. 따라서 부모나 사회의 통제는 거부하고 충동적이고 공격적인 삶의 방식을 발달시키게 된다.

분열증의 발병 이전에 진단 기준이 충족된다면 '병전'이라는 용어를 진단에 추가한다.

(3) 치료

편집성 인격장애는 심리치료와 약물치료를 하기 어렵다. 그 이유는 편집성 인격장애 환자는 치료받는 것이 연약함과 의존성을 의미한다고 믿기 때문에 이를 매우 혐오한다. 또한, 서로 간에 신뢰가 쌓인 후에야 다른 여러 접근법이 효과를 나타낼 수 있다는 것을 잊어서는 안 된다. 치료자는 환자의 투사적인 말에 지지적이고 참을성 있게 경청하며, 개방적이고, 정중하고 솔직하며 존중하는 자세를 갖고 환자를 대해야 한다.

편집성 인격장애는 치료 중에서 집단 치료는 대개 맞지 않는다. 걱정, 불안 또는 의심이 심할 때 항불안제나 소량의 항정신성 약물 등으로 약물치료를 할 수 있다.

2) 반사회성 인격장애

(1) 개념 및 특징

[그림 11-9] 반사회성 인격장애

사회적응의 여러 면에 걸쳐서 지속적이고 만성적으로 비이성적, 비도덕적, 충동적, 무책임하고 반사회적 또는 범죄적 행동, 죄의식 없는 행동 또는 남을 해치는 행동을 지속적으로 보이는 것이 특징이다. 사회적인 범죄행동을 한 경우 범죄행동에 대한 무책임과 수치에 대한 무감각을 나타낸다. 또한, 감정적 결핍은 경험을 통한 학습능력 결여, 처벌 경험이 있더라도 죄책감을 학습하지 못하는 특징이 있다.

첫째, 아무에게도 공감을 느끼지 못하며, 겉보기에는 귀엽고 남의 기분을 잘 알아주는 것 같고 현명해 보인다.

둘째, 지능도 정상인 편이고, 말도 합리적이고 정신병적 사고도 없어 보이지만, 이러한 인상과는 달리 인격의 바탕과 내면은 신의나 성실성이 없고, 거짓이 가득 차 있다. 주기적으로 발작적인 반사회적 행동을 반복한다.

셋째, 책망을 받을 때 핑계와 거짓말로 모면하고 잘못했다는 느낌을 갖지 않는다. 반사회적 행동의 동기가 모호(예: 돈을 많이 갖고 있는 사람의 돈을 훔침)하다. 또한, 극도의 자기중심성, 대인관계 형성 능력 부재, 정서관계 부재가 있으며, 자기 눈앞에 이득이 이루어지지 않을 때는 쉽게 흥분하고 난폭해지며, 술과 환각제를 애용한다.

넷째, 칼로 자기 몸에 상처를 내고, 무책임한 성행위, 생활의 무설계가 특징이며, 권위에 대한 존경과 감사가 없어 이에 반항하며, 싸움과 고소를 일삼는다. 지적 능력의 장애나 사고장애는 보이지 않으므로 치료를 받지 않는다.

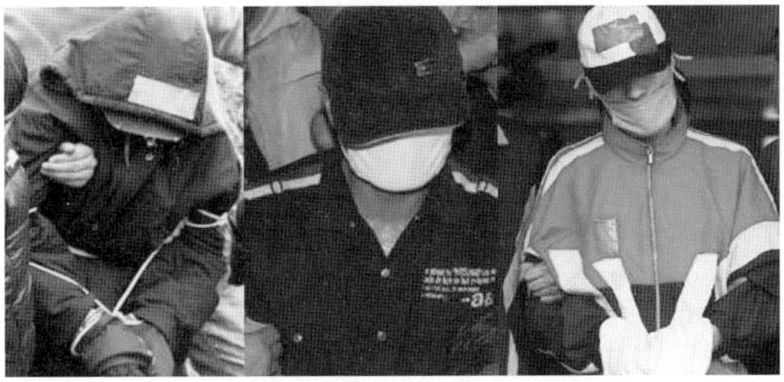

[그림 11-10] 반사회적 성격장애를 가진 피의자

(2) 원인

반사회적 인격장애의 근본 원인은 자기 행동을 조절하는 정신기능의 장애에 있다. 성격상의 문제이므로 가장 수긍이 가는 것은 역시 환경적 요인이라고 생각된다. 반사회적 인격장애 환자의 성장과정을 보면, 어릴 때부터 가정이나 학교 등에서 난폭, 거짓, 가출 등의 말썽으로 부모를 걱정하게 했으며, 나이가 들면서 도둑질, 공갈과 아첨, 사기, 폭력, 성적 변태 등 각종 반사회적 범죄로 성인화했다는 것을 알게 된다. 다시 말하면, 가족 구성원의 상호 작용 양상, 즉 일관성 없는 애정, 보상, 벌 등을 주는 부모의 행동이 반사회적 성격의 형성에 영향을 준다.

3) 히스테리성 인격장애

(1) 개념 및 특성

히스테리성 인격장애자는 흥분을 잘하고 감정적인 사람으로, 다양하고 연극적이며 외향적이고 자기 주장적, 자기 과시적이며 허영심이 많다. 또한, 다른 사람의 관심과 주의를 끌기 위해 과장된 표현을 하지만 실제로는 의존적이고 무능하며, 지속적으로 깊은 인간관계를 갖지 못한다. 그 이유는 대인관계에서 자기 요구만을 들어주기 원하는 이기적인 사람이기 때문이다. 또한, 가벼운 자극에도 지나치게 반응하고 변덕스럽다. 광범위하고 지나친 감정 표현과 관심을 끄는 행동으로써 성인기 초기에 시작하여 여러 상황에서 나타난다. 감정표현은 원하는 목표를 얻기 위한 도구로 사용될 뿐만 아니라 원치 않는 현실적인 책임을 피하거나 불쾌한 기분을 피하기 위해 사용되므로 감정 자체가 깊지 못하고 피상적이다. 나이가 듦에 따라 증상이 다소 감소하지만 감각을 추구하기 때문에 나중에 법을 위반하는 일, 약물남용, 성 문란 등에 빠지기 쉽다.

(2) 역학

유병률은 전체 인구의 2~3% 정도이며, 여자에게 많고 알코올중독과 신체화 장애와 관련이 높다.

(3) 원인

주된 원인은 억압된 욕구, 감정에서 생기는 심리 · 정신적인 불안이 신체적인 증상으로 전환될 때 생기는 것이라 추정되고 있으나 히스테리성 인격장애와 반사회적 인격장애를 같은 현상으로 보고 성에 따라 다르게 나타난 것이라고 한다. 정신분석에서는 오이디푸스 콤플렉스와 관련을 이야기하나 반사회적 인격장애와 같이 나타나는 것으로 보아 생물학적인 원인으로 설명되기도 한다.

(4) 주요 방어기제

억압과 해리의 방어기제를 주로 사용한다.

4) 자기애성 인격장애

(1) 개념 및 특징

자기애란 원래 무감각하다는 뜻을 지닌 그리스어에서 유래되었다. 자기애는 인간의 보수적인 특성 중 하나이다. 하지만 자기애가 지나치면 병적으로 변한다. 자신의 재능, 성취, 그 중요성, 특출성에 대한 과대적 느낌이 있다. 타인의 비판에 매우 예민하나 감정이입은 결정되어 있다.

(2) 특징

자기애 환자는 살아가면서 지속적으로 다른 사람으로부터 인정받기를 원한다. 심하게 외로워하고, 우울해지기도 하며, 동시에 자기애 환자는 자신에게 관심을 보여주는 대상이 있어야 하며, 외부에 있는 대상뿐만 아니라 자신의 내면에 있는 자기상에도 의존적이지만 환자 스스로는 이를 부정하므로 자기상에 받아들일 수 없는 부분을 다른 사람에게 투사한다. 전반에 걸친 과대 망상적 환상이나 행동, 존경에 대한 요구, 공감의 결핍 등이 특징이다.

자기애성 인격장애자는 사소한 일에 우울해지는 경우가 매우 흔하고, 자존감이 매우 불안정하여, 어떻게 하면 잘하나, 어떻게 하면 다른 사람들이 자신을 좋게 여길 것인가에 집착한다. 또한, 피상적이고, 열등감이 많고, 무가치함을 잘 느낀다. 타인과의 관계는 부러움과 이상화 또는 평가절하와 자기만족을 얻기 위한 조작의 대상(착취적 관계)이 특징이다. 과대적 사고, 사리를 위한 불법 이용, 착취를 한다(예: "내가 너 자리 하나 주지!"). 동정심이 없고, 깊이가 없으며, 부와 명예와 대단한 업적, 끝없는 성공, 권력, 훌륭함, 아름다움, 혹은 이상적인 사랑에 집착한다.

다른 사람의 평가에 매우 예민하며, 좌절당하며 수치심, 분노, 창피함, 혹은 무관심하게 부인해 버리는 식으로 반응한다. 자신만의 방법을 고집하며, 명성과 부를 얻고자 하는 야망이 크다. 타인과의 관계가 깨지기 쉬우며, 통상적인 행동양식을 거절하기 때문에 타인을 쉽게 화나게 한다.

특징은 두 가지 형태로 나눌 수 있는데, 첫째는 무감각형, 둘째는 과민형이다. 무감각형은 무관심, 잘난 체, 자기도취, 상처받지 않음, 관심의 초점을 원한다. 무감각형의 반대인 과민형은 타인의 반응에 민감, 관심의 초점을 피한다. 경멸이나 비난에 매우 민감하여 타인의 말을 주의 깊게 듣고, 쉽게 상처를 받는다.

[그림 11-11] 자기애적 인격장애

(3) 역학

사춘기에 흔하고 여자보다 남자에게 많이 나타난다. 환자의 2~16%, 일반인구의 약 1% 정도이며, 부모가 자식을 양육할 때 지나치게 전능하고 뛰어나며 예쁘고 재능이 뛰어나다는 비현실적인 느낌을 키워주는 경우 더 빈도가 높다.

(4) 원인

첫째, 어렸을 때 기쁨과 사랑이 없는 양육을 통해서 성장한 경우에 생긴다. 이들은 자신의 힘으로 살아남아야 한다고 생각한다. 그렇기 때문에 수단과 방법을 가리지 않게 되었고, 그들이 필요하고 원하는 것을 다른 사람들이 행하도록 조정하는 법을 배워 사람을 한 인격체로 보지 않고 자기를 위한 사람이라고 생각한다.

둘째, 지나치게 응석을 받아 주고 과대평가를 하는 데서 생긴다. 자기애성 인격자의 또 다른 정신적 유산을 부모의 과대평가나 응석을 너무 많이 받아 준 것이라고 볼 수 있다. 이것은 자녀를 배척하고 버리는 행위는 아니다. 그러나 이런 것들보다 더 달콤한 사탕으로 그들에게 나쁜 영향을 미치는 것이다.

(5) 치료

인정받을 만한 것에 대해서는 인정해 주고, 인정받지 못할 때는 마음에 상처 입는 것에 대해 공감해 준다. 그들을 있는 그대로 받아들여야 하며, 그렇게 되지 못한 경우는 경험한 것의 배후에 있는 의미를 찾아보고 동시에 환자가 어떤 자극에 예민하게 반응하면 그대로 지적하지 말고 그 반응을 당연한 것으로 받아들여야 한다.

첫째, 외형적으로 드러난 자존심과는 상반되게 자신감이 무척 낮은 경우가 많으므로 작은 일에서부터 자신감을 북돋아 주는 것이 중요하다.

둘째, 자기애성 인격장애자의 행동은 점차 시간이 지날수록 무리하고 무례한 요구를 하기 쉬워진다. 이 부분을 치료하기 위해서는 자신이 할 수 있는 것과 없는 것을 구분해 한계를 분명히 하는 것이 중요하다.

마지막으로 다른 사람의 감정이나 기분을 신중하게 고려하지 않는 편이다. 따라서 이들의 행동에 의해서 불쾌한 감정을 느꼈다면, 이것을 적절한 형태로 표현해서 남들도 똑같은 욕구와 감정을 가진 사람이라는 것을 간접적이라도 이해시키려 하는 것이 중요하다.

5) 회피성 인격장애

(1) 개념 및 특징

거절과 배척에 대한 극도의 예민성이 특징이다. 회피성 인격장애 환자는 사회적으로 은둔적인 생활을 하지만 실제로는 남들과 안정된 친분관계를 갖기를 열망한다. 그러나 상대방으로부터의 거절에 대하여 지나치게 민감하고 두려워하므로 다른 사람의 지적을 모욕적인 조소로 잘못 해석하는 경향이 있다. 어떤 요구에 대한 거절은 상처를 가져오며, 타인으로부터 철회하게 만든다. 조건 없이 확고한 보장을 받을 수 있는 대인관계만을 갖고자 하는 것이 특징이다.

자신을 좋아한다는 확신이 없으면 남의 일에 간섭하려 하지 않으며, 이들은 누군가와 이야기할 때도 확신이 없고 자신을 드러내지 않는 방식으로 말한다(예: '잘은 모르지만' 등의 양보절을 써서 이야기한다). 이들은 인간적인 친분관계의 따뜻함과 안정감을 강력히 원하고 있지만 피하고 있는 것이다. 그리고 그들은 자신을 어리석

[그림 11-12] 회피성 인격장애

[그림 11-13] 회피성 인격장애 경향

고 매력이 없으며, 열등하다고 여긴다. 대개 직업을 가지더라도 부업을 가지는 경우가 보통이며, 친밀한 개인적 대인관계나 권위를 행사한다든지 등이 드물며, 부끄럼이 많고 타인들을 즐겁게 해 주길 갈망한다. 당황하게 될까 봐 개인적 위험을 감수하거나 새로운 활동에 참가하는 것을 주저한다.

(2) 역학

유병률은 일반인구의 1~10%로 흔한 편이다. 다만 성별 분포나 가족력에 대해서는 알려진 바 없다.

(3) 원인

회피성 인격장애의 원인은 사회화 과정과 기질에 관련이 있다고 보고 있으며, 환자는 사회적으로 은둔적인 생활을 하려고 한다.

(4) 진단기준

사회활동의 제한, 부적절감, 그리고 부정절감, 그리고 부정적 평가에 대한 과민성 등이 성인기 초기에 시작되고 여러 가지 상황에서 나타나며, 다음 중 4개 이상의 항목을 충족시켜야 한다.

- 비난, 꾸중, 거절이 두려워서 대인관계가 요구되는 직업 활동을 회피한다.
- 호감을 주고 있다는 확신이 서지 않으면 상대방과의 만남을 피한다.
- 창피와 조롱을 당할까 두려워서 친밀한 관계를 제한한다.
- 사회 상황에서 비난이나 버림받을 것이라는 생각에 사로잡혀 있다.
- 자신이 부적절하다고 느끼기 때문에 새로운 사람과 만날 때는 위축된다.
- 스스로 사회적으로 무능하고 개인적 매력이 없으며, 열등하다고 생각한다.
- 쩔쩔매는 모습을 들킬까 봐 두려워 새로운 일이나 활동을 시작하기를 꺼린다.

(5) 치료

정신치료를 하고자 할 때는 치료과정에서 조기 탈락을 방지하기 위하여 치료자와 환자와의 유대관계를 형성하는 것이 우선적으로 필요하다. 집단치료과정을 통하여 사회적 불안을 극복하고 대인 간 신뢰를 발달시킬 수 있다. 자기주장훈련 또는 사회기술훈련을 시키는 것도 도움이 된다. 불안 증상, 부끄러움, 내향성 등을 호전시키기 위한 체계적 탈감작기법을 사용할 수 있고 거절에 대한 환자의 지나친 민감성이 다른 사람들에게 어떻게 나쁘게 영향을 끼치는지 깨닫게 하는 것도 도움이 된다.

6) 의존성 인격장애

(1) 개념 및 특징

의존과 복종이 특징이다. 자기 확신이 결여되어 있어 타인의 도움과 보살핌을 필요로 하며, 자신의 삶에서의 책임을 타인에게 맡긴다. 또한, 염세적이고 수동적이며, 성적 또는 공격적 느낌을 표현하는데 두려움을 느낀다. 인내심이 결여되어 있고, 자신이 책임지고 주도적으로 행동해야 할 때 심하게 괴로움을 느끼는 인격장애이다.

[그림 11-14] 의존성 인격장애

이러한 특징을 9가지로 살펴보면 다음과 같다.

- 타인의 감정적 지지에 지나치게 의존한다.
- 다른 사람으로 하여금 결정을 내리게 하는 경향이 있다.
- 혼자 있을 때에는 무력해지며, 혼자 있는 것을 원하지 않는다.
- 매우 순종적으로 행동한다.
- 다른 사람에게 종속되고 싶은 욕구가 있다.

- 다른 사람들의 부당한 대우를 잘 참는다.
- 받아들여지기 위해서 자신을 비하한다.
- 독단적 혹은 주도적 행동이 요구되는 상황에선 적절하게 기능하지 못한다.
- 인터뷰를 할 때 협조적이며, 치료자의 지시를 원한다.

(2) 역학

인격장애 중 가장 빈도가 높은 유형이다. 여자와 어린 소아에게 많이 나타난다. 남녀 비율로 보면 3:1이다. 인격장애의 2.5%를 차지하며, 막내 출신이 많다.

(3) 원인

어릴 때 아이들이 어떤 일을 독자적으로 하려고 시도할 때 부모가 미묘한 방법으로 처벌하는 경우 자율적 행동을 습득하지 못하게 되므로 어린 시절 부모의 책임이 크다. 어린 시절 만성 신체질환을 앓은 사람에서 이 장애가 발생하는 경향이 높다.

(4) 치료

환자가 스스로 자신을 깨달을 수 있도록 도와주는 통찰치료가 효과적이다. 치료 원칙은 모든 인격장애의 치료에서와 마찬가지이며, 집단치료나 부부상담도 도움이 된다. 환자의 애착 심리를 존중하고 집단치료나 부부 상담을 통해서 문제를 해결하려 하는 것이 바람직하며, 주로 행동요법이 효과적인데 자기주장훈련이나 사회기술훈련을 통하여 대인관계에 효과적으로 적응하도록 한다.

또한, 불안, 공포, 우울 등 증상에 따라 약물을 쓸 수 있다. 불안 증상, 부끄러움, 내향성 등을 호전시키기 위한 체계적인 방법이나 세분화를 사용할 수 있다.

7) 강박성 인격장애

(1) 개념 및 특징

감정적인 억제, 정리와 정돈 몰두, 규칙성, 고집, 완고함, 우유부단, 완벽주의, 융통성 없음 등이 특징이며, 지나치게 엄격하고, 완벽주의적이며, 독단적이고, 지나칠 만큼 도덕적이며, 일에 대한 열성을 넘어서 삶의 휴식이 없고, 감정적으로 억제되고 메말라 있는 사람들이다. 또한, 이들은 합리성과 논리성을 추구하며, 기계적으로 행동하려고 한다. 다른 사람이 자기보다 일을 더 잘할 것이라는 사실을 인정하기 싫어하기 때문에 친밀한 관계를 맺지 못할 수도 있다. 이런 것은 모두 자신에 대한 의심과 양가감정에 대한 보상으로 결과적으로 자기 자신을 믿지 못한다. 강박성 인격장애의 특징은 총 9가지로 나눌 수 있다.

- 정서의 제한(emotional constriction): 대인관계에서는 따뜻함이나 부드러움을 표현하는 능력이 제한되어 있다.
- 정리정돈(orderliness)
- 인색함(parsimony): 다른 사람들에게는 냉담하며 지나치게 통제된 생활을 하므로 옹졸한 사람으로 보인다.
- 경직(rigidity)
- 과도한 초자아(strict superego)
- 끈질김(perseverance)
- 완고함(obstinacy)
- 우유부단(indecisiveness): 강박성 인격장애를 가진 사람들은 혹시나 실수를 하지 않을까 하는 두려움 때문에 모든 일에 우유부단한 자세를 취한다.
- 성적 매력의 부족(Lack of sexual provocativeness)

(2) 역학

남자가 여자보다 많으며, 맏이에게 많이 나타난다. 유병률은 전체 인구의 약 1%이며, 정신건강진료소를 방문한 외래환자 가운데 3~10%로 보고 있다.

(3) 원인

환자에게서 종종 엄격한 훈육을 받은 성장 배경을 발견할 수 있다. 프로이트에 의하면, 어린아이의 욕구와 어린아이를 사회화시키려는 부모의 요구 사이에 갈등이 나타나는데 이러한 갈등이 제대로 해결되지 않을 때 강박성 인격이 싹트게 된다. 또한, 무의식적 의미를 살펴볼 수 있다. 부모에 대한 의존적 갈망과 누적된 분노가 있고 의존과 분노에 대해 반동 형성과 격리로 방어한다. 그리고 자신이 완벽하게 되면 부모에게 인정받을 수 있을 것이라고 믿고 사랑과 인정을 얻으려는 무의식의 노력으로 인해 일에 중독되기도 한다.

(4) 진단기준

정리정돈에 몰두하고, 완벽주의, 마음의 통제와 대인관계의 통제에 집착하는 광범위한 행동 양식으로서, 이런 특징은 융통성, 개방성, 효율성의 상실이라는 대가를 치르게 한다. 성인기 초기에 시작되고 여러 상황에서 나타나며, 다음 중 4개 항목 이상을 충족시켜야 한다.

- 사소한 세부 사항, 규칙 목록, 순서, 시간 계획이나 형식에 집착하여 일의 큰 흐름을 잃고 만다.
- 일의 완수를 방해하는 완벽주의를 보인다(예: 자신의 지나치게 엄격한 표준에 맞지 않기 때문에 계획을 마칠 수가 없다).
- 여가 활동과 우정을 나눌 시간도 희생하고 지나치게 일과 생산성에만 몰두한다(분명한 경제적 필요성 때문이 아니다).
- 도덕, 윤리 또는 가치문제에 있어서 지나치게 양심적이고, 고지식하며, 융통성

이 없다(문화적 또는 종교적 배경에 의해서 설명되지 않는다).

- 닳아빠지고 무가치한 물건을 감상적 가치조차 없을 때라도 버리지 못한다.
- 타인이 자신의 방식을 그대로 따르지 않으면 타인에게 일을 맡기거나 같이 일하기를 꺼려한다.
- 자신과 타인 모두에게 인색하다. 돈은 미래의 재난에 대비해서 저축해야 한다고 생각한다.
- 경직성과 완고함을 보인다.

(5) 치료

환자 자신이 고통을 호소하기도 하며, 스스로 치료를 받고자 하기도 한다. 정신치료, 특히 분석적이지만 비지시적 정신치료가 효과가 있다. 집단치료, 행동치료 및 개인정신요법도 도움을 줄 수 있다. 흔히 장기간의 치료 기간이 필요하다. 환자의 사고보다는 환자가 현재 지니고 있는 감정적 느낌에 치료의 초점을 맞추어야 하고, 인지치료와 집단치료 등을 주로 한다. 강박증세가 발병할 경우에는 항우울제를 투여하기도 하지만 약물치료 효과는 불확실하다.

찾아보기 / 참고문헌

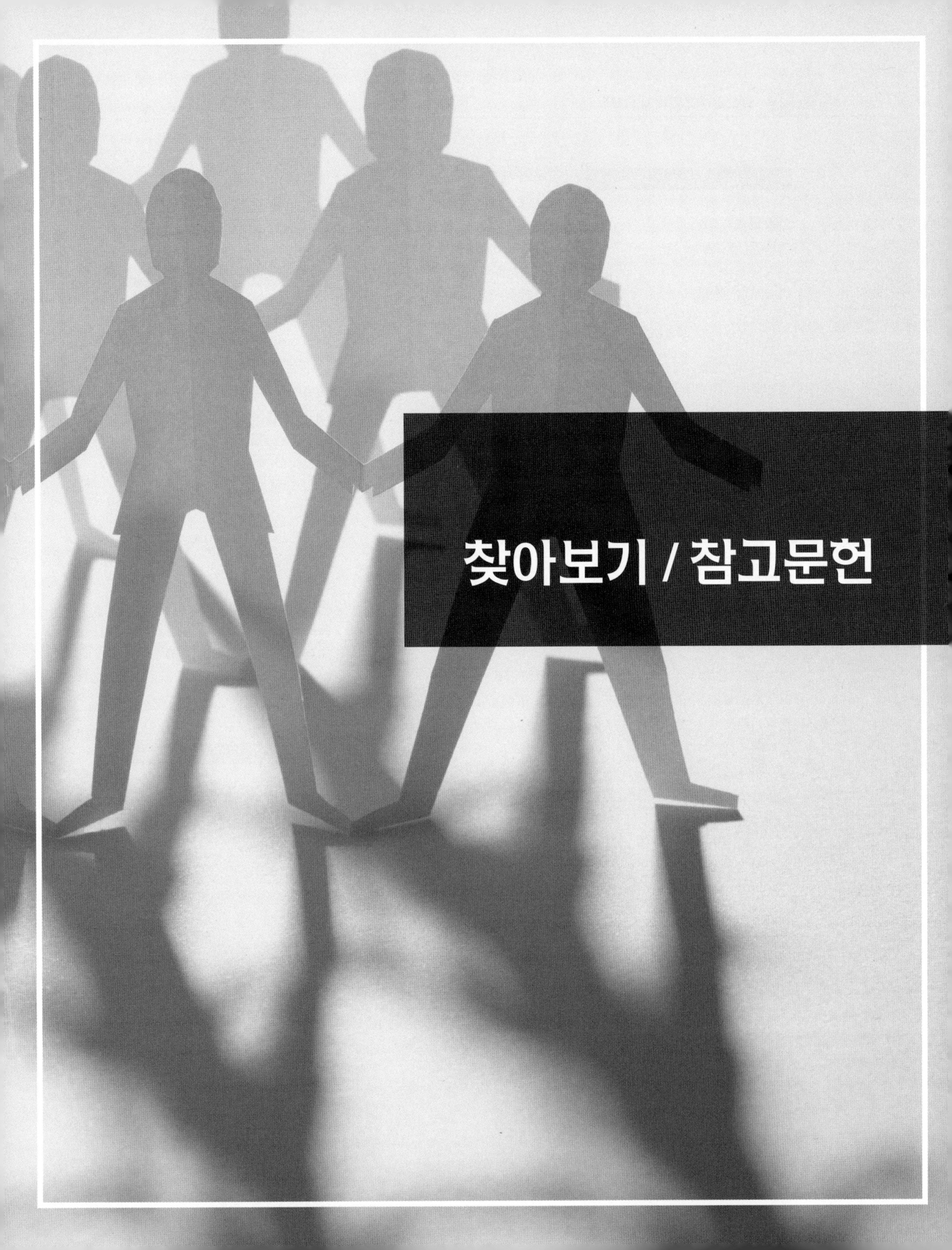

ㄱ

ㄴ

ㄷ

ㄹ

ㅇ

ㅍ

ㅎ

참고문헌

강상조 (1987). 한국의 학교문화 : 학교와 사회 · 심리적 특성에 관한 연구. 행동과학연구.

강상철 (1997). 남녀공학이 고등학교 사회성에 미치는 영향. 경상대학교 교육대학원.

고영구 (1992). 국민학생의 북한관에 관한 연구. 연세대학교 교육대학원 석사학위논문.

고형일 (1996). 근대화 정보화 그리고 한국교육. 경기 : 교육과학사.

권석만 (2004). 젊은이를 위한 인간관계의 심리학. 서울 : 학지사.

권석만 (2013). 하루 15분 행복상칙, 서울대 권석만 교수의 긍정심리학 강의.

권석만 (2014). 긍정심리학에 기반한 성격강점 검사, 전국대학교 학생생활 상담센터 연차대회 Vol 2014 No.2.

김명자 (1993). 배우자 선택 과정과 결혼적응 정도의 관계, 한국가정관리학회지.

김명자 (2006). 아는 만큼 행복한 결혼, 건강한 가족 : 숙명여자대학교 출판부.

김병성 (1997). 교육사회학. 경기 : 양서원.

김선일 (1987). 평생교육의 사회적 배경. 유네스코 한국위원, 한국평생교육기구 편. 평생교육의 기초와 체제.

김종서 · 황종건 (1987). 교육사회학. 경기 : 교육과학사.

김현택 · 박동건 · 성한기 · 유태용 · 이순묵 · 이영호 · 진영선 · 한광희 · 황상민 (1996). -인간의 이해-심리학. 서울 : 학지사.

김혜숙 (2008). 인간관계론 : 양서원.

김혜숙 (2008). 자녀의 힘을 북돋우는 부모. 교육 및 프로그램 치료.

대한신경정신의학회 (2005). 신경정신의학. 서울 : 중앙문화사.

문선모 (2007). 인간성장을 위한 교육의 과제. 계명교육포럼.

문제원(2016. 5. 4.). [도박중독] 그 놈의 본전 생각에 집 두 채가 무너졌다. 아시아경제.

박권생 외 6인 역 (2006). 심리학과 삶. 서울 : 시그마프레스.

박아청 (2006). 성격발달심리의 이해. 경기 : 교육과학사.

변한의원 (http://www.okbyun.co.kr).

서선희 (2002). 결환과 가족의 의미. 경기: 양서원.

서울중독심리연구소 (2013). 성 중독의 눈, 음란물 중독의 심리 이해.

석태종 (1995). 현대사회와 교육. 서울 : 동문사.

설기문 (2004). 인간관계와 정신건강. 서울 : 학지사.

성균관대학교 응용심리연구소 (2005). 인간의 마음과 행동. 서울 : 박영사.

신득렬 (2007). 행복의 철학. 서울 : 학지사.

신득렬 (2008). 바람직한 학습습관과 교육방향. 계명대학교 대학원 학술 세미나.

옥선화 · 정민자 (1993). 결혼과 가족. 서울 : 하우.
유영주 (2004). 기독교 가정의 부부간의 대화 수준과 배우자에 대한 만족도, 총신대학교 선교대학원.
이기숙 (1998). 결혼의 기술. 서울 : 신정출판사.
이수원 외 (1993). 심리학 : 인간의 이해. 서울 : 정민사.
이시형 (1999). 자신 있게 사는 여성 : 풀잎.
이영자 · 진규철 (2000). 교육사회학. 서울 : 학문사.
이영자 (2000). 여성의 날씬한 몸에 관한 미디어 담론분석. 한국언론학보.
이옥화 · 천세영 (1996). 정보사회의 도래와 교육체제 재설계. 교육과학연구.
이위환 · 김용주 (2007). 교육심리학. 서울 : 청목출판사.
이위환 · 김용주 (2009). 현대사회와 인간관계. 서울 : 공동체.
이위환 · 송유진 (2008) 생화 속 명품심리를 찾아서 생활 속의 심리. 서울 : 청목출판사.
임규혁 (2005). 학교학습 효과를 위한 교육심리학. 서울 : 학지사.
임영제 (1990). 조직발전의 적용전략에 관한 연구. 경희대학교 대학원.
장현갑 · 이진환 · 신현정 · 정봉교 · 이광오 · 정영숙 (2004). 힐가드와 애트킨슨의 심리학 원론. 서울 : 박학사.
장현갑 외 7인 (2006). 심리학. 서울 : 시그마프레스.
정강민 (1996). 알튀세르의 이론과 실천관계 논의에 관한 연구. 단국대학교.
정옥분 (2004). 아동발달의 이해. 서울 : 학지사.
정우현 (1993). 사회교육론 : 그 방향과 과제. 경기 : 교육과학사.
정원식 (1969). 인간과 교육. 신교육학전서 제3권. 서울 : 배영사.
진규철 · 엄익명 · 이위환 (1995). 사교육에 대한 학부모 인식. 지역사회 개발 심포지엄. 상주산업대 인문사회과학부.
진규철 · 이위환 (1992). 도시사회와 교육. 대구 : 중문출판사.
차경수 · 송병순 (1979). 학교와 지역사회. 서울 : 학문사.
최수민 역 (2003). 화가 풀리면 인생도 풀린다. 서울 : 명진출판.
최정웅 (1992). 교육사회학. 대구 : 형설출판사.
한상복 (1985). 문화인류학. 한국방송 통신대학 출판부.
한준상 (1994). 한국 교육 개혁론. 서울 : 학지사.
홍강의 (1990). 아동기 정신장애의 개념과 분류, 한국학교보건학회지, Vol 3.
홍경자 · 유정수 역 (2003). 나를 사랑하기. 경기 : 교육과학사.
홍대식 편 (2001). 현대심리학개론. 서울 : 청암미디어.
홍대식 한국심리학회편 (1990). 심리학에서 본 지역감정 위대한 논평 : 사회과학논평 Vol. No 8.

홍순식 (1989). 초등학교 통일교육에 관한 연구. 경희대학교 교육대학원 석사학위논문.

홍웅선 (1983). 평생교육과 학교교육. 유네스코 한국위원회(편). 평생교육의 기초와 체제. 서울: 법문사.

황원영 (1984). 교육사회학. 서울 : 교육과학사.

황종건 (1983). 평생교육의 원리. 유네스코 한국위원회(편). 평생교육의 기초와 체제. 서울: 법문사

Aristotle. A. C. (1954). The effects of feedback on task group behavior: A review of the experimental.

Berent. W. (1993). *Man's search for himself*. New York: Norton.

Blinstein & Sochwatz (1983). Similarity in real-life adolescent friendship pairs. *Journal of Personality and Social Psychology*, *36*.

Brodyetal (1988). *Behavior therapy and beyond*. New York: McGraw-Hill.

Brookfield, S. D. (1987). *Understanding and facilitating adult learning*. San Francisco: Jossey-Bass

Brookover, W. B. Flood, C. P. Beady, Schweitzer J. and Wisenvaker. J. (1979). *School social systems and student achivenment: school and make a difference*. New York: Praeger Pullishers.

Buss.R.B.(1985). *The Self-concept*. New York : Longman.

Copley, A. K., & Dave, R. H. (1978). Lifelong education and the training. Jamlurg, Unesco Institute of Education.

Cross, K. P., J. R. Valley & Associates (1986). *Planning non traditional programs*. San Francisco : Jossey-Bass Publishers.

Dave, R. H. (1973). Lifelong education and school curriculum. UTE Monographs I. Humburg : Unesco Institute for Education.

Davis, P. (1995). *Adults in higher education : international perspectives in access and participation*. JKR: United Kingdom.

Eysenchk. H. J. (1971). *The I.Q. argument*. New York: Library Press.

Feingold. S. D. (1998). *Human Relation in Mangement*. California: Glencoe Publishing.

Glen & Gabhard (1994). *Liking and loving: An invitation to social psychology*. New York: Holt, Rinehart and Winston.

Grasha & Kirchenbaum (1986). *The transparent self: Self-disclosure and wellbeing*(2ed ed.). New York: Van Nostrand.

Gribbon & Lohnes (1965). Implications of relationship type for understanding comparability. In W.Ickes(Ed), *Compatible and incompatible relationships*. New York: Basic Books.

Hill, Rubin & Pepau (1976). *Human development: A science of growth.* New York: McGraw-Hill Book Company.

Homans T. H. (1974). The Social Read just ment rating scale, *Journal of Psychosomatic Research, 11.*

Huntley & Davis (1983). Parental divorce and adult well-being: A meta-analysis. *Journal of Marriage and the Family, 53.*

Huston, T. L., & Levinger, G. (1978). The norm of reciprocity: A preliminary statement. American Sociological Review, 25. *Comprehensive stress management*(2nd ed.). Dubuque, Iwoa: WCB.

Illich, I. (1971). *Deschooling society.* New York: Harper & Raw.

John Reisman (1979). The impact of cultural collectivism on reward allocation. *Journal of Personality and Social Psychology, 47.*

Jourard.C. A. (1964). *Organizational structure and communication.* American Sociological Review.

Judith Feeney & Patricia Noller (1992). *Leadership the strategies for taking charge.* New York: Harper & Row.

K. N. Dave, ex(de). (1976). Foundation of lifelong education. Unesco Institure of Education.

Kluckhon, C. (1951). The Study of Culture in the Policy Science, ed. D. Lerner & H. D. Laswell.

Knapper, C. K., & A, J. Cropley (1985). *Lifelong learning and higher education.* London, Sydney: Croom Helm.

Mastersoon (1984). A railroad check on its communications. *Personnel Psychology, 32.*

Mavini. L. C. (1978). Interpersonal attraction. In G. Lindzey & E. Aronson(Eds.), Handbook Of social Psychology(2). New York: Random House.

McCroskey, J. C. & Richmond, V. P. (1979). significant Others Inventory: Towards charting the nature of significant others. Unpublished master's thesis, Virginia Commonwealth University, Richmond.

Merrian S. B., & Cunningham P. M. Editors.(1989). *Handbook of Adult and Continuing Education.* San Francisco: Jossey-Bass Publishers.

Michael Argyle & Monika Henderson (1984). Universals and cultural differences in the facial expression of emotion. In J. Cole(Ed.), *Nebraska symposium on motivation*(Vol, 19. pp. 207-284). Lincoln: University of Nebraska Press.

Miles, D. P.(1975). *Affectives goals in open education, Studies in Open Education.* A gathon Press, Inc.,

Montgomet. C. (1991). Leader behavior and subordinate motivation. *Personnel Psychology, 33.*

National University Continuing Education Association (1992). Lifelong learning trends: A profile of continuing higher education, ED 353376.

Reiss, A. W. (1980). Compensating for stigma: obese and non-obese women's reactions to being visible. *Personality and Social Psychology Bulletin, 21*.

Repetti (1987). Liking of the norm breaker in self-disclosure. *Journal of Personality, 42*.

Richardson, A. F. (1980). A conceptual analysis of self-disclosure. *Journal of the Theory of Social Behavior, 14*.

Rober D., & Torney. J. V. (1967). *The development of political attitudes in children*. Chicago: Hldine.

Rodin, A. W. (1982). *Communication in the organization*. Boston: Little Brown Co.

Schroeder, W. L. (1970). Adult education defined and described, handbook of adult education Robert M. Smith(Ed). New York: The Macmillan Co.

Senge, P. (1992). *The fifth discipline*. New York: Double Day.

Shanron Brehm, R. T. (1992). Self-concept: Validation of construct interpretation. *Review of Education Research, 46*.

Spaulding, S.(1974). Ligelong education : A model for planning and research. *Comparative Education. 10*(2).

Tavris & Jayaratne.(1976). *Reaching out: Interpersonal effectiveness and self-actualization*. Boston: Allyn and Becon.

Theodore Newcomb (1943). *Personality and social change*. New York: Dryden.

Thibadeau, G. (1995). *Open education, Teaching and Teacher Education*. Pergamon.

Tonnies F. (1955). *Community and association*. London: Routlege and Kegan Paul.

Wassmer, L. C. (1978). *Group process: An introduction to group dynamics*(2nd ed.). Palo Alto, CA: Mayfield Publishing.

Weizmanetal (1972). *Families and family therapy*. Cambridge, MA: Harvard University Press.

Yan-Kelovich (1974). Ambient Temperature and Violent Crime: Test of Linear and Curvilinear Hypothesis. *JPSP, 46*.

Zimbardo (1975). Ego identity development. In J. Adelson(Ed.), *Handbook of adolescent psychology*. New York: Wiley.

저 자 소 개

이위환 1958년생 wuihwan@knu.ac.kr

영남대학교 교육학과에서 학사와 석사, 계명대학교 교육학과에서 박사를 하였다. 경북대학교 인문사회대학 학장을 역임하였으며, 미 Ball State University 객원교수였으며, 현재 경북대학교 기초교육원 소속 교수이다.

학회활동은 한국교육사회학회, 한국아동교육학회, 한국교육심리학회, 한국통합치료학회 이사를 역임하였으며, 현재는 한국아동심리학회 회장을 맡고 있다. 세부전공은 교육심리학이며, 그중 아동의 사회성발달, 심리측정 및 평가에 주로 관심이 있다.

주요저서로는 생활 속의 심리(청목출판사), 교육심리학(청목출판사), 현대사회와 인간관계론(공동체) 등 다수가 있다.

2판

인간관계와 현대 대중사회

초 판 1쇄 발행 2017년 8월 28일
초 판 2쇄 발행 2019년 8월 27일
제2판 2쇄 발행 2024년 8월 23일

지 은 이 | 이위환
펴 낸 이 | 김기섭
편 집 인 | 이혜란·이윤희
펴 낸 곳 | 창지사 www.changjisa.com
08589 서울시 금천구 가산디지털 1로 83 파트너스타워 1차 9층
전화 (02)719-2211~3
팩스 (02)701-9386
등 록 | 1977년 4월 28일 · 제1-421호

ⓒ 이위환, 2017, 2021

- 이 책 내용의 전부 또는 일부를 재사용하려면 반드시 저작권자와 창지사 양측의 동의를 받아야 합니다.
- 저자와 협의하여 인지는 생략합니다.
- 출판물 불법 복사, 불법 북스캔은 저작권 위반으로 처벌받을 수 있습니다. 불법 제본으로 처벌될 경우(전과기록됨) 취업 불이익이나 해외유학과 이민 등 비자발급이 거부되는 불이익이 발생할 수 있습니다.

ISBN 978-89-426-1479-0 (93330)

값 17,000원